여자의 미래

여자의 미래

신미남 지음

편견과
한계가
사라지는
새로운 세상을
준비하라

지금 인류 사회는 제4차 산업혁명이라는 대변혁을 맞이하고 있다. 이 책은 완전히 새로운 시대를 성공적으로 이끌어갈 유능한 여성들에게 용기와 자존감을 북돋아주고, 남성 독자들에게는 여성과 효과적으로 공존할 수 있는 밝은 지혜를 전하는 최고의 지침서가 될 것이다.

– 카이스트KAIST 총장 신성철

이 책은 일하는 여성에게 결코 우호적이지 않았던 지난 30년간 온몸으로 유리천장에 도전했던 한 여성의 자기 독립 선언문이자, 많은 여성에게 도전을 촉구하는 격문이다. 동시대를 헤치고 나온 동지로서 후배들에게 해주고 싶은 모든 조언이 이 책 한 권에 고스란히 담겨 있음에 감탄했다. 자기 삶의 결정권을 지키고 싶은 여성들과, 여성을 동반자로 이해하고 지원하는 모든 남성에게 일독을 권한다.

– 한국여기자협회 회장, 매일경제신문 부국장 채경옥

우리나라는 자원이 부족한 탓에 우수한 인재들에 의존해 지금의 성장을 이루어왔다. 그러나 최근에는 경제가 역동성을 상실하면서 정체되거나 후퇴할 조짐을 보이고 있다. 바로 이럴 때 우리는 인구의 절반인 여성 인력을 적극 활용해 난국을 타개해야 한다. 마침 이 책이 우리나라 여성들에게 리더로 성장하는 길을 알려주는 것 같아 무척 기쁘다. 책이 나오면 내 두 딸부터 읽히고 싶다.

– 서울대학교 공과대학 학장 이건우

제4차 산업혁명 시대에 여성들이 어떻게 자신만의 강점을 극대화할 수 있는지에 대한 내용은 단연코 '압권'이다. 어려움을 마주할 때마다 이 책을 보며 새로운 도전을 이어나가길 바란다. 각자 가슴속에 튼튼한 동아줄을 품고 성공적인 나의 미래를 위해, 행복한 가족의 미래를 위해, 발전적인 대한민국의 미래를 위해 최선을 다하며 살아가기를 바란다. 워킹맘인 내 두 딸과 사위에게 이 책을 꼭 선물하리라!

― 세계여성이사협회 대표, 전 푸르덴셜생명 회장 손병옥

저자가 전하는 메시지는 남녀를 떠나 인생의 험난한 항로를 항해하는 모든 이에게 세상을 보는 넓은 눈과 도전을 두려워하지 않는 담대한 용기를 심어준다. 현실 속 유리천장을 하나둘 무너뜨린 저자의 모습을 보며, 독자들 스스로도 미래 사회에 당당한 리더로 넓은 역할을 담당할 수 있다는 희망을 싹 틔우길 바란다.

― 한국공학한림원 회장 권오경

이 책을 통해 많은 여성이 일과 가정의 선택지 사이에서 무엇 하나를 희생하기보다는, 인생의 주체로서 다가올 미래를 대비하고, 삶의 방식을 정하며, 그 결과에 책임질 수 있기를 기대한다. 미래를 꿈꾸는 모든 이에게 자신 있게 추천하며, 특히 20대 후반의 나이로 막 직장생활을 시작한 내 딸에게 제일 먼저 권해줄 것이다.

― ㈜메디포스트 대표이사 양윤선

저자는 이 책을 통해 아직 남성의 영향력이 강한 한국 사회에서 앞으로 다가올 제4차 산업혁명 시대에 여성이 얼마나 큰 성장의 동력인지를 강조했다. 자기 분야에서 최고가 되고 싶은 여성 독자들에게 큰 영감을 줄 것이라 확신하며, 동시에 리더를 꿈꾸는 남성 독자들에게도 좋은 길잡이가 되어줄 것이다. 사회로의 진출을 앞둔 모든 젊은이가 반드시 읽어봐야 할 필독서로 자리매김하길 바란다.

― 한양대학교 총장 이영무

이 책을 통해 독자들이 완전히 다른 모습으로 다가올 새로운 미래에 희망과 비전을 갖고 힘차게 나아가길 바란다. 책을 펴는 순간 치열하게 살아온 저자의 삶에 완

벽히 빠져들 것이며, 가슴 뛰는 삶과 새로운 기회에 달려드는 놀라운 힘을 얻게 되리라 확신한다.

- 한국여자의사회 회장 김봉옥

여성이 일터에서 살아가기에 척박했던 시절, 오직 도전정신과 열정만으로 전문가와 리더의 자리에 오른 저자의 경험이 그대로 녹아 있다. 거기에 후배들의 미래를 위해 소소한 경험과 솔루션까지 실감나게 담아내어 책을 읽는 내내 저절로 고개가 끄덕여졌다. 행복하고 당당한 미래를 살아가는 여성들, 또 그들과 공존하는 남성들에게도 꼭 한 번 읽어보기를 강력하게 추천한다.

- 김앤장법률사무소 고문 권숙교

이 책을 읽으며 앞으로 탄생할 여성 리더들의 모습과 그들의 활약상이 머릿속에 그려졌다. 그리고 우리 사회가 투명하고 긍정적인 방향으로 흘러갈 것임을 직감적으로 느낄 수 있었다. 이 책은 제4차 산업혁명으로 인한 전인미답前人未踏의 격랑 속에서 우리 사회의 선봉장이 될 여성을 키우는 단 한 권의 '교과서'가 될 것이다.

- 숙명여자대학교 전 총장 황선혜

요즘 나는 "준비된 여성 임원이 있으면 추천을 해달라"는 부탁을 자주 받는다. 왜 많은 기업이 여성 임원 채용에 눈을 돌리고 있을까? 다가올 소프트파워 시대에 여성의 본성이 새로운 가치로 떠오를 것이기 때문이다. 이 책을 통해 많은 여성이 심리적 장벽을 깨고 한 걸음씩 경력을 쌓아나가 우리를 가로막고 있는 유리천장을 '대나무 천장'으로 바꾸길 기대해본다.

- 유앤파트너즈 대표이사 유순신

누구에게나 인생은 사인곡선Sine Curve이라고 믿는다. 하지만 저자의 인생은 사인곡선의 주기가 다른 사람들보다 훨씬 짧을 정도로 많은 일을 접하며 살아왔다. 그런 저자가 자신의 사인곡선을 바탕으로 빚어낸 이 책은 경력을 추구하는 여성들이 각종 도전을 극복할 수 있게 도와주는 최고의 지침서다.

- 인하대학교 총장 최순자

일과 가정 사이에서 고민하고 있는 여자들에게 이 책을 꼭 권해주고 싶다. 끝까지 자기 일을 놓지 말아야 할 이유가 곳곳에 담겨 있기 때문이다. 여자의 미래는 여자 의 의지에 달려 있다. 저절로 주어지는 것은 아무것도 없기에 우리는 노력을 이어 가야 한다. 빛나는 여자의 미래는 특별한 누군가만의 것이 아닌, 보통의 대한민국 여자 모두가 누릴 수 있는 당연한 삶이다.

– 소비자시민모임 회장 김자혜

이 책을 읽는 내내 저자가 겪어온 어려움에 울컥했고, 이를 극복하는 실질적인 조 언에 고개를 끄덕였다. 제4차 산업혁명 시대가 불러온 소프트파워 시대에 여성 고 유의 본성이 리더의 자리에서 어떻게 빛을 발할 수 있는지를 보며 희망에 차오르 기도 했다. 주체적인 삶과 리더를 꿈꾸는 여성이라면 일독을 권한다. 뿐만 아니라 여성과 함께 미래를 만들어나갈 남성 독자들에게도 큰 도움이 되리라 확신한다.

– 그룹세브코리아(테팔 한국법인) 대표 팽경인

여자의 미래를 꿈꾸는 그녀의 눈빛은 희망으로 가득 차 반짝거린다. 이 책을 통해 많은 여성이 완전히 새로운 미래를 향해 한 걸음씩 나아갈 수 있기를, 우리 사회가 더 상식적이고 공평해질 수 있기를 기대해본다. 기가 막히게 지금의 자리를 이어 온 저자가 기도 안 차는 현실을 살아내고 있는 후배들에게 전하는 '여자의 미래'는 그래서 희망적이다.

– KBS 아나운서 윤영미

도전을 통해 터득한 저자만의 삶의 지혜는 척박한 땅에서 피어오른 꽃처럼 강인 하고 감동적이다. 앞으로 다가올 제4차 산업혁명 시대에 우리 여자들에게 주어질 기회를 엿볼 수 있어 유익했다. 미래의 리더를 꿈꾸는 이라면 남녀를 막론하고 모 두가 읽어봐야 할 보물 같은 자원이다.

– 정샘물 인스피레이션 대표 정샘물

1969년,
세상이 여자에게 기회를 허락하지 않다

"제 시절에는 여성이 총리나 외교부장관과 같은 고위직에 오르는 일은 없을 것 같습니다. 사실 저도 총리가 되고자 하는 마음은 없습니다. 일에 삶의 100퍼센트를 헌신해야 할 것 같기 때문이죠."

No woman in my time will be prime minister or foreign secretary - not the top jobs. Anyway, I wouldn't want to be prime minister. You have to give yourself 100% to the job.

1969년 10월 26일 영국의회 서민원 시절,
일요신문 《더 선데이 텔레그래프》와의 인터뷰에서

4년 뒤, 1973년
여자가 기회의 평등에 대해
의문을 던지다

"제가 살아 있는 동안 여성 총리가 나올 수 없다고 봅니다. 사실 총리는 남자이냐 여자이냐가 중요한 것이 아니라, 직위를 훌륭히 수행할 수 있는 사람이 맡아야 한다고 생각합니다."

I don't think there will be a woman Prime Minister in my lifetime. And I don't think it depends so much on whether it's a man Prime Minister or a woman Prime Minister as whether that person is the right person for the job at that time.

1973년 3월 5일 영국 교육부장관 시절,
BBC 방송과의 인터뷰에서

영국 제52대 총리 마거릿 대처Margaret Thatcher
(1925.10.13.~2013.4.8)

6년 뒤, 1979년
서구 민주주의 최초의
여성 총리가 탄생하다

"분열이 있는 곳에 화합을, 오류가 있는 곳에 진실을, 의심이 있는 곳에 믿음을, 절망이 있는 곳에 희망을."

Where there is discord, may we bring harmony. Where there is error, may we bring truth. Where there is doubt, may we bring faith. And where there is despair, may we bring hope.

1979년 5월 4일 영국 최초의 여성 총리로 선출된 직후,
총리직 수락 연설에서

모 든   유 리 천 장 은

반드시 깨지기 마련이다

변화를 인정할 때
미래의 기회가 보인다

'이대로 잠들어 깨어나지 않으면 좋겠다.'

육아와 일에 치이던 시절, 나는 매일 밤 모든 것을 내려놓고 사라지고 싶을 만큼 힘들었다. 그러다 어김없이 아침이 오면 전날 밤의 좌절감은 생각할 겨를도 없이 서둘러 출근 전쟁에 뛰어들었다. "아이들이 어릴 때가 행복하지, 다 커서 부모 품을 떠나면 서운해"라는 선배들의 위로는 공허한 훈수처럼 들렸다.

그런데 이제 내가 그 나이에 이르렀다. 시간이란 참으로 좋은 보약이다. 나 역시 몸은 비록 힘들었지만 아이들이 어릴 때가 더 행복했다. 이제는 잠자리에 들기 전 '내일 아침 눈뜨지 못하면 어떡하지?' 하고 걱정하는 나를 발견한다. 지난 30여 년을 곱씹어보니 '아무리 어려워도 이 또한 지나가리라'라는 격언이 진리였음을 깨닫는다.

나는 베이비붐 세대로 태어나 대한민국의 경제적 고도 성장기를 겪었다. 그랬기 때문에 대학에 다니면서도 취업은 큰 걱정거리가 아니었다. 그 시절에는 공부를 잘해서 좋은 대학에만 들어가면 성공할 수 있었다. 남학생들은 일자리를 골라서 선택할 수 있었고, 여학생들은 취업을 해서 적당히 회사에 다니다가 결혼과 동시에 일을 그만두고 아이를 키웠다. 심지어 기업들도 지난 수백 년 동안 선진국들이 만들어놓은 경제 성장의 방정식을 그대로 답습했다. 도달해야 할 목표 지점이 정해져 있었고 그곳으로 가기 위한 '정답'이 있었기 때문에 '근면'하고 '성실'한 자세로 빠른 시간 안에 그들을 따라 했다. 자원 빈국인 우리나라가 살아남을 수 있는 길은 세계 시장에서 통할 만한 물건들을 값싸고 빠르게 대량생산하여 해외로 수출하고 외화를 벌어들이는 것이었다.

세계적으로 유래가 없는 초고속 성장을 겪으면서, 우리 세대의 여자들은 일을 필수가 아닌 '선택 사항'으로 여겼다. 그저 남편이 벌어오는 돈으로 알뜰하게 살림을 하며 목돈을 마련하는 것이 미덕이라고 생각했다. 목 좋은 곳에 아파트를 사두기만 하면 집값이 저절로 올라 재산을 늘릴 수 있었고, 자녀를 명문 대학에 보내놓으면 내 노후까지도 든든하게 보장받을 줄로만 알았다.

하지만 이제는 세상이 달라졌다. 세계적으로 저성장이 장기화되었고, 평생 여자를 먹여 살려줄 것 같았던 남편은 언제 구조조정을 당할지 모르는 위험한 상황에 놓여 있다. 뿐만 아니라 의학 기술의 발달로 기대수명이 늘어나면서 여자가 남자보다 약 7년을 더 오래 산다는 연구 결과도 나오고 있다. 애지중지 키워온 자녀는 극심한 청년 실업으로 인해 부모의 노후는커녕 자신의 삶 하나 지켜내기에도 버거워하고 있다.

세상이 이렇다 보니 이제 여자들에게 있어 일은 선택 사항이 아니라 '필수'가 되었다. 다행스러운 점은 점차 우리 사회가 '여자들이 일하기에 좋은 환경'으로 바뀌어가고 있다는 사실이다. 다방면의 기술 혁신으로 인해 등장한 여러 전자제품과 스마트 기기는 여자들을 가사 노동에서 일정 부분 해방시켰다. 사회 및 기업 조직의 형태와 문화도 여자들이 지닌 강점이 충분히 발휘될 수 있도록 개선되었다. 비록 이전 세대 상사 개개인의 의식까지 바뀌기에는 시간이 더 필요하겠지만, 세상이 점차 여성에게 유리한 방향으로 나아가고 있다는 사실만큼은 자명하다. 이런 세상에서 여자가 일을 한다는 것은 자신의 삶에 충실하고, 가정을 든든하게 지키며, 나아가 국가 경제의 초석을 다지는 뜻깊은 공헌이다.

하지만 안타깝게도 유능한 여자들이 하나둘 일터를 떠나고 있다. 눈이 한곳을 오랫동안 주시하면 시선을 돌려도 잔상이 남는다고 한다. 과거의 성공 방정식은 이제 더 이상 작동하지 않는데도 우리는 여전히 과거의 방식에서 벗어나지 못한다. 세상이 이렇게 변하고 있는데도 여자들은 여전히 너무도 무력하게 일터를 떠나고, 자녀의 대학 입시를 위해 자신의 삶을 과도하게 희생하고 있다. 게임의 룰이 완전히 바뀌었는데도 말이다.

나는 일하는 엄마로 30여 년을 살아왔다. 그간 함께 일했거나 내가 멘토링했던 여성들이 일터를 떠나는 모습을 수도 없이 목격해왔다. 나는 그런 그녀들이 너무나 안타까웠다. 한 분야의 전문가로, 조직의 리더로 성장할 잠재력이 충분한데도 스스로 그 사실을 미처 다 깨닫지 못한 채 결국 사표를 던졌다. 자기 스스로의 인생이 아니라 다른 사람의 기대에 자신의 삶을 맞추는 선택을 한 것이었다. 그런 모습들을 보며 나는 여성들이 조금만 더 용기를 내 어려움을 극복하고, 원하는 분야에서 스스로의 자존감을 세우며 일할 수 있도록 내 경험을 조금이나마 나누어주고 싶었다. 다가올 미래에 여성이 왜 끝까지 자기 일을 포기하지 말아야 하는지, 어떻게 자신에게 맞는 일을 찾을 수 있는지 세심하게 알려주고 싶었다. 그동안 강연이나 간담회, 멘토링 프로그램 등을 통해 후배 여성들을 수없이 만났지만 항상 한정된 시간으로 인해 폭넓은 교류와 공유가 어려웠다. 그래서 이 책, 『여자의 미래』를 통해 지금껏 못다 한 이야기를 낱낱이 털어놓았다.

제1장 '[현실] 세상이라는 벽에 가로막힌 여자들'에서는 여성들이 일을 지속할 때 맞닥뜨리는 거대한 장벽을 분석하고 이를 어떻게 뛰어넘을 수 있는지에 대한 해결책을 담았다. 제2장 '[미래] 다가올 미래는 여자의 편이다'에서는 제4차 산업혁명이 몰고 올 새로운 세상에서 여성 고유의 본성이 어떻게 강점으로 발휘될 수 있는지, 미래가 어떻게 일하는 여성들의 추월차선이 될 것인지에 대해 소개했다. 제3장 '[기회] 가슴 뛰는 삶을 위해 기회에 달려들어라'에서는 가장 나답게 살기

위해 여성들이 지녀야 할 마인드와, 새로운 세상이 여성에게 선물할 기회를 붙잡기 위해 어떤 준비를 해야 하는지를 소개했다. 이렇게 기본기를 갖춘 다음에는 제4장 '[전문가] 여자이기 이전에 전문가임을 기억하라'를 통해 한 분야에서 가장 탁월한 전문가로 성장하기 위한 방법을 알아보고, 제5장 '[리더] 더 큰 역할을 향해 야망을 품어라'를 통해 전문가를 넘어 더 높은 자리에 올라 영향력 있는 리더가 되는 법에 대해 배우게 될 것이다. 마지막으로 제6장 '[삶] 엄마 자신의 인생을 응원하라'에서는 여성들이 전문가와 리더로서 느낄 수 있는 성취감과 자존감을 희생하지 않고, 일과 가정 사이의 균형을 현명하게 맞추는 법에 대해 소개했다.

이 책은 여자인 나의 주관적 경험과 지금껏 내가 보아온 수많은 여성 후배, 그리고 객관적인 통계 데이터를 바탕으로 작성되었지만, 사실 남성들에게도 유용할 것이라 생각된다. 일터에서 마주치는 다양한 상황 속에서 여성과 어떻게 효과적으로 협업할 수 있는지 그 방법을 배울 수 있기 때문이다. 무엇보다도 조직의 리더로서 여성 직원들에게 업무에 관한 조언을 건네고 싶었지만 차마 남자라서 말하기 어려웠던 내용들도 가감 없이 담겨 있다. 제4장과 제5장에 나온 전문가와 리더에 관한 부분은 비단 여성들뿐만 아니라 성장을 꿈꾸는 남성들에게도 도움이 많이 될 것이다.

또한 이 책에서 나는 부모로서 미래를 살아갈 자녀들에게 어떤 교육을 해야 하는지, 남녀가 함께 행복한 가정을 일구는 지혜는 무엇인지에 관한 생각도 담았다. 그래서 이 책을 읽은 남자들은 자신의 회사 동료는 물론 여자친구나 아내, 혹은 여동생에게 일독을 권하고 싶어질 것이라고 확신한다.

책을 쓰면서 나는 지금껏 삶을 함께 걸어온 젊은 여성 동료들과 멘티들, 그리고 두 아들을 통해 맞이할 미래의 며느리들을 생각했다. 내가 아끼고 사랑하는 많은 여성이 스스로의 삶 앞에 좌절하지 말고, 세상과 당당히 소통하며 살기를 바란다. 분명 삶은 우리에게 끝없는 도전 과제와 좌절을 안겨줄 것이다. 하지만 그럼에도 결코 넘지 못할 벽은 없다. 이 책을 읽은 독자들이 삶의 단계마다, 일을 하며 주저앉고 싶을 때마다 나의 이야기를 떠올리며 용기를 얻을 수 있기를 염원한다.

나는 이 세상 모든 여성에게 전문가이자 리더로 우뚝 설 수 있는 커다란 능력이 잠재되어 있다고 굳게 믿는다. 정말로 그만둘 때까지, 결코 포기하지 말기를 바란다. 험난한 여정이겠지만 어려운 순간마다 내 책이 하나의 이정표가 될 수 있기를 진심으로 기대한다.

신미남

목차

제1장
현실   세상이라는 벽에 가로막힌 여자들

제2장
미래 ───────────────

다가올 미래는 여자의 편이다

제3장
기회 ───────────────

가슴 뛰는 삶을 위해 기회에 달려들어라

제4장
전문가 ─────────
여자이기 이전에 전문가임을 기억하라

제5장
리더 ─────────
더 큰 역할을 향해 야망을 품어라

제6장
삶 ──────────────────────
엄마 자신의 인생을 응원하라

현실

세상이라는 벽에
가로막힌 여자들

어려운 관문을 뚫고 회사에 입사해 차곡차곡 경력을 쌓던 유능한 여자들이 '육아'라는 높은 장벽과 '사회적 편견', 그리고 자기 내면에서 스스로 만들어낸 '심리적 장벽'을 넘지 못한 채 하나둘 일터를 떠나고 있다.

이쯤에서 우리는 질문해야 한다. '가혹한 현실을 불평만 한다고 세상이 변화할까?' 사실 여자를 가로막고 있는 장벽을 무너뜨리는 힘은 일을 '선택'이 아닌 '필수'로 받아들이는 마음가짐, 즉 일을 대하는 여자의 '의식 전환'에서 비롯된다. 그리고 이것이 여자가 두려움을 벗어던지고, 자기 안에 단단히 박혀 있는 의식을 혁명해야 하는 이유다.

"갈 길이 아득히 멀어도
나는 온 힘을 다해 탐구하겠다."

- 초楚나라 시인 굴원屈原

유능한 여자들은
모두 어디로 사라졌을까?

"저는 이 조직에 꼭 필요한 인재로 성장하고 싶습니다. 10년쯤 지나면 팀의 리더가 되어 회사가 자랑스러워할 만한 성과를 내겠습니다."

신입사원 채용 면접에서 10년 후 자신의 모습을 묻자 당당하고 희망찬 목소리로 또박또박 자신의 생각을 이야기하던 여성 지원자의 대답이었다. 여러 면접 위원의 어려운 질문에도 당황한 기색 없이 차분하고 분명하게 답을 이어나갔다. 그녀는 자신이 얼마나 이 일을 원하고, 회사가 왜 자신을 뽑아야 하는지를 말로, 눈빛으로, 표정으로 간절히 설명했다.

결국 그녀는 높은 경쟁률을 뚫고 채용되었다. 신입사원 오리엔테이션에서도 밝은 얼굴과 적극적인 자세로 동기들과 잘 어울렸고, 발령받은 팀에서도 회사가 기대하는 인재로 성장해나갔다. 몇 년이 지나자 사원에서 대리로 승진하기도 했다. 그녀는 회사에서 '일 잘하는 대리'로 통했다. 하지만 그랬던 그녀가 어느 날 갑자기 회사를 그만두겠다고 말했다. '개인적인 이유', 그것이 그녀의 퇴사 이유였다.

채용 면접에 참여해본 면접 위원들이 공통적으로 하는 말이 있다. 채용하는 업무 분야에 따라 차이는 있지만, 일반적으로 여성 지원자들이 같은 직급의 남성 지원자들에 비해 학교 성적이 우수하고 무엇을 물어보아도 대답을 잘한다고. 자신의 생각을 잘 표현할 뿐만 아니라 말의 내용에도 조리가 있다고 말이다. 하지만 그렇게 유능하던 여성 직원들이 입사 후 불과 몇 년이 채 지나지 않았을 때 '개인적인 이유'로 일터를 떠나고 만다. 도대체 왜 이런 일이 벌어지는 것일까? 그토록 유능하고 당당하던 여성들은 모두 어디로 사라져버린 것일까?

내가 몸담고 있는 회사에서도 구성원의 25퍼센트를 차지하던 사원, 대리급의 여성 직원들이 과장급에 이르면 약 5퍼센트로 줄어든다. 차장, 부장 등의 관리자급에 이르면 그 수는 더욱 줄어들어 열 손가락으로 셀 수 있을 정도다. 왜 훌륭한 여성들이 관리자급 이상으로 성장하지 못하고 조직을 떠나는 것일까?

여성의 직장 생활이 상당히 예외적이었던 과거와 달리 요즘에는 많은 여성이 스스로 취업 전선에 뛰어든다. 물론 여성의 취업에 대한 인식도 과거에 비해 크게 달라졌다. 2015년에 통계청이 실시한 조사에 따르면 여성의 88.7퍼센트, 남성의 81.9퍼센트가 여성의 취업에 대해 긍정적인 생각을 갖고 있는 것으로 나타났다.[1] 특히 13~49세의 여성 응답자 중 90퍼센트 이상이 여성의 직장 생활에 대해 긍정적인 반응을 보였다.[2] 과거처럼 일하는 여자에 대한 부정적 인식 때문에 일터를 떠나는 것이 아닌 셈이다.

그렇다고 해서 결혼 때문에 회사를 떠나는 것도 아니다. 과거에는 여성들이 결혼을 하면 자연스럽게 하던 일을 그만두었다. 직장은 결혼 전에 잠시 다니는 곳이었다. 남편도, 부모도 심지어 여성 스스로도 그렇게 생각했으며, 회사에서도 여성 직원은 결혼 후에 당연히 회사를 그만둘 것이라고 여겼다. 하지만 요즘에는 사정이 다르다. 같은 통계 조사에 따르면 20~29세의 남성 중 84퍼센트, 여성 중 94퍼센트가 여성이 결혼한 후에도 일을 하는 것에 대해 긍정적인 반응을 보였다.[3] 기업 내에서도 여성 직원들이 결혼을 해도 회사를 떠나지 않을 것이라고 생각하는 분위기가 정착되고 있다.

심지어 결혼을 꼭 해야 한다고 생각하는 미혼 여성들조차 줄어들고 있는 실정이다. 2014년에는 미혼 여성의 60퍼센트 이상이 '결혼을 필수로 생각하지 않는다'고 답했다. 평균 혼인 연령도 부쩍 늘어났고 출산율도 급격히 낮아졌다.

그렇다면 왜 여성들이 일터를 떠나는 것일까? 그녀들이 말하는 '개인적인 이유'란 대체 무엇일까?

여자가 넘어야 할
3개의 거대한 산

우리 기업의 그룹 계열사에도 '개인적인 이유'로 일터를 떠난 여성 직원이 있었다. 그녀는 누구보다도 유능했다. 컨설팅 회사에서 첫 경력을 시작해 우리 그룹으로 이직한 뒤 기획 분야에서 발군의 실력을 발휘했다. '그녀가 손댄 프로젝트는 반드시 성공한다'는 이야기가 돌 정도로 역량이 대단했다. 그 결과 30대 후반의 나이에 초고속으로 부장까지 승진했고 하나의 팀을 맡아 지휘했다. 그랬던 그녀가 뒤늦게 아이를 출산하고는 육아에 전념해야 한다며 돌연 회사를 그만두었다. 몇 년만 지나면 임원으로, 더 나아가 최고경영자(CEO)까지도 오를 수 있는 인재였기에 나는 그녀의 선택이 늘 안타까웠다.

30여 년간 나는 일하는 엄마로 살면서 경력을 쌓아왔다. 그 긴 시간 동안 많은 여성 후배의 멘토를 자처하기도 하고, 떠나가는 여성 직원들의 뒷모습을 지켜봐야 했으며, 스스로가 만든 벽에 부딪혀 좌절하는 여성들을 수없이 만나왔다. 수십 년간 이런 모습을 지켜보면서, 또 나 자신과의 싸움을 반복하면서 자연스럽게 나는 일과 여성의 삶에 대해 치열하게 고민했다. 그러는 과정에서 우리 여성들을 가로막는 세 가지 거대한 산이 존재한다는 사실을 깨달았다.

먼저 여자이자 엄마이기 때문에 넘어야 하는 '출산과 육아'라는 험하고 육중한 산이 있다. 아이를 키우면서 일하는 여성이라면 누구나 자신이 일을 그만두고 아이에게만 집중해야 하는 것은 아닌지 심각한 고민에 빠진다. 출근길 아침마다 아이를 떼어놓을 때, 아이를 맡길 마땅한 곳을 찾지 못할 때, 회사 업무 때문에 아이의 학교생활에 신경을 쓰지 못할 때 등 매 순간 죄책감을 느끼며 장벽에 부딪히곤 한다.

두 번째로 사회가 만들어낸 '편견'이라는 산도 있다. '유리천장'은 꾸준히 우리 사회에서 주요한 이슈로 손꼽혀왔는데, 이는 직장 내에 엄연히 존재하지만 눈으로 보이지 않는 일종의 '불평등'을 의미한다. 여자라서 으레 못할 거라 생각하고, 여자라서 인사 고과를 높게 주지 않고, 여자라서 업무 성과가 좋지 못해도 봐준다는 등 여자를 둘러싼 각종 편견에 지쳐 회사를 떠나는 경우가 많다.

마지막으로 앞선 두 개의 산에 비해 실제로는 높지도 험하지도 않지만 오히려 여자들이 가장 쉽게 걸려 넘어지는 '심리적 장벽'이 존재한다. 스스로가 '여자의 역할'에 대해 한계를 설정해두고, 심지어 그것이 자신이 설정한 한계인지도 모른 채 일을 포기한다. 2100여 년 전 중국 전한시대의 역사가 사마천司馬遷이 집필한 『사기史記』에는 '사람이 걸려 넘어지는 것은 태산이 아니라 작은 돌부리다'라는 구절이 나온다. 멀리서도 보이고 모두가 아는 큰 산은 주변에서도 도와주고 나도 조심하기 때문에 쉬이 걸려 넘어지지 않는다. 어쩌면 여자들을 회사에서 떠나가게 만드는 것은 큰 산이 아니라 자신이 만들어낸 '작은 돌부리'일 가능성이 더 클지도 모른다. 더 중요한 문제는 정작 넘어지는 자신은 그 돌부리 때문에 넘어진 줄을 모른다는 사실이다. 작은 돌부리를 마음속에서 들어내기만 하면 되는데 그렇게 하지를 못하는 것이다. 그러고는 '육아'나 '편견'이라는 거대한 산을 '개인적인 이유'로 삼아 일터를 떠나고 있다.

[육 아]

일 하 는 엄 마 의 죄 책 감

"엄마, 가지마!"

두 아들은 유아원을 나서는 내 다리에 매달린 채 울부짖었다. 떼어내려고 할수록 더 세게 매달렸다. 나는 계속 걸었다. 아이들을 보면 도저히 떼어놓고 갈 수 없을 것 같아 하늘만 바라본 채 앞으로 걸었다. 아이들은 다리에 매달린 채로 질질 끌려왔다. 결국 유아원 선생님이 아이들을 억지로 떼어내야 했다.

미국에서의 첫 출근 날이었다. 해외 파견 근무가 결정되는 바람에 낯선 땅에서 세 살과 다섯 살이 된 아이들을 데리고 2년 동안 일을 했다.

남편은 자기 일로 한국에 머물렀고, 나는 거의 싱글맘과 같은 처지였다. 할 수 없이 도착 첫날부터 출근을 하기 위해 아이들을 유아원에 맡겼다. 두 아들은 파란 눈에 금발의 외국인 선생님을 보고 벌벌 떨었다. 그런 아이들을 떼어놓기란 쉽지 않았다. 내 다리에서 가까스로 떨어진 아이들은 눈물범벅이 된 채 공포에 질린 눈길로 나를 원망스럽게 쳐다보았다. 도망치듯 유아원을 뛰쳐나왔지만 다리에 힘이 풀려 걸을 수가 없었다. 나는 그 자리에 주저앉아 한참을 울었다. 가슴에서 피가 뚝뚝 흘러내리는 기분이었다.

그때 나는 진심으로 일하는 엄마가 된 것을 후회했다. '대체 무엇 때문에, 누구를 위해서 이렇게까지 일해야 할까?' '아이들이 울부짖도록 내버려둬도 될 만큼 내 일이 그렇게 중요한가?' '일을 그만두어야 하는 것은 아닐까?' 찰나 동안 오만가지 생각이 머릿속을 스쳐갔다.

이는 아이를 키우는 엄마라면 누구에게나 익숙한 고민이다. 한국에서든 타국에서든 나처럼 아이를 보육 기관에 맡기고 출근하는 엄마들은 누구나 한 번쯤 이런 생각을 해봤거나, 생각 끝에 결국 일을 그만둔다. 2015년에 실시한 통계 조사에 따르면 여성의 50.5퍼센트, 남성의 44.4퍼센트가 여성이 취업하는 데 심각한 장애가 되는 요인으로 '육아'를 꼽았다.[4] 특히 여성들은 남편이 어느 정도 참여한다고 해도 육아 자체를 자신의 몫으로 생각하는 경향이 크기 때문에 더욱 부담감을 느낀다. 그래서 아이가 아프거나 정서적 어려움을 겪으면 일을 하러 나간다는 것 자체에 회의감을 가지기 십상이다. 이렇듯 여성들이 사회생활을 하면서 마주치는 거대한 산 중 하나가 바로 '육아'다.

가까스로 아이의 유아기를 넘긴다고 해도 이러한 갈등은 멈추지 않는다. 아이의 초등학교 입학은 다시 한 번 대한민국 엄마들을 커다란 딜레마에 빠뜨린다. 학교에 가져가야 하는 준비물도 많고 숙제도 늘어나 엄마의 손이 굉장히 많이 필요하기 때문이다. 학부모가 된 엄마들은 학교에 가야 할 일도 많다. 그러다 보면 자신과 달리 아이에게 혼신의 힘을 쏟는 다른 엄마들이 눈에 들어오고, 그렇게 하지 못하는 자신을 그녀들과 비교하며 자책하게 된다. 옆집 아이는 공부도 잘하는 것 같고 영어학원이나 음악학원을 다니면서 다재다능한 아이로 자라고 있는데, 우리 아이만 뒤처지는 것 같아 조바심이 나기도 한다. 뿐만 아니라 아이가 새로운 환경에 잘 적응할지, 친구들과 잘 지낼지, 혹시 학교에서 왕따를 당하지는 않을지 걱정이 이만저만이 아니다.

작은아이가 초등학교에 입학하고 얼마 지나지 않아 학부모 초청 재롱 잔치에 다녀온 적이 있었다. 아이는 "엄마, 내가 그린 그림은 저쪽에 있어요"라며 내 손을 잡아끌었다. 그런데 그때 옆을 지나가던 다른 아이가 우리 애를 툭 치면서 이렇게 말하는 것이 아닌가? "야, 병신아. 너 말도 할 줄 알아?" 그 순간 나는 억장이 무너졌다. 평상시 내 아들은 말을 잘했는데 저 아이의 말에 따르면 친구들과는 거의 말을 하지 않았다는 것 아닌가? 내 아이가 학교에서 이런 대접을 받으며 생활했다니, 모든 일이 다 내 탓인 것만 같아 가슴이 찢어질 듯 아팠다.

재롱 잔치가 끝나고 아이의 담임 선생님을 찾아가 상담을 했다. 하지만 선생님은 큰 도움을 주지 못했다. "어차피 아이가 살아가야 할 세상이니 견뎌내야 합니다"라는 대답뿐이었다. 말이야 쉽지 여덟 살밖에 안 된 조그만 아이가 어떻게 이런 상황을 극복한다는 말인가? 나는 더 이상 우리 아이를 왕따로 살게 내버려둘 수 없었다. 내가 일을 그만두고 아이에게 집중하는 편이 맞는 길이라고 생각했다.

하지만 한편으로 나는 내 일을 사랑했다. 지금까지 공부하고 익혀온 것들과 꿈꾸던 이상이 하루아침에 사라진다고 생각하니, 그동안의 삶과 노력이 송두리째 물거품이 되는 것 같았다. 물론 아이를 키우는 삶도 엄마로서 충분히 행복하겠지만, 내가 진정으로 그 길을 원하고 있는지도 알 수 없었다. 결국 혼자서 며칠을 고민하고 또 고민했다.

결과적으로 나는 지금 당장 아이를 위해 일을 그만두는 것은 '쉬운 선택'이라고 결론 내렸다. 누구나 생각할 수 있고 또 언제라도 할 수 있는 일이기 때문이었다. 지금은 엄마가 아이에게 커다란 존재이겠지만, 언젠가는 아이에게도 엄마와 함께하는 시간이 부담스러워질 것이 뻔했다. 그리고 아이가 더 자라 세상을 알게 되면 자신의 분야에서 자기 일을 해나가고 있는 전문가 엄마를 자랑스러워할 것 같았다. 남편 혼자 벌어서 아이들에게 좋은 교육 환경을 제공하는 일이 어렵겠다는 현실적인 판단도 있었다.

결정적으로 나는 시간이 지나 두 아들에게 "내가 너희를 위해 희생했다"고 말하기보다, "그때 정말 어려웠지만 엄마가 계속 일할 수 있게 잘 자라주어 고맙다"고 말하는 엄마가 되고 싶었다. 희생을 말하는 엄마에게 아이들은 자신이 선택한 결정이 아님에도 죄책감을 느끼기 마련이다. 아이들의 마음속에 죄의식이 생기면 엄마를 부담스러워할 테고, 엄마와 속 시원히 이야기를 나누는 일도 어려워질 것이 분명했다.

진정으로 아이를 위하는 길은 엄마가 지금의 어려움을 꿋꿋이 극복해 나가는 것이라고 생각했다.

결국 나는 '어려운 선택'을 하기로 마음먹었다. 선택에 따라 마주치는 크고 작은 문제들은 그때그때 고민하고 해결책을 찾자는 심정이었다. 이때는 내가 일을 그만두는 대신 아이를 더 잘 보살펴줄 수 있는 학교를 찾아 옮기는 방법이 해결책이었다. 다행히 아이는 새로운 학교에 잘 적응해주었다.

학부모로서 겪는 고민 역시 나만의 일이 아니다. 그렇게 힘들다는 임신과 출산의 대장정을 마치고 유아기의 온갖 어려움까지도 꿋꿋하게 견디며 일을 계속해온 엄마들이 '아이의 초등학교 입학'이라는 난관 앞에서는 주저앉고 만다. 2016년에 실시한 통계 조사를 보면, 0~17세의 아이를 둔 236만 워킹맘 가구 중 0~6세의 아이를 둔 워킹맘 가구는 35.6퍼센트이지만, 아이의 나이가 7~12세가 되면 그 수가 전체의 30.3퍼센트로 뚝 떨어진다. 13~17세 아이를 둔 워킹맘 가구가 34.1퍼센트라는 점을 감안할 때, 초등학생 자녀를 둔 엄마들이 일을 그만두는 비율이 높다는 사실을 알 수 있다.[5]

초등학교 시절을 지나 찾아오는 아이의 사춘기도 일하는 엄마에게는 만만치 않은 위기다. 대체로 사춘기는 중학교 2학년을 전후해서 찾아오는데, 도통 엄마 마음대로 되는 일이 하나도 없는 시기다. 오죽하면 '북한이 남한을 쳐들어오지 못하는 이유가 대한민국의 중2 때문이다'라는 우스갯소리가 생겨났겠는가?

특히 사춘기는 아이가 그동안 내가 알던 사람이 아닌 것처럼 느껴지는 때이기에 감정적으로 무척 힘들다. 예상치 못한 아이의 과격한 말과 행동에 충격을 받아 가슴이 떨리고 다리가 후들거리며, 아이가 진정 타인으로 느껴진다. 따지고 보면 사춘기는 아이가 엄마의 품을 떠나 자신의 세상을 향해 날갯짓을 시작하는 시기이므로 부모와 날을 세우는 것이 당연하다. 하지만 일하는 엄마에게는 아이의 삐딱한 말과 행동이 모두 자신의 책임처럼 느껴진다. 그래서 이 시기에는 일을 계속할지 말지에 대한 고민이 아주 작은 문제에 불과해질 만큼 죄의식에 사로잡혀 엄마의 인생관 자체가 흔들리곤 한다.

내 아이 역시 유별난 사춘기를 보냈다. 아이가 중학생이던 어느 날학교에서 긴급한 연락이 왔다. 우리 아이와 친구 몇 명이 다른 학교 아이들과 싸움을 했다는 내용이었다. 영화에서나 나올 법한 일을 내 아들이 저질렀다니. 다행히 아이는 단순 가담자로 분류되어 훈방되었지만 놀란 가슴을 달랠 길이 없었다. 나는 아이를 데리고 나와 차에 태운 뒤그길로 무작정 강원도까지 내달렸다. 입을 꼭 다문 채 아무 말도 할 수없었다. 가슴이 터질 것만 같았다. 어딘지도 모르는 강원도의 한 도로옆에 차를 세우고는 길바닥에 주저앉아 가슴을 치며 울었다.

'내가 지금까지 무슨 짓을 했지? 내 아이가 이 지경이 되도록 엄마인나는 도대체 어디에 있었던 거야?'

하늘이 무너지는 것 같다는 말이 비로소 실감되었다. 이런 엄마에게 "잘못했어요. 다시는 안 그럴게요"라고 말해주면 좋으련만, 아이는 아무 말도 없이 먼 산만 물끄러미 쳐다보고 있었다. 아이가 참으로 야속한 순간이었다.

이런 사건은 한 번으로 끝나지 않았다. 학교에서 전화가 오면 일단 심장부터 덜컥 내려앉았다. 아이는 다시 한 번 큰 사고를 저지르고 말았다. 그날은 곧장 집으로 돌아가면 내 이성이 참지 못하고 아이에게 해서는 안 될 모진 말을 퍼부어댈 것만 같았다. 마땅히 갈 곳도 없던 차에 문득 시아버님의 유골이 모셔진 납골당이 떠올랐다. 이때도 아무 말 없이 아이를 태우고 그곳으로 내달렸다. 나는 시아버님의 유골함 앞에 무릎을 꿇고 엎드려 대성통곡했다.

"아버님, 용서해주세요. 제가 아이를 잘못 키웠습니다. 손주들을 잘 키워놓고 아버님께 가겠다고 약속드렸는데 그렇게 하지 못했습니다. 용서해주세요. 모두 제 잘못입니다."

아이는 아무 말 없이 우두커니 서서 나를 내려다보고 있었다. 그때 진심으로 아이가 남처럼 느껴졌다. 나는 아이의 지독한 사춘기를 겪으면서 죄의식과 자책감 때문에 업무적으로도 한동안 슬럼프에서 헤어 나오지 못했다.

하지만 중학교를 마칠 무렵 아이는 언제 그랬냐는 듯 몰라보게 성숙해져 있었다. 사춘기라는 긴 터널을 지나 하나의 인격체로 성장했다. '이 또한 지나가리라'라는 말이 절실히 가슴에 와닿는 시절이었다. 당시에 내가 스스로 잘했다고 생각한 일은 어떤 상황에서도 아이의 자존감에 상처를 주는 말을 하지 않았다는 점이다. 야단을 치더라도 "나는 네가 분명 훌륭한 사람이 될 거라 믿어. 그러니 이런 일은 너에게 어울리지 않아. 나쁜 일은 빨리 끝내자"라는 식으로 이야기했다. 그 당시에 나는 자책과 절망의 구렁텅이에 빠져 허우적댔지만, 아이의 자존감만큼은 바닥으로 떨어지지 않기를 바랐다. 아이는 결국 사춘기가 지나자 스스로 변화했다. 나의 말과 행동이 아이의 성장에 어떤 영향을 주었는지 명확히 알 수는 없지만, 그래도 나는 그때의 나에게 잘 견뎌냈다고 칭찬해주고 싶다.

출산과 육아, 그리고 교육이라는 산을 넘으면서도 꿋꿋이 일자리를 지켜온 워킹맘들은 이제 어디에 속해 있든 자신의 분야에서 어느 정도 전문성을 갖추었을 것이다. 나는 이 점이 우리 워킹맘들에게 보람차고 다행스러운 일이라고 생각한다. 또 일을 그만두기에 우리는 너무 멀리 왔다. 고단한 워킹맘 생활을 버텨낸 엄마들은 일을 그만두어도 자신이 아이에게 해줄 수 있는 일이 그리 많지 않다는 사실에 오랜 시간 익숙해져왔다. 이제 우리에게 남은 선택지는 '뒤를 돌아보지 않고 멋지고 당당하게 또 다른 산을 넘는 일'뿐이다.

나는 일과 가정이라는 딜레마 속에서 수년간 괴로워했지만 지금 와서 돌이켜보면 스스로 옳은 선택을 해왔다고 자부한다. 그리고 이것이 현재 일과 가정 사이에서 어려움을 겪고 있는 수많은 워킹맘에게 들려주고 싶은 이야기다. 물론 일을 그만두고 아이를 키우는 데에 집중해온 엄마들도 자신의 선택에 자부심을 가질 만한 빛나는 삶을 살았다. 다만 일을 하느라 아이를 충분히 돌보지 못했다는 죄책감과 주위의 따가운 시선을 받아야 했던 워킹맘들도 지금까지의 삶이 '틀린 선택'의 결과가 아니라는 점을 알았으면 좋겠다. 그리고 대한민국 모든 여성에게 일과 가정이 더 이상 선택지가 아닌 세상이 오기를, 더 많은 여성이 용기 있는 선택을 하기를 진심으로 바랄 뿐이다.

[유 리 천 장]

여 자 의 가 능 성 을 짓 밟 는 편 견

1995년에 나는 국내 대기업에 연구원으로 입사했다. 당시 회사에서는 6개월에 한 번씩 임원들 앞에서 각자의 업무를 발표하는 자리가 있었다. 여기에서 우수 직원으로 선정되면 다섯 돈짜리 금반지를 받고, 그해 팀에서 A등급의 평가를 받을 수 있었다. 나도 이 자리에서 우수 직원으로 선정되어 금반지를 받았기에 당연히 연말 평가에서 A등급을 받을 수 있을 것이라 기대했다. 하지만 결과는 예상과 달랐다. B등급도 아닌 C등급. 상사가 회사의 규정까지 어겨가며 팀의 유일한 여성인 나에게 C등급을 주었던 것이다. 남성의 영역이었던 연구 개발 분야에서 여성이 남성을 제치고 A등급을 받는 일이 꽤나 불편했던 모양이다. 여기에 보수적인 기업 문화도 한몫했다.

상사는 업무 분장에서도 나를 차별했다. 나는 그 분야에서 박사 학위까지 받은 전문가였고 다른 직원들보다 나이도 많았지만, 상사는 나에게 핵심 업무를 맡기지 않았다. 대신 석사 출신의 남자 직원에게 그 업무를 넘겨주었다. 낮게 평가된 등급 때문에 승진도 어려웠다. 나는 회사와 내 일을 무척 좋아했지만 '유리천장'에 가로막혀 회사를 떠나야 하는 것은 아닌지 심각하게 고민했다.

'유리천장'이란 업무 분배나 승진 등에 있어서 일하는 여성에게 차별적 대우가 가해지는, 즉 '충분한 능력을 갖춘 여성이 조직 내 일정 서열 이상으로 오르지 못하게 하는 보이지 않는 장벽'을 의미한다. 이 말은 1986년《월스트리트저널》에서 미국의 언론인 캐롤 하이모비츠Carol Hymowitz와 티모시 쉘하르트Timothy Schellhardt가 기고문의 제목으로 사용하면서 세상의 주목을 받기 시작했다. 이들은 여성이 높은 자리로 올라갈수록 더 두꺼운 유리천장에 부딪힌다고 주장했다. 실제로도 성과가 요구될수록, 고위직으로 갈수록, 경력이 쌓일수록 업무 능력만으로 평가받지 않는 차별적 유리천장이 더욱 심화된다는 연구 결과가 쏟아져 나왔다. 바로 이 '유리천장'이 일하는 여성들을 가로막는 두 번째 거대한 산이다.

특히 우리나라는 OECD 국가들 가운데 유리천장이 가장 두껍다고 알려져 있다. 2016년 세계 여성의 날에《이코노미스트》가 발표한 '유리천장 지수'에 따르면 한국은 100점 만점에 25.6점으로 28개 조사 대상국 중 최하위를 기록했다. 이는 문화적으로 남성의 영향력이 훨씬 더 강한 터키(29.6점)나 일본(27.6점)보다도 낮은 점수다. 우리나라 여성들의 업무 기회를 가로막는 유리천장은 가히 위협적인 수준이다.

또 남자들이 일을 잘하면 으레 '유능하다'는 평가를 받는다. 그러나 여자들이 일을 잘하면 '독하다'는 말을 듣고, 심하게는 '미움'까지 받는다. 페이스북의 최고운영책임자(COO)이자 세계적인 여성 리더 셰릴 샌드버그Sheryl Sandberg도 자신의 책『린 인』에서 이렇게 말했다.

"여성이 직장에서 탁월한 능력을 발휘하면 남녀 동료들은 그녀가 뛰어난 성과를 냈을지는 모르지만 '동료의 호감을 사지는 못한다'고 이구동성으로 말한다. 아마도 이들은 '그녀가 지나치게 공격적이거나, 다른 사람과 어울려 일하지 못하거나, 약간 정치적이거나, 신뢰할 수 없거나, 상대하기가 까다롭다'고 평가할 것이다. 최소한 나를 포함해 거의 모든 고위직 여성이 이러한 평가를 받아왔다."[6]

최근에는 상황이 많이 나아졌지만 그럼에도 우리 사회에서는 여전히 극소수의 여성만이 고위직에 오른다. 2017년 기준 국내 30대 그룹의 여성 임원 비율은 3퍼센트, 정부의 장차관급은 2.8퍼센트인 것만 보아도 여성이 처한 현실을 알 수 있다. 이는 기업과 정부 기관에 여성 인력의 수가 절대적으로 부족해서 나타나는 현상이 아니다. 일하는 직원의 수는 남녀가 거의 비슷한데 위로 올라갈수록 요직을 차지하는 여성이 줄어드는 것, 즉 '유리천장'이 명백하게 존재한다는 의미다.

나 역시 능력과 상관없이 여자라는 이유만으로 차별과 편견에서 자유롭지 못했다. 직장에서뿐만 아니라 심지어 한 기업을 운영하는 경영자로서도 그랬다. 10여 년 전 스타트업의 사장이었던 나는 우리나라의 대표적인 기관 투자가에게 투자를 받은 사장들의 저녁 모임에 초대받았다. 회사에서 모임 장소까지는 차가 많이 막힐 것 같아 지하철을 타고 이동했다. 모임은 여느 때처럼 다양한 정보를 공유하고 인맥을 다지며 순조롭게 끝났다. 집으로 돌아가기 전 참석자 한 분이 같은 방향으로 갈 테니 자신의 차로 나를 데려다주겠다고 했다. 마침 차도 없었고 경륜 있고 점잖은 분이라 생각했기에 그분의 호의를 거절하지 않았다. 그런데 차 안에서 그분은 슬며시 자신의 손을 내 손 위에 얹더니 "나를 오빠처럼 생각해"라고 말했다. 또 "여자는 몸과 마음을 다해 사업을 해야지"라는 말까지 서슴지 않고 했다. 나는 그 말을 계속 들어줄 수 없어 황급히 차에서 내렸다.

전문가로서 자부심을 가질 만한 학위가 있고 또 한 기업의 경영자인 나에게도 이런 일이 벌어지는데, 하물며 직급이 낮거나 나이가 어린 여성들은 어떠할까? 보이지 않는 곳에서 벌어지는 업무 외적인 차별로 인해 고위직에 오르기까지 버티지 못하고 회사를 그만두는 것은 아닐까? 2~3차로 이어지는 불필요한 회식 자리에서도 여성들은 알게 모르게 이런 일을 당했을 것이다. 혹은 불쾌한 일을 피하고자 회식을 거부하는 바람에 사회생활을 못한다거나 능력이 없다고 낙인찍혔을 것이다. 여성을 '하나의 업무를 책임지는 전문가'가 아닌 그저 '여성'으로만 바라보고, 여자라서 약하고 홀로 설 수 없으며, 책임감이 부족하다고 여기는 '편견의 시선'이 능력 있는 여성들을 좌절하게 만든다. 아직도 많은 여성이 매 순간 일터에서 이런 고충에 괴로워하고 있다.

물론 이전에 비해서는 상황이 나아지고 있다. 지난 10여 년 동안 대다수의 회사가 나쁜 관행을 개선하고자 노력해왔다. 우리 회사만 보아도 젊은 직원들은 상사의 퇴근과 관계없이 자신의 업무를 마치면 당당하게 퇴근한다. 회식을 할 때에도 개인적인 선약이 있으면 어려움 없이 불참 의사를 표한다. 술자리는 1차로 끝내서 늦지 않게 귀가하도록 배려하고 있으며, 지속적으로 성차별 방지에 대한 교육도 시행 중이다. 사회적으로 일하는 여성들이 늘어남에 따라 숨겨져 있던 여러 가지 문제들이 공론화되었고 인식적으로도 개선되고 있다.

나는 이토록 두꺼운 유리천장도 언젠가는 반드시 깨질 것이라고 믿는다. 재료공학적인 관점에서도 유리라는 물질은 아주 작은 부분이라도 균열이 생기면 그 균열에서부터 금이 생기고, 그것이 다른 부분으로 전파되어 쉽게 깨지는 속성을 갖고 있다. 아무리 두꺼운 유리라도 지속적으로 기를 쓰고 들이받으면 반드시 깨지기 마련이다. 우리는 유리의 그런 속성을 알아야 하고 맹렬히 부딪칠 필요가 있다. 우리가 균열을 만들기 위해 계속 도전한다면 깨지지 않을 유리천장이란 없다.

2016년 6월 9일, 힐러리 클린턴Hillary Clinton 전 국무장관이 미국 역사상 최초로 주요 정당의 대선 주자로 확정되었다. 그날 그녀는 연단에 올라 '새롭게 펼쳐질 여성의 역사'를 강조했다.

"우리는 지금 유리천장 밑에 서 있습니다. 여러분 덕분에 우리는 하나의 이정표를 세웠습니다. 미국 역사상 처음으로 여성이 주요 정당의 대선 주자로 선정되었습니다."

힐러리는 2008년 경선에서 패배했을 때에도 실망하는 여성 지지자들을 향해 "그래도 가장 높고 단단한 유리천장에 1800만 개(당 내 경선 득표 수)의 금이 생겼다"며 위로의 말을 전했다. 힐러리가 대선 주자로 확정되고 며칠 뒤 미국의 유명 방송인 오프라 윈프리Oprah Winfrey는 "그녀의 정치적 관점이 어떠하건 지금은 여성들에게 있어 매우 중대한 순간이다. 이제 유리천장은 없다. 천장은 날아갔다"고 말했다.

지금 이 시간에도 세계의 여성 리더들은 각자의 자리에서 두꺼운 유리천장을 힘차게 두드리며 하나둘 균열을 내고 있다. 대한민국의 많은 여성도 자신을 가로막고 있는 유리천장 아래에서 포기하거나 주저앉기보다는 있는 힘을 다해 균열을 만들어나가길 바란다.

[심 리 적   장 벽]
스 스 로 가   만 들 어 낸   가 장   큰   내 면 의   적

나와 함께 7년간 일한 여성 직원이 있었다. 경리직에 지원했던 그녀의 최종 면접을 지금도 또렷이 기억하고 있다. 첫아이를 출산한 지 한 달이 되었다고 했다. 어려운 질문에도 또박또박 대답하는 모습으로 볼 때 일을 잘할 것 같다는 판단이 섰다. 그리고 실제로도 그녀는 일을 참 잘했다. 상냥했으나 과도하게 순종적이지 않았고, 꼼꼼했으나 큰 틀에서 보려고 노력했다. 의사 표현을 잘했지만 말이 너무 많지 않았고, 무엇보다도 해야 할 말과 해서는 안 될 말을 잘 구분했다.

단 한 가지 그녀에게 필요한 점은 '전문성'이었다. 나는 그녀를 계속 눈여겨보고 있다가 대리로 승진하자 우리 회사의 재무 전문가로 육성해야겠다고 마음먹었다. 그래서 그녀와 함께 경력 개발 계획을 세우고 미래의 최고재무책임자(CFO)를 꿈꾸며 공부하기로 다짐했다. 그날부터 나는 그녀에게 공부할 책을 사다주고 온라인 강의도 선정해주었으며, 기업의 가치 평가 방법도 하나하나 가르쳐주었다. 때로는 인생의 멘토를 자처하며 가끔씩 데리고 오는 그녀의 아이를 내 방에서 돌봐주기도 했다. 나는 나날이 성장하는 그녀를 지켜보며 행복을 느꼈고 차차 성공할 그녀의 모습을 머릿속에 그려나갔다.

그런데 언제부터인가 그녀는 표정이 어두워졌고 슬금슬금 나를 피하기 시작했다. 그러고는 머지않아 회사를 떠나버렸다. 그녀가 퇴사하며 나에게 했던 말이 아직도 머릿속에 선명히 남아 있다.

"사장님께 늘 감사했습니다. 그런데 저는 여자잖아요. 제가 크면 어디까지 클 수 있겠어요. 사장님께서 기대를 해주시고 공부하라고 하실수록 저는 숨이 찼어요."

그때 내가 크게 실수했음을 깨달았다. 나는 그녀에게 꿈을 가지라고했는데 그녀는 자신의 한계선 밖으로 벗어나는 것을 무척 부담스럽게생각했다. 결국 나의 관심과 격려는 그녀에게 동기부여가 아닌 고통으로 작용했다. 문득 나는 궁금해졌다.

'만약 똑같은 일을 남자 직원에게 시켰다면 그렇게 반응했을까? 아마도 자신을 성장시킬 좋은 기회라고 생각하지 않았을까?'

회사를 떠난 후에도 그녀와 나는 연락을 이어오고 있지만, 생각할수록 그녀의 재능이 참 아깝다.

여성들이 일을 하면서 부딪치는 마지막 산은 이러한 '심리적 장벽'이다. 이는 얼핏 보기에 대수롭지 않게 느껴지지만, 여성들이 일과 가정사이에서 난관에 부딪힐 때 남자보다 쉽게 일을 포기하는 가장 결정적인 이유가 된다. 어려운 선택의 순간에 놓이면 '나는 여자라서 안 돼', '여자인데 이렇게까지 할 필요가 있나?' 하는 마음이 드는 것이다. 이런생각은 여성의 프로 의식과 승부 근성을 약화시킨다. 또 출산과 육아, 유리천장이라는 장벽을 더욱 크게 느껴지도록 만든다.

지난 30여 년간 일터에서 만났던 많은 여성 중 일부는 이러한 심리적 장벽을 잘 극복하고 전문성을 개발해 유능한 리더로 성장했지만, 대다수는 극복하지 못한 채 방황하다가 주저앉고 말았다. 이들은 육아라는 산이 절대로 극복하지 못할 높은 산이라고 생각하거나, 유리천장이 자신을 필연적으로 가로막고 있다고 확신하면서 일을 그만두는 자신을 합리화한다. 그러다 보면 사회적으로도 여성을 가로막는 장벽이 훨씬 더 견고하고 단단해진다.

특히 많은 워킹맘은 '이렇게까지 일을 계속해야 하나?'라는 마음을 늘상 품은 채 회사에 나간다. 아이를 키우면서 일을 그만두는 친구들이 늘어나고, 안 그래도 힘든 일 이참에 때려치울까 싶기도 하다. 육아나 유리천장도 극복하기 어려운 산임은 맞으나 애초부터 '일을 포기할 수 있다'고 생각하기 때문에, 즉 당연히 일을 해야 한다고 생각하지 않기 때문에 각종 난관에 부딪혔을 때마다 스스로를 심리적 장벽으로 몰아넣는다.

수십 년간 나의 경험으로 비추어볼 때 여성들은 남성들이 겪지 않는 다섯 가지 증후군으로 인해 심리적 장벽 앞에 주저앉는다.

> 유리인형 증후군

첫 번째는 '유리인형 증후군'이다. 유리인형은 보기에 좋지만 조금만 험하게 다뤄도 쉽게 깨진다. 이 유형의 심리적 장벽에 부딪히는 여성들은 전쟁터 같은 일터에서조차도 쉽게 깨지는 유리인형처럼 행동한다.

10여 년 전 내가 여성 직원과 소통하는 방식을 바꾸게 된 계기가 있다. 진행하던 프로젝트가 잘못된 방향으로 흘러가 팀 전원에게 일부러 싫은 소리를 한 적이 있다. 나는 "여러분이 수고한 것은 잘 압니다. 하지만……"이라는 말로 이야기를 시작했다. 남자 팀원들은 아무런 표정 변화 없이 듣고만 있었다. 나는 내심 팀원들이 '그래, 방향을 바꿔서 다시 하면 된다'고 생각해주기를 기대했다. 그런데 그때 여자 팀원 한 명의 표정이 서서히 일그러지더니 얼굴이 새빨개졌다. 말을 하는 와중에 그녀를 힐끔힐끔 쳐다보았는데, 결국 그녀의 눈에 눈물이 고이기 시작했다. 나는 하던 이야기를 멈추고 잠시 휴식 시간을 갖자고 했다. 그러고는 그녀를 따로 불러 "내가 하는 이야기를 개인적으로 받아들이지 마세요"라고 다독거렸다. 물론 그녀의 입장에서는 열심히 한 과정을 생각할 때 서운할 수도 있었을 것이다. 그러나 상사는 모든 팀원의 감정을 배려하면서 일할 수 없다. 그 이후로 나는 여성 직원과 소통할 때 개인적으로 불러서 이야기하는 방식을 택하고 있다.

사람은 누구나 인정받는 존재가 되기를 바란다. 2013년 하버드 대학교 졸업식에서 오프라 윈프리는 이런 축하 연설을 남겼다.

"우리는 이해받기를 원합니다. 토크쇼를 진행하면서 3만 5000번 정도 인터뷰를 했는데 카메라만 꺼지면 모두 이렇게 물어봅니다. '나 괜찮았어요?' 부시 대통령도 오바마 대통령도 이렇게 말했습니다. 심지어 완벽하기로 유명한 비욘세에게서도 이 말을 들었습니다."

이렇듯 누군가로부터 인정받고 싶은 마음은 인지상정이다. 다만 인정을 받고자 하는 방식에서 남성과 여성은 차이를 보인다. 내가 함께 일해본 남자들은 일의 성과와 조직 구성원 간의 역학을 중요시하기 때문에 '결과중심적 사고'에서 인정받기를 기대한다. 반면 여자들은 남자들보다 일의 진행 과정에 집중하는 '과정중심적 사고'를 하며, 타인의 감정적인 공감과 인정을 기대한다. 그 때문에 일을 진행하면서 줄곧 자신이 어떻게 받아들여지고 있는지를 확인하려는 경향이 강하다. 자신이 열심히 한 과정을 인정받지 못하거나 질책을 받으면 때로는 그것을 감정적으로 받아들여 상처를 받거나 심한 경우 눈물을 보이기도 한다. 물론 여성의 이러한 성향도 유리한 지점이 있다. 하지만 예쁘기만 하고 다루기 힘든 유리인형은 진흙탕 같이 척박한 일터에서 여자 스스로 살아남는 데에 걸림돌이 된다는 사실을 분명히 알아야 한다.

> 콩쥐 증후군

두 번째는 '콩쥐 증후군'이다. 콩쥐는 자신을 괴롭히는 계모 밑에서 어렵게 살면서도 모든 부조리를 묵묵히 받아들이고 시키는 일도 열심히 한다. 반면 팥쥐는 자신이 어떤 일을 했는지, 얼마나 잘했는지를 공개적으로 떠벌린다. 실제 일터에서 여성은 콩쥐, 남성은 팥쥐처럼 행동하는 현상이 빈번하게 발생한다. 여성은 자신을 드러내는 일에 주저하며 스스로를 낮추는 자세가 겸손이라고 생각한다. 그러다 보니 자신의 성과를 당당히 알리기보다는 회사가 알아서 잘 평가해줄 것이라 생각하고 만다. 때로는 연봉 협상을 하면서도 자신의 권리를 주장하지 않는다. 그것 또한 상사의 재량이라 생각하고 자기 몫을 쟁취하지 않는다.

더 안타까운 점은 자신의 역량과 역할을 스스로 제한해버린다는 사실이다. 콩쥐는 계모와 팥쥐에게서 불합리한 대우를 받으면서도 집을 뛰쳐나오거나 아버지에게 부당함을 바로잡아달라고 당당히 요구하지 않는다. 그 대신 자신이 처한 현실을 운명으로 받아들이고 순응하며 살아갈 뿐이다. 결국 콩쥐의 운명은 그녀의 신발을 우연히 발견한 고을 원님과의 결혼으로 구제받는다.

내가 살면서 깨달은 사실은 어느 날 갑자기 원님이 나타나 나의 신발을 주워주는 일은 결코 일어나지 않는다는 점이다. 현실에서 콩쥐가 원님의 마음을 얻는 방법은 팥쥐 엄마가 그녀에게 부과한 삶의 한계에서 벗어나 끊임없이 스스로의 정체성을 찾고 자신의 권리를 주장하는 것이다. 잘못된 점은 잘못되었다고 말하고, 당당하게 원하는 것을 추구해나가야 자신의 몫을 쟁취할 수 있다. 원님과 결혼하고 싶다면 그가 필요로 하는 역량을 확보해 나를 인재로 모셔가도록 스스로를 마케팅해야 하는 것이다.

> 동반자 증후군

세 번째는 '동반자 증후군'이다. 여자라면 누구나 학창 시절 단짝 친구들과 함께 화장실에 간 경험이 있을 것이다. 화장실은 타인의 시선을 의식하지 않고 진솔한 대화를 나눌 수 있는 공간으로, 우리 여자들은 친구들과 함께 남들이 듣지 않았으면 하는 이야기를 소곤소곤 나누며 우정을 다지곤 했다.

그런데 간혹 회사에서도 이런 습관을 이어가는 여성들이 있다. 개인적인 일에 관해서라면 상관없다. 친한 동료와 사생활을 공유하며 직장 생활에서의 스트레스를 풀고 행복을 느낀다면 좋은 일이다. 하지만 업무와 관련된 중요한 내용에 관해서라면 이야기가 달라진다. '이건 너만 알아'라며 업무상의 비밀을 친한 동료에게 털어놓거나, 상사 혹은 동료에 대한 뒷담화를 스스럼없이 전하는 것이다. 무심코 전해진 말은 다시 또 다른 사람에게 '이건 너만 알아야 해'라는 말로 전파된다. 이런 행동은 스스로를 궁지로 몰아갈 뿐만 아니라, 조직 내에서 여성 전체에 대한 신뢰를 무너뜨리는 지름길이 된다.

회사에 직원이 많지 않았던 창업 초창기에 한 남성 직원이 나에게 찾아와 급여 통장을 두 개로 나누어달라고 부탁을 했다. 사정을 들어보니 지방에 사시는 노부모님께 용돈을 보내드리고 싶은데, 급여 통장을 아내가 관리하다 보니 몰래 월 30만 원씩만 따로 떼어 받고 싶다는 말이었다. 나는 그 직원의 마음 씀씀이가 갸륵하게 느껴졌다. 그래서 비밀 유지를 부탁하고는 담당 여성 직원에게 통장을 나누어 송금해주라고 지시했다. 물론 그녀에게도 비밀 유지를 당부했다.

그로부터 몇 개월이 지난 어느 날, 다른 직원이 나를 찾아와 본인도 급여 통장을 이원화해달라고 말했다. 나는 화들짝 놀랐다. 어디서 들었는지 물어보니 "직원들 다 알고 있는데요?"라며 오히려 반문하는 것이 아닌가? 확인해보니 비밀 유지를 약속했던 담당 여성 직원이 친한 동료에게 이야기를 전하면서 결국 모두가 알게 된 것이었다. 회사에서는 각 직원의 개인적인 사정을 하나하나 고려하기에 행정적으로 쉽지 않고, 누군가에게 예외를 두는 일도 바람직하지 않다. 결국 나는 전 직원에게 그 누구도 예외를 두지 말고 급여 통장을 하나로 관리하라는 공지를 내리고 문제를 수습했다. 그 일로 나는 직원들 앞에서 비밀을 지키라는 말을 꺼내기가 두려워졌다.

회사의 업무와 관련해 보안을 유지하는 일은 남녀를 떠나 모든 직원에게 아무리 강조해도 지나치지 않은 '신뢰의 문제'다. 경우에 따라서는 회사의 평판을 추락시키거나 커다란 손해를 안길 수도 있는 매우 엄중한 사안이다. 한번은 우리 회사의 연구원 한 명이 중요한 정보를 얻었다며 나를 찾아왔다. 그는 업계 내 다른 회사에서 생산한 플라스틱 금형 제품을 가져왔는데, 핵심 부품의 설계에 있어 단초를 제공할 만한 중요한 정보였다. 그는 나에게 칭찬을 받으리라 기대하고 온 듯했다. 하지만 나는 어떤 경로로 그것을 입수했는지부터 물었다. 그는 우리 회사에 납품하고 싶어 하는 한 협력 업체로부터 정보를 얻었다고 대답했다. 나는 다시 물었다. "당신이 요청했습니까?" 그는 아니라고 대답했다. 만약 그가 정보를 요청했더라면 그 직원과는 더 이상 함께하지 않을 작정이었다. 하지만 그가 요청하지 않았더라도 칭찬할 만한 일은 아니었다. 나는 그를 다그쳤다. "지금 이 시간부터 그 협력 업체와는 거래 관계를 일체 종료하세요. 자사와 거래하는 고객의 정보를 우리에게 들고 오는 회사라면 자신의 이익을 위해 언제라도 우리의 정보를 경쟁사에게 넘겨줄 것 아닙니까?" 내 것이 중요한 만큼 남에게 중요한 것도 지켜야 하는 법이다.

> 변명 증후군

네 번째는 '변명 증후군'이다. 여성이 지닌 큰 강점 중 하나는 단연 '소통 능력'이다. 그런데 이런 능력이 잘못 활용되면 소통이 아닌 '수다'나 '변명'으로 바뀌곤 한다.

여성 직원들 중 일부는 주로 이렇게 말을 시작한다. "저기요", "사실은요", "있잖아요", "그런데요" 자신은 친절하게 설명함으로써 상대가 자신의 처지를 더 잘 이해했을 것이라 믿지만 실제로 듣는 사람, 특히 상사의 입장에서는 '설명'이 아니라 '변명'으로밖에 들리지 않는다.

여럿이 참여하는 회의에서 지각은 프로답지 못한 행동이다. 그러나 어디 세상 일이 내 마음대로만 되던가? 어쩌다 보면 본의 아니게 늦을 수도 있다. 이런 경우 일반적으로 남성과 여성은 다른 반응을 보인다. 남성 직원들 대부분은 "늦어서 죄송합니다"라는 한마디면 끝난다. 반면 여성 직원들은 "저기요. 죄송해요. 아이 유치원에 데려다주고 오는 길에 교통사고가 나서 길이 너무 막혔어요. 그래서 차에서 내려 지하철을 타고 달려왔어요"라며 자신의 상황을 장황하게 설명한다. 아니, 누가 물어봤나? 그녀가 여기까지 어떻게 왔는지는 아무도 궁금하지 않다. 게다가 그녀는 이미 지각으로 늦어진 회의를 쓸데없는 변명으로 더욱 지연시키고 있다. 그녀는 자신의 지각을 정당화하고 이해받기 위해 설명을 늘어놓았지만 그 자리에 있던 다른 사람들은 변명으로 인해 더 짜증이 날 뿐이다.

> 공주 증후군

마지막은 '공주 증후군'이다. 이는 프로라면 절대 보여서는 안 되는 치명적 증상으로, 자신이 필요할 때 여성이라는 점을 이용해 이득을 보려는 마음이다. 어려운 일 앞에서는 '여자라서 힘들다'고 하고, '여자에게만 부당하다'고 주장하며, 업무에 관한 평가에서도 '여성'임을 내세워 실수를 무마하려는 태도인 것이다. 또 여성이라는 이유로 편의를 봐주거나 평가를 후하게 주려는 남성들의 태도를 즐기며 스스로 치열하게 전문가가 되려고 노력하기를 거부한다.

스타트업을 운영하던 초창기 시절, 여성 직원을 채용했을 때의 일이다. 남자 연구원들만 있던 연구소에 여자를 뽑겠다고 하니 그 사실만으로도 부서 전체가 들떠 있었다. 연구원들은 서로 면접에 참석하겠다며 야단이었고, 그녀가 자신의 팀으로 오기를 바랐다. 물론 그녀가 입사한 직후에도 얼마간은 그녀를 모시듯이 떠받들었다. 남자 연구원들은 그녀가 묻지도 않은 기계의 운전 방법을 자진해서 설명해주었고 점심시간에는 커피를 사다주었으며, 무거운 장비나 물건을 들어주기도 했다. 그녀도 점점 그런 대접에 익숙해졌다.

하지만 남자 연구원들의 관심은 오래가지 못했다. 그녀에 대한 호기심이 줄어들면서 원래대로 자신의 일에 매진하느라 정신이 없었다. 연구원들은 실험에 돌입하면 밤을 꼬박 새우기도 하고, 주말을 반납해야 하는 경우도 있다. 연구를 하다 보면 어쩔 수 없이 무거운 장비도 다뤄야 하기 마련이다. 연구원 모두 각자가 맡고 있는 업무의 양이 어마어마했기 때문에 다른 사람의 부탁을 들어주기가 쉽지 않았다.

그러나 공주가 되어버린 그녀는 자기 팀도 아닌 다른 곳에서 툭하면 실험 공구를 빌려달라고 하거나, 무거운 장비를 옮겨달라고 부탁했다. 또 팀원들에게 자신의 장비를 뒤처리해달라고 맡긴 채 먼저 퇴근을 하곤 했다. 부담스러운 부탁이 지속되자 사람들은 그녀를 귀찮아하기 시작했고 함께 일하기를 불편해했다. 시간이 지날수록 협업이 어려워지자 그녀는 좋은 성과를 내지 못했다. 물론 좋은 평가를 받을 수도 없었다. 결국 1년도 다니지 못하고 회사를 떠날 수밖에 없었다.

두려움을 벗어던지고
의식을 혁명하라

나는 공과대학에 남학생이 거의 전부이던 시절 대학에 들어갔다. 1000여 명의 학생 가운데 여학생은 나를 포함해 단 세 명뿐이었다. 그러다 보니 나는 마치 '공주'가 된 것 마냥 남학생들의 주목을 한 몸에 받았다. 내가 어디를 가든 누구와 무엇을 하든 사사건건 입에 오르내렸고, 많은 남학생이 나에게 도움을 주려 했다. 한동안은 나도 그런 관심과 호의가 좋았다. 하지만 시간이 지나면서 학과의 홍일점인 나에 대한 남학생들의 호기심이 줄어들기 시작했다. 그리고 한순간에 내가 '공주'에서 '무수리'로 전락할 수 있다는 사실을 깨달았다. 내가 무슨 생각을 하는지 친한 친구에게 말하면 그 이야기를 한 지 하루도 지나지 않아 학과 친구들 사이에 소문이 쭉 퍼져나갔다. 그때 나는 남자들이 경우에 따라서는 여자보다 훨씬 더 수다스럽고, '너만 알아'라는 말이 '모두가 알게 된다'는 의미임을 배울 수 있었다. 이를 계기로 나는 곧장 '공주'와 '동반자' 증후군이라는 함정에서 벗어나기 시작했다. 하지만 스스로의 역량과 역할을 외부적인 기준에 의해 제한해버리고 마는 '콩쥐' 같은 태도에서는 벗어나기가 여간 쉽지 않았다.

일하는 여자로 살아오는 내내 '출산과 육아', '유리천장' 그리고 '심리적 장벽'이라는 거대한 산은 마음속에 두려움으로 자리 잡은 채 늘 나를 따라다녔다. 학업과 일을 제대로 해낼 수 있을지 두려웠고, 나의 한계가 무엇인지 또 그 한계가 어디에서 비롯되었는지를 파헤치기도 어려웠다. 내가 이렇게 말하면 남자들이 어떻게 생각할까 신경 썼고, 적극적으로 일을 추진하려고 하면 '저 여자 너무 나댄다'고 평가할까 봐 걱정을 했다. 나도 두 아들을 키운 엄마이기에 출산과 육아라는 장벽 앞에 흔들렸고, 여자를 바라보는 편견 섞인 시선과 여러 가지 심리적 장벽에 좌절을 느끼기도 했다. 어떤 장벽은 넘기가 너무 어려워서 뒤로 돌아가거나 모든 것을 놓아버리고 도망치고 싶을 때도 많았다.

하지만 두려움이 나를 짓누를 때마다 그 두려움을 떨쳐내려 애썼고, 좌절할지언정 결코 포기하거나 주저앉지 않겠다고 마음먹었다. 무엇보다도 두려움에서 벗어날 수 있도록 나를 이끌었던 것은 '일을 대하는 의식의 전환'이었다. 일하는 여자로 살겠다고 다짐한 이상, 나에게 일은 언제든 그만두거나 불가피하게 내려놓을 수 있는 사안이 아니었다. 일은 내 삶의 필수적인 부분이었고, 숱한 삶의 기로에서 '일을 그만둔다'는 선택지는 존재하지 않았다. 어떤 두려움이 닥쳐올지라도 두려움은 그저 극복의 대상일 뿐이라고 의식적으로 생각했다. 어차피 피할 수 없는 장벽이라면 일하는 여자로 살겠다는 다짐을 지키기 위해 그 장벽을 현명하게 넘어갈 방법을 찾으려 했고, 그러한 마음가짐과 행동이 바로 지금의 나를 만들었다.

남자들은 아이가 아프거나 성적을 잘 받지 못했다고 해서, 혹은 조직에서 자존심 상하는 일을 당했거나 상사가 마음에 들지 않고 인사 고과를 낮게 받았다고 해서 일을 그만두겠다고 생각하지 않는다. 심지어는 조직에서 퇴출되거나 사고로 몸을 다쳤다고 해도 자기 가정과 삶을 꾸리기 위해 일을 계속해나간다. 하지만 여자들은 다르다. 세 가지 거대한 장벽이 야기한 두려움 때문에 일을 '필수'가 아닌 '선택'으로 여기곤 한다. 그래서 여자들은 장벽에 부딪혔을 때 남자보다 더 쉽게 일을 그만두고 만다.

유능한 여성이 전문가 혹은 리더로 성장하지 못하고 조직을 떠나면 회사로서도 더 나아가 국가로서도 막심한 손해다. 그런데 사실 이는 여성 스스로에게 가장 큰 손해로 작용할 것이다. 다가올 미래는 지금까지의 세상보다 훨씬 더 일하는 여성에게 많은 기회가 주어질 것이기 때문이다. 또한 새로운 세상에서는 여성이 일하지 않고서는 점점 더 살기 어려워질 것이 분명하다. 이러한 미래의 변화에 대비하기 위해 여성 스스로 두려움을 벗어던지고, 일이 '선택'이 아닌 '필수'라는 마음으로 의식을 전환해야 한다. 여성이 의지를 가지고 자기 안의 의식을 혁명할 수 있다면, 현실에서 마주치는 세 가지 장벽도 충분히 이겨낼 수 있으리라 확신한다.

제 2 장

미래

다가올 미래는
여자의 편이다

기술의 발전이 불러온 제4차 산업혁명 시대에는 기계가 인간의 지적 능력까지 대체한다. 이러한 세상에서는 육체적인 근력보다 혁신적인 창의력이 더 큰 가치를 창출할 것이다. 즉 지금 우리는 '하드파워'가 아닌 '소프트파워의 시대'에 놓여 있다.

앞으로 다가올 소프트파워의 시대는 풍부한 공감 능력과 소통 능력을 지닌 여성에게 더 유리할 것이다. 매일 출퇴근해야 할 필요도 없고, 남성 위주의 위계질서도 사라져 여성이 일하기에 좋은 환경도 구축될 것이다. 모든 것이 자동화되어 가사 노동의 부담까지 줄어드는 상황에서 여성이 일하지 않는다면 평생 무엇을 하고 살 것인가? 미래를 준비하고 싶은 여성이라면, 변화하는 세상과 자신의 삶에 대해 진지하게 고민해보아야 한다.

"당신이 미래를 다스리거나
아니면 미래가 당신을 다스릴 것이다."
– 미래학자 제임스 캔턴James Canton

오늘과 다른 내일을
살아가는 여자

어린 시절 나의 어머니는 닭 울음소리에 잠에서 깨어나 새벽 공기를 안으로 들이고, 마루와 마당을 쓰는 일로 하루를 시작했다. 차가운 물에 쌀을 씻고 아궁이에 불을 때어 밥을 짓고 찌개를 끓였다. 겨울에는 큰 가마솥에 가족이 세수할 물을 데웠다. 아침이 준비되면 대야에 물을 받아 와 다섯이나 되는 아이들을 차례로 씻겼다. 그러고는 밥상을 차려 아침을 먹이고 설거지를 했다. 설거지가 끝나면 밭에 나가 김을 매고, 또다시 점심을 준비해 일하는 사람들을 먹였다. 오후에도 밭일은 계속되었고, 돌아와서 저녁을 차려 식구들을 먹인 뒤 밀린 집안일을 하고 깜깜한 밤이 되어서야 잠자리에 누웠다.

2010년대를 살아가는 나는 스마트폰 알람 소리에 일어난다. 커피메이커에 물과 원두를 넣어놓고는 따뜻한 물로 샤워를 한다. 스마트폰으로 아침 뉴스를 읽고 하루 일정을 살펴보며 밤사이 배달된 이메일과 문자 메시지를 체크한다. 토스터기에 구운 베이글과 과일 몇 조각으로 가족과 함께 아침 식사를 하고는 설거지할 그릇을 기계에 넣어놓은 채 출근 준비를 한다. 업무 대부분을 컴퓨터나 스마트폰으로 처리하고, 외근이나 해외 출장 등으로 저녁 식사는 밖에서 해결한다. 퇴근하고 집에 돌아와 가족과 잠깐의 시간을 보내고, 세탁기로 빨래를 하거나 진공청소기로 청소를 한 후 노트북으로 하루를 정리한다.

그렇다면 2020년대를 살아갈 나의 며느리는 어떤 일상을 보낼까? 인공지능을 탑재한 가정용 로봇 '홈봇Homebot'이 며느리가 좋아하는 감미로운 음악으로 그녀를 깨워줄 것이다. 거실에 있는 스마트 커피메이커가 그날의 날씨와 그녀의 취향에 맞는 커피를 만들어줄 것이고, 홈 네트워크와 사물인터넷이 연결된 창문은 스스로 열려 바깥의 신선한 공기를 안으로 가득 들일 것이다. 냉장고의 센서와 연결된 사물인터넷은 다시 근처의 대형 마트와 네트워크로 연결되어 부족한 음식 목록을 체크하고, 드론으로 식료품을 배달해줄 것이다. 아마도 며느리는 프리랜서로 일하기 때문에 나처럼 매일 출근할 필요도 없을 것이다. 업무 대부분은 클라우드 컴퓨팅과 모바일에 기초한 협업 프로그램을 통해 재택근무로 진행된다. 또 자동차 공유 서비스로 필요할 때면 언제든지 쉽게 자동차를 이용할 수 있어 자기 차를 소유하지도 않는다. 빨래와 청소도 홈봇의 몫이고, 출퇴근도 하지 않다 보니 대부분의 시간을 가족과 함께 보낼 것이다.

지금도 살아계신 나의 어머니와 오늘을 살고 있는 나, 그리고 가까운 미래를 살아갈 며느리가 이토록 다른 세상을 살게 된 까닭은 무엇일까? 바로 '기술의 발전' 때문이다. 그리고 이러한 기술 발전의 트렌드를 가리켜 '산업혁명'이라고 부른다. 스탠퍼드 대학교 역사학과 교수인 이언 모리스Ian Morris가 2만 년을 이어온 인류 역사의 패턴을 분석한 결과, 인구의 증가와 사회 발전 지수는 최근 200여 년 전까지 유사한 형태로 진행되다가 19세기에 들어 급격히 변화한 것으로 나타났다. 이때 첫 번째 변곡점이 된 사건은 1775년 제임스 와트James Watt가 발명한 '증기 기관'의 등장이었다. 농사를 주업으로 삼았던 인류는 18세기 말부터 19세기 초까지 증기 기관을 통해 인간의 노동을 기계의 몫으로 바꾸는 혁명적 변화를 겪으며 생산성을 높였는데, 우리는 이를 '제1차 산업혁명'이라고 부른다.

이후 19세기 말부터 20세기 초에 진행된 '제2차 산업혁명'은 전기의 발명으로 대량생산이 가능해지면서 제품의 제조 원가를 혁신적으로 낮추었다. 그로 인해 중산층도 자동차와 가전제품을 소유하는 풍요를 누릴 수 있었다. 더불어 철강, 정유, 조선 등 중후장대重厚長大한 기간산업의 발달로 산업 자본가가 탄생했다.

'컴퓨터 혁명'이라고 불리는 '제3차 산업혁명'은 20세기 말에 시작되었다. 업무에 컴퓨터를 사용함으로써 효율이 급격하게 향상되었다. 더불어 자동화가 가능해지면서 과거의 대량생산 방식은 다품종 소량생산 체제로 전환되었다. 인터넷이 도입되면서 세계는 하나로 연결되었고 시장도 전 세계로 확대되었다. 결국 지난 200여 년에 걸쳐 일어난 세 차례의 산업혁명은 인간의 육체 노동력을 기계로 대체하여 생산성을 높였고, 궁극적으로는 삶의 질까지 높여주었다.

21세기에 들어서면서 시작된 '제4차 산업혁명'은 지난 세 차례의 산업혁명과는 크게 다른 혁신의 틀로 세상을 변화시키고 있다. 새로운 불연속 기술은 인간의 육체적 노동력을 넘어 지적 능력까지 대체하기 시작했다. 인간이 기계와 다른 점은 생각할 수 있는 지적 능력을 가졌다는 점이고, 기계는 오직 인간의 명령에 의해서만 작업을 수행할 수 있었다. 그러나 급격하게 빨라지고 값싸진 정보 통신 기술과 유비쿼터스 모바일 인터넷, 그리고 인간의 눈과 귀 역할을 하는 센서와 기계학습(머신러닝) 등의 도래는 기계가 인간과 같이 지적 능력을 보유하도록 만들었다. 과거 세 차례의 산업혁명 시대는 기계가 발달했다고 하더라도 지능을 갖지는 않아서 마치 '식물'을 보는 듯했다. 반면 새롭게 시작된 제4차 산업혁명 시대에는 기계가 스스로 생각하고 판단을 내려 움직일 수 있다는 점에서 '동물', 나아가 '인간'처럼 보이기에 이르렀다. 이렇게 되니 그동안의 비즈니스 모델은 완전히 새로운 형태로 전환되었고, 사회적 · 경제적인 대전환이 불가피해졌다.

나의 어머니는 제2차 산업혁명 시대에 태어나셨으나 농촌에서 생활했기 때문에 제1차 산업혁명 시대와 크게 다르지 않은 삶을 사셨다. 반면 제2차 산업혁명 후에 태어난 나는 철강, 조선, 자동차, 전자 등의 분야에서 산업화가 추진되던 시절을 거치고 성인이 되면서 제3차 산업혁명 시대를 맞이했다. 그 덕분에 컴퓨터와 인터넷을 사용하여 높은 업무 효율로 일할 수 있었다. 그런데 2016년에 들어서면서 세상은 제4차 산업혁명이라는 대전환의 변곡점을 맞이했다. 제3차 산업혁명 이후에 태어난 나의 며느리는 제4차 산업혁명 시대의 주인공으로서 세상을 살아갈 것이다. 그 시대는 어머니나 내가 경험했던 삶의 모든 형태가 빛의 속도로 빠르게 변화할 것이고, 여러 개의 혁신이 동시다발적으로 일어날 것이다. 그로 인해 일하는 방식 역시 내가 살던 시대와는 완전히 다른 형태로 혁명적 변화를 맞이할 것이다. 새로운 기술은 필연적으로 노동의 종류와 수요를 바꿔놓고, 산업과 조직의 구조를 변화시키며, 교육의 수요와 방식 또한 크게 변모시킬 것이다.

　무엇보다도 제4차 산업혁명 시대는 소프트파워의 시대다. 제3차 산업혁명 시대까지 주류를 이루었던 업무들은 이미 로봇에 의해 대체되었고, 그 로봇을 잘 활용할 수 있는 소프트파워가 대세를 이루고 있다. 경제적 가치를 창출하는 힘은 더 이상 하드웨어가 아니다. 규모 역시 경쟁력이 아니다. 이제는 '다름'과 '빠름'이 가치 창출의 주요한 요인이다. 제4차 산업혁명이 가져올 세상에서 새롭게 생겨날 일자리들은 육체적인 힘과 손에 잡히는 결과가 요구되는 하드웨어 분야가 아니다. 오히려 눈에 잘 보이지 않는 '창조적 소프트역량'이 더욱 중요해졌다. 이미 세상은 소프트웨어로 무장된 '소프트파워의 시대'로 바뀌고 있다.

소프트파워 시대,
여자의 본성이 새로운 가치다

2011년에 IBM이 개발한 인공지능 로봇 '왓슨Watson'이 인기 퀴즈쇼에서 역대 퀴즈왕들을 무너뜨리고 승리했을 때 세계는 큰 충격에 휩싸였다. 마치 우리가 2016년에 이세돌 9단을 이긴 '알파고AlphaGo'의 활약을 보며 충격에 빠졌던 것처럼 말이다. 그해 미국의 언론들은 '기계 시대의 도래'에 관해 대서특필했다. 《뉴욕타임스》는 '사람이 아닌 기계의 일자리가 늘고 있다'[7], 《워싱턴포스트》는 '기계가 이기고 있다'[8]라는 기사를 내보냈고, 《이코노미스트》는 '기계와의 마라톤이 시작되었다. 기술 변화를 따라잡으려는 미숙련 근로자들의 사투'[9]라는 제목으로 칼럼을 보도하기도 했다.

제3차 산업혁명 시대에도 근력을 요구하는 조립 제조업 분야에서는 생산용 로봇이 사용되어왔다. 로봇은 인간보다 힘이 세기 때문에 크거나 무겁고 위험한 작업을 수행하는 데에 훨씬 수월하다. 월급이나 업무 환경에 대해 걱정할 필요도 없다. 노동조합을 결성하지도 않고 주말도 없이 24시간 내내 가동이 가능하다. 뿐만 아니라 품질도 일정해서 불량을 내지도 않는다. 그렇지만 그 당시의 로봇은 인간의 명령에 따라 시키는 대로만 작업을 수행하는 단순 기계에 불과했다.

이와 달리 제4차 산업혁명 시대의 기계는 인간이 명령을 하지 않아도 스스로 판단을 내린다. 기계가 자기 스스로 능력을 강화하는 기계학습을 통해 인공지능을 보유하게 되었기 때문이다. 이세돌 9단이 밥을 먹고 잠을 자는 시간에도 ICBM(Internet of Things-Cloud-Bigdata-Mobile의 약자) 기술로 무장된 알파고는 수많은 바둑 대국을 스스로 분석하고 학습하며 자신을 진화시켰다. 이러한 현상은 우리가 살아가는 일상의 여러 분야에서도 이미 벌어지고 있다.

40년 전에는 버스마다 안내양이 있어서 손님의 승하차를 도왔고 운전기사에게 출발과 정차 신호를 보냈다. 하지만 이제는 버스가 어느 정거장을 통과하고 있는지 스마트폰에 설치된 애플리케이션을 통해 실시간으로 확인이 가능하다. 또 10년 전에는 고속도로 요금소에서 사람이 직접 통행료를 받았지만 지금은 하이패스가 일상적인 통행료 징수 방법이 되었다. 그 밖에도 주차장에서 차량 진입의 자동 인식과 빈 주차 공간의 표시, 자동 정산 시스템이 일반화되었다. 이러한 변화로 인해 관련 분야에 종사하던 사람들은 다른 분야로 일자리를 옮겨야 했다. 최근 속속 발표되고 있는 자율주행 자동차는 교통 시스템의 제도와 규정, 보험 제도 등이 정비되기만 하면 더 이상 사람이 운전할 필요도 없는 세상을 만들어줄 것이다.

인공지능 로봇 왓슨이 세상이 나온 지 5년도 지나지 않은 2016년에 다보스포럼에서는 "2020년까지 15개 주요 국가에서 총 710만 개의 일자리가 사라지고, 신규 기술이 새롭게 만들어낼 일자리는 200만 개에 불과하며, 약 500만 개의 일자리가 사라질 것이다"라는 발표를 냈다. 더 나아가 다빈치연구소의 수석 미래학자 토마스 프레이Thomas Frey는 "2030년까지 20억 개의 일자리가 사라질 것이다. 더불어 포춘 선정 500대 기업 중 절반이 사라질 것이다"라고 전망했다. 지금도 너무나 많은 일자리가 사라지고 있으며, 앞으로 10년 안에는 더 빠른 속도로 인간의 일자리가 인공지능이나 로봇으로 대체될 가능성이 크다.

"2025년 미래 직업의 75퍼센트는 아직 나타나지 않았다"라고 말한 세계적인 기술 미래학자 제임스 캔턴James Canton은 그의 책 『퓨처 스마트』에서 다음과 같이 이야기했다.

"미래의 직업들은 아직 나타나지 않았다. 앞으로 우리의 삶을 지배할 혁신은 아직 아이디어조차 제시되지 않았다. 관리, 판매, 생산, 제조처럼 기본적인 기술이 필요한 직업은 여전히 존재할 것이다. 하지만 혁신과 협력, 거래, 커뮤니케이션, 비즈니스 프로세스는 판이하게 달라질 것이다. (…중략…) 노동의 특성은 지식 기반, 디지털 프로세스 주도, 혁신 집중, 기술 주입, 지식 설계, 분산, 협력 그리고 무엇보다도 창업가 정신으로 변하고 있다. 이것이 새로운 미래다. (…중략…) 디지털 기술, 클라우드 컴퓨팅, 빅데이터, 유전학, 스마트소재, 모바일 상거래, 소셜미디어, 바이오테크, 3D프린팅, 나노테크놀로지 등 과학 혁신을 수용하는 직업이 미래 고용 증대의 중요한 추동 요소가 될 것이다. 따라서 우리의 사고는 변해야 한다. 무엇이 비즈니스와 경제를 바꾸고 있는지 이해해야 한다. 디지털 제품, 클라우드 서비스, 혁신 생태계, 인지지능, 새로운 사업 유형과 지식가치 서비스가 신경제의 핵심이 될 것이다."[10]

그러나 한편으로는 일자리가 사라지는 현상과 별개로 새로운 일자리 또한 많이 생겨날 것이다. 불과 10년 전만 해도 우리가 현재 스마트폰으로 이용하고 있는 각종 비즈니스는 상상조차 하지 못했다. 하지만 지금 우리는 과거부터 항상 그래왔듯이 너무나 당연하게 스마트폰으로 물건을 사고, 영화를 예매하며, 택시를 부르고, 길을 안내받고 있지 않은가? 그러므로 기술의 발전이 이끄는 대전환기에 서 있는 우리는 '현재 존재하는 직업이 미래에도 존재할 것인가?'를 진지하게 생각해보아야 한다. 동시에 '미래에는 어떤 직업이 생겨날까?', '나는 그 변화에 올라탈 준비가 되어 있는가?'를 끊임없이 자문해야 한다.

우선 단순하고 반복적인 업무들은 빠른 시간 안에 로봇으로 대체될 것이다. 옥스퍼드 대학교의 칼 프레이Carl Frey와 마이클 오스본Michael Osborne 교수는 컴퓨터의 영향을 받아 변하게 될 '고용의 미래'에 관한 연구 결과를 내놓았다. 그들의 보고서에 따르면 사물인터넷과 인공지능에 의해 20년 안에 사라질 직업으로는 텔레마케터, 운전기사, 요리사, 호텔 데스크, 회계사, 반도체 공정 기사, 부동산 업자, 보안 요원 등이었다. 반면 레크리에이션 치료사, 응급관리 책임자, 안무가, 외과의사, 심리학자, 초등학교 교사, 성직자 등은 기술의 발달에 큰 영향을 받지 않을 직업으로 분류되었다.[11]

노동 구조를 기계적인 특징 대 인간적인 특징, 그리고 육체노동 대

정신노동의 프레임으로 분석해보면 기계적인 특징보다는 인간적인 특징이, 육체노동보다는 정신노동의 특성을 지닌 업무들이 미래에도 살아남을 가능성이 크다. 새롭게 생겨날 일자리들은 육체적인 힘과 손에 잡히는 결과를 요구하는 하드웨어 분야가 아니다. 오히려 눈에 잘 보이지 않는 창의성과 공감 능력이 필요한 정신노동 분야다. 결국 미래에는 인간적인 특성과 공감 능력을 지닌 소프트한 서비스 분야에서 새로운 일자리가 창출될 것이다.

또한 제4차 산업혁명 시대에는 기술이 점차 복잡해진다. 기술과 기술이 융합되고 산업과 산업 사이의 경계는 무너진다. 뿐만 아니라 기술과 시장은 정신을 차리기 어려울 만큼 빠르게 변화한다. IT 분야에서는 대략 6개월이면 이미 업계의 표준이 바뀐다고 여긴다. 이렇게 빠르게 변화하는 세상 속에서 조직이 성공하기 위해 요구되는 역량도 과거와 완전히 달라졌다. 아무리 크고 대단한 글로벌 기업이라고 해도 혼자서 모든 기술을 다 개발할 수는 없다. 비용이 많이 들고 무엇보다도 '시간'이 너무 오래 걸리기 때문이다. 따라서 미래에는 산업과 기관, 개인이 서로 협업하여 '창의성'을 발휘하는 일이 주를 이룰 것이다. 협업을 통해 성과를 창출하기 위해서는 '공감력'과 '소통력'이 필수적으로 요구된다. 또 일하는 방식과 문화도 달라져 자신이 지닌 정보를 공유하고 기여한 바를 투명하게 공개하는 '윤리성'도 요구된다. 무엇보다도 변화하는 세상에서 살아남기 위해서는 자신의 생각만을 고집하기보다 실패를 통해 배우는 편이 훨씬 더 빠르다. 변화를 인정하고 받아들이며 그 변화에 빠르게 적응하는 '유연성'도 필요하다. 더불어 새롭게 생겨

나는 일자리에서 효과적으로 일하기 위해서는 IT 기술을 이해하고 활용하는 능력인 '적용력' 또한 필수적이다.

일반적으로 볼 때 여성은 창의성이 높고 공감 능력이 탁월하며, 서비스 역량이 강하다고 알려져 있다. 뿐만 아니라 소통에도 능하고, 투명하며, 변화에 적응하는 융통성도 높다. 새로운 기술이 만들어낸 IT 활용 능력도 배우기만 한다면 남성에 뒤지지 않는다. 한마디로 여성이 지닌 본성 자체가 새로운 시대가 요구하는 역량에 딱 들어맞는다는 뜻이다. 따라서 새로운 시대에 새롭게 생겨날 일자리들은 제4차 산업혁명 시대를 살아갈 여성들에게 지금까지 없었던 새로운 기회를 제공해줄 것이다.

[창 의 성]
상 상 을 기 획 하 고 실 행 하 는 힘

새로운 세상이 요구하는 첫 번째 중요한 역량은 '창의성'이다. 과거 산업 사회에서는 노동과 자본, 토지 등의 투입 요소가 경제 성장을 이끌었다. 그러나 기술이 급격하게 발달하는 제4차 산업혁명 시대에는 정보와 지식, 아이디어를 통해 만들어낸 새로운 생각, 기술, 제품의 혁신이 경제 성장을 창출해낸다. 즉 기존의 것과 다르거나 존재하지 않았던 혁신을 이끌어내는 능력이 필요한데, 이것이 바로 창의성이다. 앞으로 다가올 소프트파워의 시대에는 창의성을 지니고 새로운 지식을 만들어내는 인적자원이 가치 창출의 주요한 원천이 될 것이다.

그런데 창의성이라고 해서 반드시 새롭고 독창적일 필요는 없다. 기존의 방식을 조합하여 사회에 유용한 가치를 창출하는 능력도 창의성이다. 또 창의성은 어느 특정 개인이 혼자서 직관과 통찰로 발휘할 수 있는 능력이 아니다. 개인이나 집단이 사회와 상호작용하는 과정에서 사회에 가치를 주는 생각이나 결과물을 만들어내는 능력이다. 즉 열린 소통이 가능한 수평적 네트워크 속에서 발현되기가 더 쉽다는 뜻이다. 수평적 네트워크로 누구나 자유롭게 글을 쓸 수 있는 사용자 참여의 온라인 백과사전 '위키피디아'의 사례를 통해 우리는 집단 지성이 만들어낸 결과물의 위력을 생생히 목격했다.

더불어 창의성은 독창적이고 새로운 아이디어를 제시함을 넘어, 그 아이디어를 실행으로 옮겨 결과를 만들어내는 능력이다. 결과가 없는 독창적 아이디어는 창의성이 아닌, 그저 상상일 뿐이다.

우리 여성들은 어려서부터 상상력이 강했다. 남자아이들은 로봇을 가지고 전쟁놀이를 하는 반면, 여자아이들은 가정을 상상하고 이끌어가는 소꿉놀이를 한다. 여자들은 누군가와 싸우고 경쟁하는 놀이가 아닌, 수평적 네트워크를 만들어 역할을 분담하고 행복한 가정생활을 그려보는 창의성 높은 놀이를 한다. 언젠가 백마 타고 올 왕자님을 상상하기도 하고, 신데렐라나 백설공주가 된 자신의 모습을 떠올리기도 한다. 이러한 능력은 점차 자라나면서 인지 능력의 향상과 직관으로 나타난다. 여성들은 아이가 아무 말을 하지 않아도 어디가 아픈지, 왜 불편한지를 척 보면 아는 '인지 능력의 달인'이다. 남편이 아내 몰래 비상금을 숨겨놓아도 느낌으로 알아챈다. 다 직관이 발달한 덕분이다. 일반적으로도 집안에서 여자의 심기가 불편하면 어려운 일이 일어난다. 그래서 옛말에 '마누라가 결사반대하면 그 일은 성공하기가 어렵다'고 하지 않던가?

또 여성들은 상황과 주변을 정리하고 새로운 일을 기획하는 데에도 탁월하다. 생각해보면 집안의 크고 작은 행사와 이벤트 모두 엄마나 아내가 기획한다. 기획뿐만이 아니다. 일의 시작부터 끝, 그리고 뒤처리까지 다 실행해낸다. 상상력, 인지력, 직관력, 기획력, 실행력 모두 여성의 본성인 동시에 창의성의 밑거름이다. 다만 이토록 놀라운 능력을 지금까지는 대부분 가정 안에서만 발휘했을 뿐이다.

새로운 시대에 여성들이 자기만의 전문성을 가지고 관심의 영역을 외부로 확대할 용기를 낸다면, 여성의 창조적 본성은 사회적으로도 크게 빛을 발할 것이다. 즉 여성은 이미 미래가 원하는 창의적 인재의 조건을 충분히 갖추고 있다. 새로운 세상이 제공하는 기회를 잡을지 놓쳐버릴지는 오직 여자가 어떻게 마음을 먹는가에 달려 있다.

[공 감 력]
타 인 의 감 정 을 이 해 하 는 마 음

엄마가 아이와 놀이를 하다가 손을 다친 척한다. "엄마 다쳐서 아파"라고 말하며 고통스러운 표정을 짓자 생후 24개월 된 여자아이는 엄마의 고통이 자신의 것이라도 되는 양 울음을 터뜨린다. 반면 같은 연령대 남자아이는 엄마가 고통스러워하는 모습을 무시하거나 상황을 인지하지 못한 채 하던 놀이를 계속한다. 여자아이들이 남자아이들보다 타인의 고통에 민감하게 반응하는 것이다. 전문가들은 일반적으로 여성이 남성보다 타인을 이해하고 공감하는 능력이 높다고 입을 모은다. 이는 실제로 국내 한 다큐멘터리 프로그램에서 진행한 실험으로 나타난 결과이기도 하다.[12]

새로운 세상이 요구하는 두 번째 역량은 타인의 아픔을 내 아픔으로 이해하고 다른 사람의 입장에 나를 놓을 수 있는 '공감 능력'이다. 기계와 함께 살아가야 하는 미래 세상에서 인간과 기계를 다르게 만드는 가장 큰 요소는 '휴머니즘', 즉 인간다움이다. 인간답다는 것은 곧 타인과 공감할 수 있는 정서적 능력을 가리킨다.

이미 세상은 과잉 공급의 시대가 되었다. 비슷비슷한 물건과 서비스가 넘쳐나고 있다. 그래서 고객들은 자신의 마음에 울림을 주는 스토리를 원하며, 기업은 창의적인 콘텐츠로 고객과 소통할 수 있어야만 살아남을 수 있다. 세계의 절반은 여자이고, 특히 '구매' 분야에 있어서는 여자들의 영향력이 매우 막강하다. SNS와 같이 실시간으로 고객 경험이 업데이트되는 상황에서 기업은 고객의 기쁨과 슬픔을 정서적으로 이해하고 공감할 수 있는 여성 직원을 더욱 선호한다. 기술이 발달함에 따라 기계가 산업 영역에 더 많이 보급된다고 해도 인간이 지닌 공감 능력만큼은 아직 기계가 인간을 따라잡기 어렵다.

더불어 앞으로의 조직은 제품을 개발하기 위해 외부와 내부의 이용

가능한 모든 자원을 총동원해야 한다. 즉 조직과 비조직이 융합하여 일해야 한다는 뜻이다. 자신의 분야에서는 전문성을 지녔으나 함께 일해본 적 없는 조직과 개인이 처음 만나서, 그것도 매우 빠른 시간 안에 손발을 맞춰 협업하려면 타인의 입장에서 자신의 일을 바라볼 수 있는 '공감 능력'이 필요하다. 그러므로 기업의 입장에서는 혼자 일하는 프리랜서나 전문가들의 의견을 경청하고 공감하며 협업하는 능력이 있는 직원을 찾게 된다.

이러한 여성의 본성은 앞으로의 세상에서 여성을 더욱 유리하고 특별하게 만들 것이라 생각한다. 제4차 산업혁명으로 인해 발생할 일자리의 대변혁에 대해 전문가들마다 내놓은 세부적인 예측은 다르지만, '공감 능력과 같은 인간적 특성을 지닌 직업들이 살아남는다'는 의견만큼은 공통적이기 때문이다. 사실 여성의 공감 능력은 따로 설명할 필요도 없다. 많은 여성이 드라마를 보며 주인공의 입장에 빙의되곤 한다. 주인공의 슬픔에 함께 울고, 주인공을 괴롭힌 상대역이 어떠한 형태로든 대가를 치르기를 바란다. 재난 현장을 보더라도 남성보다는 여성이 훨씬 더 깊게 공감하고 슬픔을 느끼며 눈물을 흘린다.

세상에서 정말로 어려운 일 두 가지가 있다고 한다. 하나는 '내 머릿속 생각을 남의 머릿속으로 옮기는 일'이고 다른 하나는 '남의 주머니에 있는 돈을 내 주머니로 옮기는 일'이다. 첫 번째를 잘하는 사람들은 선생님이고, 두 번째를 잘하는 사람들이 사업가다. 그런데 이 두 가지를 동시에 잘하는 사람이 있으니 바로 엄마이자 아내인 여성이다. 여성들은 남의 마음을 얻는 데에 능하다. 자신의 생각을 아이와 남편에게 옮기고, 남편이 번 돈을 저항 없이 자기 주머니로 옮긴다.[13] 한마디로 여성은 남성보다 공감 능력과 타인의 마음을 움직이는 능력이 더 뛰어나고, 이를 통해 훨씬 더 수월하게 협업과 소통이 가능하다는 뜻이다.

[소 통 력]
생 각 을   공 유 하 는   능 력

쉴 새 없이 새로운 지식이 쏟아져 나오는 미래의 지식 기반 사회에서는 개인이나 기업이 단독으로 지식을 생산해내기가 거의 불가능하다. 따라서 많은 양의 정보를 사용자의 필요에 따라 연결하고 해체하고 재정립하는 '네트워크적 사고방식'을 통해 새로운 지식을 창출해야 한다. 네크워크적 사고방식이란 특정한 권위로 조직된 위계질서 속에서의 연결이 아닌, 차별 없이 형성된 자유로운 연결 속에서 생각을 공유하고 발전시키는 것을 의미한다. 이를 실현하기 위해서는 '협업'이 필수적이고, 생각과 지식을 공유할 수 있는 '소통 능력'을 갖추어야 한다.

그런데 생각해보면 소통 역시 여자들이 지닌 특유의 강점 아니던가? 여자들은 처음 만난 사람들과도 마치 오랜 시간 알고 지내온 친구처럼 격의 없이 이야기를 나눈다. 찜질방에만 가보아도 안다. 방금 전에 만난 사람인데도 시어머니 이야기며 자식 이야기를 너무나 편안하게 한다. 나이가 많은 할머니와 젊은 아가씨가 자신의 이야기를 스스럼없이 하는 것은 물론, 상대방의 이야기를 마치 자신의 일처럼 공감하고 맞장

구쳐주며 경청한다. 또 경청하는 것을 넘어 그 사건에 대한 조언과 충고도 아끼지 않는다. 남자들은 상상하기 어려운 일이다. 오죽하면 중국의 전자상거래 사이트 알리바바의 창업자 마윈Ma Yun은 제6회 아시아 리더십 컨퍼런스 기조연설에서 여성의 소통 능력을 다음과 같이 극찬했겠는가?

"남성들은 회의장에서 서로 경쟁하고 싸운다. 반대로 여성들끼리 토론하면 매우 논리적이고 편안하게 대화가 이루어진다. 여성들은 남성들에 비해 남의 말을 잘 경청한다. 소비자들이 불만을 쏟아내면 여성 직원들은 그 의견을 잘 경청하고 소비자의 입장에서 설명하며, 곧 '바꿔드릴게요'라고 이야기한다."

새로운 사람들이 만나 새로운 프로젝트를 진행하는 협업이 비즈니스의 일상으로 자리 잡을 소프트파워 시대에, 만약 여자들이 대화의 주제를 집안의 일상사에서 업무 분야로 확대하기만 한다면, 소통과 협업에 관한 한 남자들이 여자들을 따라오기는 어려울 것이다. 뿐만 아니라 스타트업이 비즈니스 형태의 대세로 자리매김하고 있는 가운데 여성의 소통 능력과 협업 능력, 배려심은 더욱 빛을 발할 것이다.

내가 처음 스타트업을 창업했던 시절의 이야기다. 스타트업은 기존에 존재하지 않았던 새로운 제품과 서비스를 만드는 데 집중하므로 근무 분위기 자체가 대기업에 비해 역동적이다. 직원들도 서로를 단순히 직원으로 생각하지 않고 동지나 가족으로 여긴다. 여성 경영자인 나는 우리 직원들이 모두 내 동생이며 자식 같았다. 밤늦게까지 일하는 직원들을 위해 가끔씩 집에서 장어탕도 끓여 먹이고, 오븐에 닭도 구워 가져다주었다. 식당도 문을 닫았을 그 시간에 야식을 배달시켜 먹기보다는 조금이라도 더 정성스럽고 영양가 있는 음식을 먹이고 싶은 마음에서였다. 겨울에 길을 가다가도 붕어빵이 있으면 꼭 포장해가서 함께 먹었다. 회사의 운영 현황은 물론, 우리가 하는 일이 얼마나 사회에 큰 공헌을 하는지도 그때그때 알려주었다.

　마음은 필시 마음으로 전달된다. 지나고 나서 보니 아무도 가지 않았던 험준한 길을 묵묵히 걸어갈 수 있었던 까닭은 소통과 배려의 힘 덕분이었던 것 같다.

[윤 리 성]
원 칙 을 우 선 시 하 는 자 세

　네트워크를 통해 모든 것이 실시간으로 연결되고 공유되는 세상에서 조직과 개인이 갖추어야 할 네 번째 역량은 '투명한 윤리 의식'이다. 이제 고객은 기업의 홍보성 문구보다 온라인에 올라온 다른 고객의 경험을 더욱 신뢰한다. 좋은 경험이든 나쁜 경험이든 SNS에 고스란히 공개되고, 그 순간 전 세계로 전파된다. 기업이 자사의 제품과 서비스에 대해 투명하고 진실해야 하는 이유다. 단지 제품뿐만이 아니다. 조직 내부에서 벌어진 사소한 잘못 역시 SNS를 통해 사회적 담론으로 확대된다. 기업이 막대한 돈을 들여 브랜드 이미지를 쌓아놓았어도, 자칫 잘못하다가는 한순간에 무너질 수 있다는 뜻이다. 기업 내 인권이나 안전, 협력 업체들과의 거래 관행, 고객 정보 관리 등 어느 하나 빼놓지 않고 투명하게 공개되어야 한다. 그래야 기업은 고객들과 주주들에게 지속 가능한 조직으로 인정받을 수 있다.

이는 다가올 세상을 살아갈 개인들에게도 해당된다. 프리랜서로 일한다는 것은 곧 개인 스스로가 하나의 브랜드로 활동한다는 의미다. 그래서 개인도 철저하고 투명한 윤리 의식을 갖추어야 한다. 더구나 서로 다른 전문성을 지닌 사람들이 함께 모여 작업하는 프로젝트에서 각자의 역할을 충실하고 투명하게 해내지 못한다면 전체 프로젝트가 위험에 빠질 가능성이 크다.

여성이 남성보다 더 투명하고 윤리적이라는 명백한 증거는 없으나, 일반적으로 여자들은 남자들에 비해 훨씬 더 꼼꼼하고 세심한 편이다. 또 남자들에 비해 원칙을 중시하는 편이라서 사안 하나하나를 세밀하게 기록하고 관리한다. 불필요한 거래가 오고가는 접대 자리 역시 별로 좋아하지 않으며, 누군가가 나를 알아봐주고 찾아와주는 것이 권위의 상징이라고 생각하지도 않는다. 그래서 조직에 일정 비율 이상의 여성이 남성과 함께 일하면 다양성이 높아지고, 더 투명해지며, 성과가 높아진다는 말이 있다.

내가 창업을 했던 2001년 당시 우리 회사의 연매출은 고작 300만 원에 불과했다. 그러니 당연히 적자 운영일 수밖에 없었다. 그런 상황에서 나는 적자를 감수하면서도 세계 5위 안에 드는 회계 법인에 수수료 900만 원을 주고 회계 감사를 받았다. 상법상 우리 회사는 외부 감사를 받아야 할 기업 규모의 축에도 들지 못했지만, 나는 설립 초기부터 회사가 투명하게 운영되지 않는다면 결코 멀리 갈 수 없다고 생각했다. 그 후로도 매년 예외 없이 글로벌 회계 법인으로부터 감사를 받았다. 나는 일류 기업과 삼류 기업의 차이는 '어려운 시기에 원칙을 지키는가 아닌가'로 판가름 난다고 믿는 사람이다. 일반적으로 여성들은 이러한 역할을 잘 감당하는 편이다. 아이슬란드의 시인 잉기비외르그 하랄즈도티르Ingibjörg Haraldsdóttir가 "세상의 모든 문제가 정체를 드러내면 언제나 여성이 나타난다. 그녀는 식탁을 치우고 바닥을 쓸고 창문을 열어 담배 연기를 빼낸다. 예외는 없다"[14]라고 말한 것처럼, 여성들은 원칙을 잘 지키는 편이다. 그래서 투명한 직업 윤리로 무장한 여성들은 새로운 세상에서 훨씬 더 강력한 힘을 발휘할 수 있다.

[유 연 성]
실 패 를   용 인 하 고   변 화 에   적 응 하 는   역 량

과거 우리나라의 성장 전략은 선진 국가나 기업을 벤치마킹해 재빨리 따라 하는 '패스트팔로어Fast follower' 모델이었다. 이미 남들이 해놓은 모범 답안에 맞춰 빠르게 따라 하면 됐기 때문에 실패할 확률도 적었다. 그 당시 근로자들에게 요구된 역량은 성실과 근면, 즉 늦게까지 일을 해서 빨리 결과물을 내는 것이었다. 그러나 제4차 산업혁명이 몰고 온 대전환의 시대에는 이런 전략이 전혀 유효하지 않다. 고도화된 서로 다른 기술이 융합되기 때문에 결과가 빠르게 나오지 않는 반면에 경쟁은 격화되어 완벽한 결과를 확인하기까지 기다려줄 여유가 없다. 따라서 앞으로는 실행을 통해 실패와 성공을 반복하며 배워나가는 전략을 구사해야 한다. 즉 조직은 실패를 용인하는 문화를 구축하고, 개인은 실패를 당당히 받아들일 수 있는 유연한 마음을 길러야 한다. 빛의 속도로 세상이 변화하고 모든 것이 새롭게 나타나는 환경에서는 '새로움을 받아들이는 일에 익숙해져야만' 한 걸음이라도 앞으로 나아갈 수 있다.

여성들은 아이를 키우고 남편과 생활하는 사이에 자신도 모르게 실패를 용인하는 역량을 기른다. 아이가 엄마에게 주는 숱한 좌절만 생각해보아도 그렇다. 처음 말을 하고 걸음마를 하는 일부터 온전한 성인으로 성장할 때까지 엄마는 아이의 수많은 실패를 지켜보며 격려를 계속한다. 남편은 또 어떠한가? 결혼 전에 했던 약속을 깡그리 잊어버리는 것은 물론, 일상에서도 끊임없이 약속을 어긴다. 우리 여자들은 그런 남편을 늘 너그러운 마음으로 눈감아주며 살아가고 있지 않은가? 다만 아이와 남편의 실패에 대해 유연하게 대처하는 것처럼, 자신의 실패에도 좌절하지 않고 당당해질 수 있다면 여성은 소프트파워 시대에 주인공으로 자리 잡을 수 있을 것이다.

새로운 것을 받아들이는 데에 있어서도 여성은 탁월하다. 이사를 갔을 때 그 지역에 가장 먼저 적응하는 사람이 누구인가? 바로 아내와 아이들이다. 여자들은 어디에 무엇이 있고 옆집에 누가 사는지를 무척 빠른 시간 안에 알아챈다.

남편과 함께 유학을 갔던 시절, 현지에 적응하는 데 남편은 나보다 훨씬 더 오랜 시간이 걸렸다. 남편은 빠르게 적응하는 나를 향해 "여자들은 주체성이 없어서 쉽게 변하나 봐"라고 놀렸지만, 이는 여자들이 주체성이 없어서가 아니라 새로운 것을 받아들이는 유연성이 남자보다 뛰어난 덕분이다. 물론 나만 그런 게 아니었다. 유학생들의 부인 대부분은 자신의 남편보다 새로운 사회에 적응을 잘했다.

지금 우리가 스마트폰을 사용하는 모습을 보아도 그렇다. 여자들은 마치 스마트폰을 태어날 때부터 사용한 것처럼 이모티콘이나 쇼핑 애플리케이션 등을 남자들보다 훨씬 더 유연하게 다룬다. 내비게이션도 그렇다. 자신의 길 찾는 역량을 과신하는 남자들과 달리, 여자들은 내비게이션의 말을 쉽게 믿고 그대로 따른다. 내비게이션이 나오기 전에도 여자들은 길을 모를 때 스스럼없이 누군가에게 다가가 길을 물었다. 남자들은 끝까지 자기 힘으로 찾아보겠다고 낑낑거리다가 결국은 못 찾는 경우가 많다. 남자들이 20세기형 인재라면, 우리 여자들은 타고난 21세기형 인재다. 여자들에게 있어 새로움은 늘 놀라움이고, 그것은 이내 일상으로 자리 잡는다.

사실 누구나 변화를 좋아하지 않는다. 익숙해진 규범과 관습에 따라 하던 대로 하는 것이 편하다. 그러나 우리가 원하든 원하지 않든 이미 세상은 시장, 경제, 문화, 교육 등 모든 분야에서 변화를 겪고 있다. 이제 우리가 할 수 있는 선택은 변화를 유연한 마음으로 받아들이고 스스로의 미래를 다스리거나, 미래가 우리를 다스리도록 내버려두는 것 둘 중 하나다. 자신의 미래를 개척하겠다는 용기로 새로운 세상을 준비한다면 여자는 빠른 변화와 혼란 속에서도 중심을 잃지 않을 수 있다.

[적용력]
IT 기술을 이해하고 활용하는 능력

소프트파워 시대의 근간에는 IT 기술이 자리 잡고 있으며, 새롭게 생겨나는 일자리 역시 IT 기술을 활용하는 분야가 주를 이룰 것이다. 따라서 앞으로의 세상에서 요구되는 여섯 번째 역량이자 21세기를 살아가는 사람이 기본적으로 갖추어야 할 소양은 'IT 기술에 대한 이해'와 'IT 기술의 활용 능력'이다. 다만 이 말을 오해하지 말기를 바란다. 모든 사람이 엔지니어나 과학자 혹은 컴퓨터 프로그래머가 되어야 한다는 뜻은 결코 아니다. 이미 우리 곁에 와 있는 사물인터넷, 클라우드 컴퓨팅, 인공지능 로봇 등을 삶의 일부로 받아들여 활용하고, 그들과 협력하며 공존해야 한다는 의미다. 지금 자라나는 아이들에게 스마트 기기가 삶의 일부이듯이, 성인인 우리도 냉장고와 텔레비전을 사용하는 것처럼 스마트 기기를 익숙하게 활용할 줄 알아야 한다.

IT 기술에 대한 이해와 활용에서도 여성들은 탁월한 역량을 발휘한다. 마윈은 한 연설에서 여성이 소프트웨어의 세상에서 얼마나 유능하게 일할 수 있는지를 다음과 같이 설명했다.

"여성은 사용자 친화적인 특성을 갖고 있다. 사이트를 이용하기 쉽게 만들어 사용자를 편하게 해준다. 덕분에 기술을 두려워하는 사람들까지 끌어들인다. 또한 디지털 테크놀로지 시대의 창업에서 여성은 우위를 점하고 있다. 인터넷 경제는 곧 '체험의 경제'로, 여성은 이 분야에서 선천적인 '직감'을 갖고 있다. 그 결과 알리바바는 경영진의 34퍼센트, 전체 직원의 48퍼센트가 여성으로 구성되어 있다."

마윈의 말처럼 IT 프로그램 개발 전문가가 아닐지라도, 여성은 타고난 본성으로 기술 개발자들에게 큰 도움을 줄 수 있다. 프로그램의 알고리즘 작성이나 코딩을 완벽하게 알지 못해도 혹은 이공계 출신이 아니더라도 스마트 기기를 활용할 수 있는 정도의 이해력을 갖추었다면 새로운 세상에서 여성은 충분히 활약할 수 있다.

예를 들어 미래에 생겨날 일자리 중 하나인 '예측상거래 관리자'를 살펴보자. 예측상거래 관리자는 프로그램을 직접 개발하지 않고 이미 개발해놓은 프로그램을 활용해 고객이 사이트를 떠나지 않고 지속적으로 구매할 수 있도록 관리하는 일을 한다. 우리가 스마트폰에 애플리케이션을 다운로드 받아 사용하는 것보다 조금 높은 수준 정도의 이해만 있다면 누구나 할 수 있다. 생각해보면 스마트폰이 처음 등장했을 때 누가 가르쳐주지 않아도 우리는 스스로 그 활용법을 터득했다. 그런데 업무적인 프로그램은 회사에서 체계적으로 사용법을 교육해주기 때문에 어쩌면 스마트폰보다도 더 쉽게 익힐 수 있다. 예측상거래 관리자에게 요구되는 중요한 역량은 인간에 대한 이해, 구매 경험, 고객의 심리 분석 등이고 이는 여성이 남성보다 잘할 수밖에 없는 영역이다. 마찬가지로 약간의 배움을 통해 소프트웨어 활용법만 익힌다면 인지향상 전문가, 신경증강 전문가, 합성인간특성조절 관리자, 인간향상 관리자, 생체인증 관리자 등 다가올 미래에 생겨날 일자리에서 여성이 활약할 분야는 차고 넘친다.

우리 회사의 한 여성 직원은 지방 대학에서 국문학을 전공했다. 그녀가 처음 입사해 담당한 업무는 고객의 전화를 받는 일이었다. 전화를 받으면서 컴퓨터 화면을 통해 고객이 묻는 기계의 작동 상황을 체크하고, 그 결과를 서비스팀 직원들의 모바일로 전송해주었다. 처음에는 많은 사람이 그녀의 업무를 단순한 일이라고 생각했지만, 점차 그녀는 조직 내 그 누구보다도 기계의 작동 상황을 모니터링하는 데에 능숙해졌다. 자연스럽게 실시간으로 가동 중인 발전기의 데이터를 수집하는 역량이 생겼고, 작동 현황을 분류할 수 있는 능력도 얻었다. 결국 회사에서는 그녀에게 빅데이터 활용에 관한 교육을 시키며 빅데이터 전문가로 육성하기에 이르렀다. 이공계를 전공하지도 않았고 빅데이터가 무엇인지도 몰랐던 그녀는 자신의 업무를 성실히 한 결과 새로운 세상이 필요로 하는 분야에 진입했다. 이렇듯 여성들이 기술에 대한 막연한 두려움을 버리고, 일상에서 혹은 일하는 분야에서 필요한 IT 기술을 조금씩 익히고 이해도를 높여나간다면, 자연스럽게 IT 활용 능력도 갖출 수 있을 것이다.

매일 출근하지 않는
세상이 온다

수많은 엄마가 출근길 아이와의 전쟁에서 눈물짓는다. 아이의 울음소리를 들으면 가슴에 피멍이 드는 기분이다. 하지만 앞으로는 '매일 출근하지 않아도 되는 세상'이 올 것이다. 제4차 산업혁명의 도래는 일자리뿐만 아니라 일의 방식 또한 크게 바꾸어놓았다. 클라우드 컴퓨팅과 같은 기술 덕분에 언제 어디서나 협업이 가능해져 지금처럼 아침마다 사무실로 출근할 필요가 없다. 바야흐로 자신이 원하는 때에 계약을 맺고, 원하는 곳에서 원하는 시간에 일할 수 있는 '프리랜서의 시대'가 온다. 제임스 캔턴은 "2025년에는 프리랜서가 전체 고용의 70퍼센트에 이를 것"이라고 전망했다.[15]

실제로 정규 직원은 소수만 보유한 채, 원격근무 형태의 프리랜서 위주로 운영되는 기업이 늘어나고 있다. 웹페이지를 제작하고 관리하는 시스템 '워드프레스'의 개발사 '오토매틱'이 대표적인 예다. 오토매틱은 전 세계 50개국 약 500여 명의 직원들 중 20여 명만이 정규 직원이다. 이들은 최근까지 본사로 출근했으나, 이제는 전 직원이 사무실 없이 원격으로 일을 하고 있다. 오토매틱의 직원들은 1년에 3~4주가량만 한 자리에 모여 업무를 논의한다. 더불어 전 세계 어디에 있든 여러 작업자가 동시에 같은 화면을 보며 공동 작업을 할 수 있는 소프트웨어 프로그램도 기업에서 상용화될 전망이다. 기업 입장에서도 정규 직원을 많이 보유하는 것은 인건비 부담이 늘어날 뿐만 아니라, 빠른 기술 발달로 인해 정규 직원을 교육시킬 시간적 여유도 없어져 프리랜서 고용을 추구할 동기가 커진다. 따라서 미래의 조직은 유능한 프리랜서를 어떻게 확보하고 그들을 어떻게 조화시켜 성과를 창출하는지에 따라 성패가 좌우될 것이다.

또 프리랜서 위주의 고용 대신, '재택근무'를 실시하는 기업도 늘어날 전망이다. 세계적인 자동차 제조사 토요타는 2016년 8월부터 직원 2만 5000명을 대상으로 '재택근무제'를 전면 도입했다. 토요타의 직원들은 일주일에 2시간만 회사에 출근하면 된다. 이런 제도를 도입한 이유는 여성 직원이 육아로 인해 회사를 떠나는 사태를 막고, 육아 휴직을 원하는 남성 직원들을 배려하며, 부모님을 간병하기 위해 이직하는 직원의 수를 줄이기 위해서다.[16]

기업 입장에서는 임대료와 같은 고정비를 줄일 수 있고, 직원들은 출퇴근 시간의 비용을 줄이고 자신의 라이프스타일에 맞게 업무를 수행할 수 있어서 상호 이익이다. 이러한 현상은 앞으로 더욱 가속화될 전망이며, 2025년에는 대부분의 기업이 재택근무 방식을 도입할 것이다.

프리랜서가 주류로 부상할 미래의 고용 트렌드 속에서 새롭게 만난 사람들과 협업하고 원활히 소통할 수 있는 여성의 강점은 더욱 두드러질 것이다. 무엇보다도 이제 여성들은 아침마다 아이를 떼어놓느라 가슴 아파하고, 아이의 학교 행사에 참석하지 못해 죄책감에 시달리지 않으면서도 스스로 만족감을 느끼며 일할 수 있다. 지금 우리 여성들이 해야 할 일은 이러한 형태의 변화를 받아들이고 자신의 전문성을 확보하는 일이다.

여자를 주눅 들게 만드는
권위주의의 파괴

            이제껏 대한민국의 여성들은 수직적인 조직 문화로 인해 일터에서 여러 가지 어려움을 겪어왔다. 남성들은 대부분 군대에서 그러한 조직 문화를 충분히 연습한 뒤 기업에 입사한다. 조직의 위계질서하에서 자신의 위치를 파악하고 눈치껏 행동하는 데 있어 가히 여자들을 압도한다. 또 남자들은 상사가 원하는 바를 굳이 말로 설명하지 않아도 알아서 비위를 맞추는 능력도 탁월하다. 도저히 여자들이 따라 할 수 없을 정도로 말이다. 그리고 이러한 분위기는 업무 현장에서는 물론 저녁 회식 자리까지 이어져 여자들을 주눅 들게 만들기에 충분했다. 술자리와 접대 문화는 어떠한가? 그 또한 여자의 사회생활을 가로막는 단단한 장애물이다.

   그러나 이제는 수직적 조직 문화로 기업의 성공을 담보하기에 어려운 시대가 되었다. 우리 회사도 회식은 1차로 끝내며 저녁 9시 전까지 집에 도착할 수 있도록 회식 자체를 간소화하고 있다. 더 고무적인 일은 사장이 회식을 제안해도 선약이 있거나 가고 싶지 않다면 문자 메시지로 불참 의사를 통보하는 문화가 점차 일반화되고 있다는 점이다. 나는 불과 몇 년 전까지만 해도 이런 문자를 받으면 당황한 기분이 들었다. 그러나 지금은 회식에 모두가 참석해야 한다고 믿는 '꼰대 상사'가 되기를 거부하고 있다.

과거 여성에게 있어 조직 내 회식 문화보다 더 감당하기 힘든 일은 '거래처 접대'였다. 내가 회사를 창업했던 2001년에도 그런 일이 있었다. 사업 초기 소규모 회사의 대표인 나에게 거래처는 말 그대로 '갑'이었다. 거래처와 업무 회의를 마치고 저녁 식사를 한 뒤 집으로 돌아가는 나에게 거래처 담당자는 자꾸만 2차를 가자고 졸랐다. 경험이 부족하고 젊었던 나는 거래처의 청을 도저히 거절하지 못하고 술집으로 향했다. 취기가 오르자 그 담당자는 함께 자리한 술집 종업원 여성에게 도저히 들어줄 수 없는 민망한 언행을 일삼았다. 더 이상 나는 그 자리에 있을 이유가 없다고 생각했다. 남자 직원들에게 뒷일을 부탁한 채 곧장 자리에서 일어났다. 집으로 돌아가는 길에 다시는 이러한 상황을 만들지 않으리라 굳게 결심했다.

언제부터인지 명확하지는 않으나 다행스럽게도 이상하고 불합리한 접대 문화 역시 많이 줄어들고 있는 것 같다. 요즘에는 거래처도 접대받을 생각을 안 한다. 세상이 점차 여성이 일하기 좋은 환경으로 변화되고 있다는 사실이 무척 반갑고 기쁘다.

빠르게 변화하는 세상만큼이나 기업의 비즈니스 환경도 빠르게 변화하고 있다. 성과를 내고 살아남기 위해서는 민첩한 의사 결정이 무엇보다도 중요하다. 뿐만 아니라 새로운 사업 모델과 혁신, 세계적인 위험 요소, 경쟁 상대와 시장에 빠르게 대응해야 하는 조직의 입장에서는 기업 내부에서 모든 일을 처리할 수 없다. 즉 외부 조직과의 협력이 필수적이다. 민첩하게 의사 결정을 내리고 외부와 협력하기 위해서는 조직 구조를 수평적으로 바꿔야 한다. 권위주의적 사고방식으로는 빠른 결정을 내릴 수 없고 협력도 어렵기 때문이다. 요즘은 협력 업체들도 각자의 높은 혁신 기술과 전문성을 갖고 있기 때문에 최선의 결과를 도모하기 위해서는 서로를 존중하는 자세가 필요하다. 직원이 50명도 채안 되는 '링크드인'이라는 스타트업이 마이크로소프트에 31조 원이라는 거액으로 매각된 사례가 대표적이다. 스타트업은 독자적인 기술을 갖고 있어 기업 가치가 크게는 수십 조 원에 이르지만, 규모가 작아 가족적인 업무 문화 속에서 역동적이고 혁신적이며 민첩하게 일을 진행한다. 대기업이 스타트업과 협업하기 위해서는 그들처럼 수평적 조직 문화를 구축해 빠르게 의사 결정을 내려야 한다.

조직 구조뿐만 아니라 조직의 문화 역시 변하고 있다. 급속도로 변화하는 비즈니스 환경 속에서 직원들의 창의적인 생각을 이끌어내 혁신적인 결과를 내야 하는 기업들은 우선적으로 자유로운 업무 분위기를 조성했다. 실리콘밸리의 구글이나 페이스북 같은 글로벌 선도 기업들과 스타트업들은 사무실 공간을 카페처럼 변화시켰고, 근무 복장을 자율화했으며, 열린 소통 문화의 정착을 위해 노력해왔다. 우리 회사 역시 로비와 회의실을 카페처럼 꾸몄고, 사무실 환경도 여성 친화적으로 만들었다. 생산을 담당하는 사업장에 여성 직원이 5퍼센트도 안 되지만, 건물의 각 층마다 남녀의 화장실 개수는 똑같다. 업무 중간에 휴식을 취할 수 있는 공간도 여성 전용으로 마련되어 있다. 최근 삼성전자는 임직원 간의 공통 호칭을 '○○님'과 같이 수평적으로 바꿨다고 발표했다. 회의 문화 역시 참석자를 최소화하고, 1시간 내외로 줄이며, 전원이 발언하게 하는 등 수평적 조직 문화 확산에 힘쓰고 있다. 여름에는 직원들이 반바지를 입고 출근하도록 복장 규정도 완화했다.[17]

물론 인테리어를 바꾸고 호칭이나 복장을 자유롭게 한다고 해서 모두 창의적으로 변하는 것은 아니다. 그러나 정장을 입었을 때보다 청바지를 입고, 딱딱한 사무실이 아닌 카페에서 일할 때 생각과 언어와 행동이 자유로워지는 것처럼, 지금 기업들이 시행하고 있는 일련의 노력들은 수평적 조직 문화 구축에 어느 정도 도움이 될 것이라 생각한다.

여러 사례에서 알 수 있듯이 이제는 그간 여자들을 주눅 들게 만들었던 권위주의가 점차 약화되기 시작했다. 꼭 여성 직원을 위해서가 아니라, 기업들이 변화하는 세상에서 살아남기 위해서라도 스스로 권위주의적 조직 구조에서 수평적 조직 구조로 이동하고, 업무 환경과 조직 문화를 여성 친화적으로 만들 수밖에 없다. 하물며 기술이 더 빠르게 변화할 미래에는 더 말할 필요가 있을까?

변하는 세상에서 일하지 않는다면
무엇을 할 것인가?

80대 후반에 접어드신 내 어머니는 젊은 시절에 다섯이나 되는 자녀를 키우며 냉장고나 세탁기, 전자레인지와 같은 전자제품 하나 없이 집안일을 해내셨다. 마당이 넓은 단독 주택에 살면서 틈틈이 농사일을 하고, 5일마다 한 번씩 열리는 장에 가서 가족을 위해 많은 물건을 사 머리에 이고 돌아오시곤 했다. 두 명의 자녀를 키우고 50대가 된 나는 냉장고, 세탁기, 건조기, 로봇청소기, 식기세척기, 광파오븐 등 전자제품이 산처럼 쌓여 있는 아파트에 살고 있다. 그리고 시장에는 거의 가지 않는다. 책이나 가구, 옷이나 일용잡화 모두 온라인으로 주문한다. 심지어는 생선이나 우유, 과일과 같은 신선 식품조차도 클릭 한 번으로 내가 원하는 시간에 현관문 앞으로 배달받는다. 내가 집안일에 쏟는 시간은 어머니의 10분의 1도 안 될 것이다. 아마 나보다 자녀를 덜 낳을지도 모르는 내 며느리는 홈봇이 모든 집안일

을 해결해주고, 사물인터넷이 대신 장을 봐주기 때문에 클릭할 필요조차 없을 것이다. 온갖 스마트 기능을 탑재한 공동 주택에 살면서 음성으로 집 안의 모든 일을 통제하고, 스마트폰 하나로 외부에서도 집 안을 모니터할 것이다. 마찬가지로 내 며느리가 집안일에 쏟는 시간은 나의 10분의 1도 안 될 것이다.

기술의 발전이 이끌어온 제4차 산업혁명 시대는 이제 더 이상 미래가 아니다. 이미 와 있는 미래이자 현재다. 기계가 인간을 대체하고 있으며, 여성이 집안일에 쏟아야 하는 시간은 현저히 줄어들었다. 육아가 여전히 어렵기는 하나 이제는 보육 기관의 도움을 받을 수도 있다. 이렇게 지능 있는 기계와 함께 살아가는 세상에서 여자가 일하지 않는다면 대체 무엇을 할 것인가? 나는 이런 세상에서 젊은 여성들이 일을 하지 않는다면 넘치는 에너지로 남아도는 시간에 무엇을 할지 진심으로 궁금하다. 혹시 업무 중인 남편에게 과도하게 메시지를 보내지는 않을까? GPS로 남편의 동선을 체크하며 쓸데없는 염려를 하지는 않을까? 하나뿐인 아이에게 집착한 나머지 엄마의 모든 에너지를 사교육에 쏟아붓지는 않을까? 앞으로의 세상에서는 그런 엄마의 잘못된 열정이 아이를 사회 부적응자로 만들 수 있다는 사실을 알고 있을까? 또 아이를 키우기 위해 일을 그만둔다면 아이가 어느 정도 큰 뒤에는 무엇을 하며 살아갈까? 혹시 아이가 없다면 하루 종일 무엇을 하며 시간을 보낼까?

언젠가 우리 회사의 여성 직원들과 간담회를 하는 도중 '여성이 일해서 좋은 점과 어려운 점'에 대해 토론할 기회가 있었다. 나는 내심 좋은 점으로 '자아실현'을 답할 줄 알았다. 그런데 예상과 달리 그들은 '자신이번 돈을 남편 눈치 안 보고 마음대로 쓸 수 있어서'라고 대답했다.

처음 그런 대답을 들었을 땐 깜짝 놀랐다. 그러나 곰곰이 생각해보니 나 역시 그러했다. 결혼해서 살림을 해본 여자들은 남편에게 알리고 싶지 않지만 소소하게 돈을 써야 할 곳이 자주 생긴다는 것을 알고 있다. 이런 주부들의 심리를 잘 활용한 사례가 심야 시간에 나오는 급전 대부 업체 광고다. 그 업계에 종사하는 지인은 300만 원 이하의 급전을 찾는 사람 중 대다수가 주부라고 귀띔해주었다.

두 번째로 꼽은 좋은 점은 '불필요한 쇼핑을 억제할 수 있어서'였다. 일하는 여성들의 경우 주중에는 일하느라 쇼핑할 시간이 없고, 주말에도 쇼핑센터에 가기보다는 인터넷으로 대충 쇼핑을 한 뒤 나머지 시간에 휴식을 취하거나 밀린 집안일을 한다. 뿐만 아니라 비합리적인 충동 구매 욕구가 생길 때에도 자신이 그 돈을 벌기 위해 얼마나 수고했는지를 잘 알기 때문에 한 번 더 생각한다. 돈을 벌기 전에는 그렇게도 명품백이 갖고 싶었는데, 돈을 벌어보니 허투루 큰돈을 쓰는 일이 내키지 않고, 마음만 먹으면 언제든지 살 수 있다는 생각에 오히려 합리적인 소비를 할 수 있다고 말했다.

우리 회사의 여성 직원들이 말하는 '여성이 일해서 어려운 점'은 단연코 '육아'와 '가사 노동'이었다. 나도 아이들이 어렸을 때에는 일과 육아를 병행하기가 가장 힘들었다. 그러나 아이들이 자라서 대학생이 된 지금은 그때 내가 일을 포기하지 않은 게 얼마나 다행인지 모른다. 일하는 엄마가 빛나는 시기는 아이들이 어릴 때가 아니다. 오히려 사춘기를 넘어서기 시작하면서부터다. 아이가 자랄수록 일하는 엄마는 아이와 공유할 수 있는 경험의 영역이 넓어진다.

나는 요즘 아들을 가진 엄마로서 그런 즐거움을 느낀다. 아들은 자라면서 급격히 말수가 줄어든다. 사춘기가 되면 아예 엄마와 말을 섞으려고도 하지 않는다. 엄마 입장에서는 '밥 먹어라' '게임하지 마라' '친구 잘 사귀어라' '차 조심해라'와 같은 말들이 다 아들과 나누고 싶은 대화이지만, 아들 입장에서는 잔소리로 느껴질 뿐이다. '오늘 학교에선 괜찮았니?'라고 메시지를 보내도 아들은 길게 대답하지 않는다. '네' 'ㅋㅋ' 'ㅇㅇ'이라는 대답이 전부다.

나는 한동안 아들의 무심함에 서운해하다가 소통 방식을 바꿔보기로 했다. 내 일터에서 일어났던 이야기나 나의 고민을 아들과 조금씩 공유하기 시작했다. 아들은 자신에 대한 이야기가 아닌 다른 사람의 이야기에는 관심을 보였고, 차차 의견을 말하기 시작했다. 때로는 그 결과에 대해 나에게 되묻기도 했다.

아들이 대학교에 가고 군대에 입대하면서 아들과 나의 대화 주제는 매우 다양해졌다. 우리 회사의 신입사원 이야기며 진로에 대한 진지한 고민, 국내외 경제 및 사회 이슈에 대한 활발한 토론까지 이제는 아들과 허심탄회하게 이야기를 나누곤 한다. 요즘 나는 가끔씩 이렇게 생각한다. '만약 아이들이 어렸을 때 먹이고, 씻기고, 입히고, 숙제 봐주는 일이 걱정되어 직장을 그만두었다면 지금 아이들과 이렇게 대화할 수 있었을까?' 자녀가 어린아이인 시간은 10년 정도이지만, 아이가 자라 엄마와 인간적으로 교류할 시간은 60년이 넘는다.

내 생각에 여성이 일해서 좋은 점 중 하나는 '가정 경제에 기여할 수 있다는 것'이다. 요즘처럼 주거비와 교육비가 천정부지로 높은 때에는 부부 중 어느 한쪽만 벌어 모든 비용을 감당하기가 쉽지 않다. '백지장도 맞들면 낫다'는 말처럼 같이 벌어 살림을 꾸리면 더욱 튼튼한 가정 경제를 구축할 수 있다.

또 여성의 경제활동은 가정에 든든한 안전망이 된다. IMF 외환위기 이후로 '평생직장'이라는 개념이 우리 사회에서 사라졌다. 지금 직장에 잘 다니고 있다고 해서 10년 후, 아니 1년 후에도 잘 다니라는 보장이 없다. 우리 주변에서는 구조조정이라는 명목하에 굉장히 많은 권고퇴직과 명예퇴직이 상시적으로 일어나고 있다. 우리가 소위 전문직이라고 생각하는 의사나 변호사도 스스로 매출과 비용을 책임져야 하는 자영업의 영역에 있을 뿐이다. 안정적이라고 손꼽히는 공무원이나 교직원 또한 직업의 형태와 의미가 달라지는 미래에는 지금과 같은 안정성을 보장받을 수 없을 것이다.

이런 상황에서 부부가 함께 경제활동을 한다면 서로에게 든든한 버팀목이 되어줄 수 있다. 누구 하나가 해고되어도 가정 경제가 크게 휘청거리는 지경에까지 내몰리지 않고, 처자식의 생계를 위해 어쩔 수 없이 기죽은 채 살아가는 남편들의 설움이 해소될 것이다. 아내 입장에서도 단순히 경제적 이유를 넘어 내 남편의 기를 내가 살려줄 수 있는 뿌듯한 기회이기도 하다.

무엇보다도 일을 하는 것은 여성의 심리에도 강력한 보호막이 된다. 일하는 여성들은 남편이나 자녀, 시댁, 친정, 친구들에게까지 심리적으로 당당하다. 또 일터에서 성과를 내며 다른 사람들로부터 인정을 받거나 스스로 만족감을 느낄 기회가 생기기 때문에 자존감을 높이기에도 수월하다.

돌이켜 생각해보면 내가 남편과 결혼 생활을 잘 이어올 수 있었던 비결은 '일을 했기 때문'인 것 같다. 나는 내 삶이 너무나 정신없어서 남편에게 집중할 시간이 상대적으로 적었다. 내 일이 바쁘다 보니 하루 종일 남편을 기다린 적도 없었다. 퇴근 후에는 피곤해서 소위 '바가지를 긁을' 여력도 없었고, 웬만한 일은 참견하지 않고 알아서 하라고 넘기고 말았다. 만약 내가 일을 하지 않았다면 넘치는 에너지로 남편과 아이들을 과도하게 챙기고 간섭했을 것이 분명하다.

여성은 그 자체로 21세기에 알맞은 경쟁력을 타고났다. 조직과 업무 환경, 기업 문화도 여성 친화적으로 변하고 있다. 시대가 일하는 여성을 '원하고' 있는 것이다. 다만 아직 많은 여성이 가정과 일 사이에서 어려움에 봉착했을 때 일을 그만두는 선택을 하고 있다. 그 때문에 중요한 시기에 커리어 도약을 이루지 못하고, 결과적으로 시대를 이끌어 나갈 여성 리더들이 많이 배출되지 못한 것 같아 아쉽다. 하지만 당장은 어렵더라도 포기하지 않고 견뎌낸다면 여성이 가진 탁월한 능력에 힘입어 시대가 요구하는 전문성을 금방 갖추게 될 것이다. 그것이 이 시대가 요구하는, 그리고 이 시대에 필요한 여성의 진정한 강점이다.

미국의 전 대통령 프랭클린 루즈벨트Franklin Roosevelt의 아내 엘리너 루즈벨트Eleanor Roosevelt는 이런 말을 남겼다.

"여성은 티백과 같다. 뜨거운 물에 담그기 전까지는 그녀가 얼마나 강한지 모른다."

우리는 우리 스스로가 얼마나 강한지 아직 잘 모르고 있다. GE의 최고경영자 제프리 이멜트Jeffrey Immelt가 "가장 큰 위험은 아무것도 하지 않는 것"이라고 강조했듯이, 아무것도 하지 않으면 우리는 우리의 능력을 끝까지 모른 채 시간만 보내는 꼴이 된다. 한번 생각해보라. 찻잔 속에서 향기를 내는 차가 될 것인가, 찬장 속에서 묵어가는 티백으로만 존재하고 말 것인가?

뜨거운 물에 스스로를 내던질 때에야 비로소 자신이 얼마나 강하고 빛나는 존재인지를 알 수 있다. 여성은 이제 세상 속으로 뛰어들어야 한다. 찻잔 속 뜨거운 물이 생각처럼 두려운 곳이 아니라, 오히려 나만의 진정한 향기를 낼 수 있는 곳임을 깨달아야 한다. 마침 세상은 여성에게 유리한 방향으로 흘러가고 있다. 우리는 지금 전망 좋은 출발선에서 있다.

제 3 장

기회

가슴 뛰는 삶을 위해
기회에 달려들어라

인생은 출발한 곳으로 다시 돌아갈 수 없는 일방통행의 여정이다. 오직 단 한 번뿐인 삶
을 충실하고 값지게 보내기 위해서는 '나는 누구인지' '어떤 사람으로 기억되고 싶은지'를
매 순간 스스로에게 질문해야 한다. 나의 가능성을 믿고 목표를 향해 적극적으로 도전한
다면 나를 짓누르는 열등감도 성장의 엔진으로 전환시킬 수 있다.

비록 현실은 차갑게 느껴질지라도 우리 여자들은 고개를 들어 기회를 바라보아야 한다.
더 당당하게 테이블에 앉고, 위험을 감수하며, 열정적으로 목표를 추구해야 한다. 세상에
존재하는 기회의 절반은 여자의 몫이며, 그것을 쟁취하는 것 또한 오직 여자의 몫이다.

"우리가 가진 능력보다
진정한 우리를 훨씬 잘 보여주는 것은
우리의 선택이다."

- 『해리포터』의 저자 조앤 K. 롤링Joan K. Rowling

오늘 죽는다면
무엇을 할 것인가?

삶이 그대를 속일지라도

슬퍼하거나 노하지 말라!

우울한 날들을 견디면

믿으라, 기쁨의 날이 오리니

마음은 미래에 사는 것

현재는 슬픈 것

모든 것은 순간적인 것, 지나가는 것이니

그리고 지나가는 것은 훗날 소중하게 되리니

-「삶이 그대를 속일지라도」

러시아의 대문호 알렉산드르 푸시킨Aleksandr Pushkin의 시처럼 삶은 계획대로 되지 않고, 원하는 방향으로 흘러가지도 않는다. 하나의 사건이 인생의 물꼬를 전혀 예상치 못한 방향으로 돌려놓기도 하고, 순간의 선택이 인생을 송두리째 바꿔놓기도 한다. 이렇게 삶은 매번 우리를 속이지만, 삶에 속더라도 노하지 않고 견디어낸다면 기쁨을 얻을 수 있다. 오히려 계획대로 움직인 삶보다 훨씬 더 소중한 결실을 맺을 수도 있다. 우울한 날들을 어떻게든 견디어내기만 한다면.

내가 첫 직장에 입사했던 해인 1995년 겨울, 어느 토요일 아침이었다. 나는 전날 하던 연구가 궁금해 휴일임에도 회사로 향했다. 버스를 타고 회사로 들어가는 길목에서 내린 뒤 연구 단지로 가는 다른 사람의 차를 얻어 탈 생각이었다. 나는 금방 지나가는 차를 잡아탔고 뒷좌석에 앉았다. 그런데 그것이 내 인생 전부를 바꾸어놓는 계기가 될 줄 전혀 몰랐다. 차가 출발하고 운전자에게 고맙다는 말을 하려는 순간, 정신을 잃었다. 깨어나 보니 온 얼굴과 목에 붕대가 칭칭 감겨 있었다. 열 시간 넘게 얼굴의 상처들을 꿰매는 수술을 하고난 뒤였다.

내가 운전자에게 감사 인사를 하려던 찰나에 교통사고가 난 것이었다. 반대편 차선에서 달려오던 차가 갑작스럽게 좌회전을 하면서 내가 탄 차를 들이받았다고 했다. 그 때문에 뒷좌석에 앉아 있던 나는 몸이 앞으로 튕겨져 머리로 앞 유리창을 부수고 차창 밖으로 날아갔다. 사고로 이마는 15센티미터가 넘게 찢어져 두개골이 드러났고, 뺨도 10센티미터 넘게 찢어져 움푹 파였다. 코와 귀도 떨어질 지경이어서 붙이는 수술을 했다. 내 얼굴에 생긴 33센티미터의 흉터가 사고의 처참함을 증명했다. 몸을 움직이거나 말을 한마디 하는 것조차 어려운 상태였다.

교통사고가 망가트린 것은 내 얼굴만이 아니었다. 공학박사 학위를 받은 지 얼마 되지도 않았는데, 예기치 못한 교통사고 때문에 갑자기 연구원으로서의 기능도 상실했다. 실험을 할 수 없음은 물론 출근조차 할 수 없었다. 꿰매어 붙인 얼굴의 상처들이 벌어지는 것을 막기 위해 1년이 넘도록 살색테이프를 수십 조각 잘라서 붙이고 다녔다. 그때는 삶이 나를 속였다고 생각했다. 교통사고는 나의 외모와 경력을 송두리째 바꿔놓았다. 그리고 당시의 나는 삶에 속아버린 내 운명에 대해 슬퍼하거나 분노하지 않을 만큼 성숙하지 못했다. 이 비극으로 찾아온 우울함을 견디기가 너무나 힘들었다. 왜 하필이면 내가 이런 사고를 당해야 했는지 억울했고, 왜 하늘은 나에게만 이런 시련을 주는 거냐며 노여워했다. 더구나 휴일에 굳이 출근을 하다 사고를 당한 내 자신이 정말 멍청하게만 느껴졌다. 열심히 선하게만 사는 것이 정답이 아닌 것 같다는 생각이 들었다. 나는 절망 속으로 가라앉았다. 매일매일 절망의 늪으로 조금씩 빠져들었다.

그런데 신기하게도 절망의 끝에서 내가 마주한 것은 삶에 대한 강한 궁금증이었다. 시간이 지날수록 어떤 질문들이 내 머릿속을 가득 메우기 시작했다. '신은 왜 나를 살려놓았을까?' '살아 있다는 것의 의미는 무엇일까?' '내가 죽었다면 세상은, 나의 가족은 어떻게 되었을까?' 이러한 질문 앞에서 절망감은 서서히 지워졌다. 삶에 속았다는 억울한 기분에서 벗어나 살아 있다는 사실 앞에 겸허해졌다. 사고 당시에 조금만 더 세게 부딪쳤거나 찰나라도 더 일찍 부딪쳤다면 이미 나는 죽었거나 식물인간이 되었을 것이다. 하지만 회복 가능한 상처를 입었을 뿐 사지는 멀쩡히 살아 있었다. 아직 가족과 함께할 수 있었고 스스로에 대해 생각할 시간까지 얻었다.

이런 질문들은 꼬리에 꼬리를 물고 이어져 분노와 억울함은 서서히 감사함으로 대체되기 시작했다. 질문이 계속될수록 내가 다시 얻은 삶이 신기하고 감사하게 느껴졌다. '도대체 나는 누구인가?' '내가 원하는 삶은 무엇인가?' '나에게 일과 회사란 어떤 의미인가?' '나는 어디로 가고 있는 걸까?' '죽은 뒤 나는 어떤 사람으로 기억되고 싶은가?' 온통 삶에 대한 질문들로 내면이 가득 찼다.

이렇게 생각이 바뀌고 나니 교통사고 이후의 삶은 기대하지 않았던 선물처럼 덤으로 주어진 것 같았다. 나는 삶과 죽음이 찰나적 순간으로 나뉘면서도 마치 하나의 선처럼 자연스럽게 이어진다는 사실을 마음 깊이 이해했다. 그리고 그 선택은 내 몫이 아니며, 죽음이 찾아오는 시간은 언제가 될지 알 수 없다는 사실도 깨달았다. 이 소중한 삶 앞에서 내가 물어야 할 것은 '삶을 헛되이 보내지 않으려면 어떻게 살아야 할까?'라는 질문이었다.

이후 1999년에 나는 가족과 떨어져 캐나다 몬트리올에서 경영 컨설턴트로 2년간 일했다. 주말이면 혼자 시내에 있는 공원을 산책했다. 공원에는 공동묘지가 있었는데 그곳에 갈 때마다 매번 묘비명을 읽었다. 묘비에는 5년을 살다간 어린이를 추억하는 내용도, 40년을 살다간 사람의 인생관도, 천수를 누려 90년 이상 산 사람의 업적도 쓰여 있었다.

묘지에는 삶과 죽음이 동시에 담겨 있다. 살아 있을 때 망자가 했던 말이 쓰여 있으며, 망자를 보내는 이들의 기억도 남겨져 있다. 그래서 묘지를 돌아볼 때마다 비극적인 교통사고 이후 얻은 삶 앞에 더욱 겸손해졌다. 그러고는 버릇처럼 그날 이후 되뇌었던 질문을 스스로에게 던지고는 했다.

'나는 누구인가?'
'현재 의미 있는 삶을 살고 있는가?'
'나에게 가장 소중한 가치는 무엇인가?'
'가족과 일은 어떤 의미인가?'
'오늘 당장 묘지로 들어가야 한다면 무엇이 가장 후회되는가?'
'죽은 뒤에 나는 어떤 사람으로 기억되고 싶은가?'

뜻밖에도 나는 애플의 창업자 스티브 잡스Steve Jobs의 스탠퍼드 대학교 졸업식 축사 속에서 그 질문에 대한 답을 찾았다.

"나는 17살 때 '매일을 인생의 마지막 날처럼 산다면 언젠가 당신은 올바른 삶을 살게 될 것이다'라는 경구를 읽은 이후로 지난 33년간 매일 아침 거울을 보고 스스로에게 질문했습니다. '오늘이 나의 마지막 날이라면 지금 하려고 하는 일을 할 것인가?' 며칠 연속해서 'No'라는 대답이 나오면 무엇인가를 바꾸어야 할 때가 된 것입니다. '곧 죽는다는 생각'은 인생에서 중요한 결정을 내릴 때마다 가장 유용한 도구가 됩니다. 죽음 앞에서는 외부의 기대, 자존심, 수치, 그리고 실패의 두려움 같은 것들이 모두 떨어져나가고 오직 진실로 중요한 것만이 남기 때문입니다. 죽음을 생각하는 것은 우리가 무엇을 잃을지도 모른다는 두려움으로부터 벗어나는 최고의 길입니다. 우리는 모두 죽습니다. 그러므로 우리는 가슴이 시키는 대로 살지 않을 이유가 없습니다."

'가슴이 시키는 대로 사는 것.' 이것이 내가 덤으로 얻은 삶을 온전히 누릴 수 있는 방법이었다. 죽음을 온몸으로 겪은 나는 비로소 진정한 삶에 대해 생각할 수 있었다. 그 삶이 과연 어떤 삶인지 알고 싶었고 내가 진실로 원하는 것들을 채워나가고 싶었다.

그렇다면 가슴이 시키는 삶이 무엇인지는 어떻게 알 수 있을까? 나는 끊임없이 명확한 답을 찾아 헤맸지만, 결국 잡스의 연설을 통해 답은 '질문하는 것' 그 자체에 있다는 사실을 깨달았다. 스스로에 대한 질문 자체가 내가 원하는 것, 내가 원하는 삶 속으로 생각을 이끈다. 잡스 또한 그것을 알기에 매일 아침 스스로에게 질문을 던졌다. '오늘이 나의 마지막 날이라면 지금 하려고 하는 일을 할 것인가?' 이 질문이 그를 가슴 뜨거운 세계 최고의 기업가로 만들었다. 잡스는 같은 연설에서 이렇게 덧붙였다.

"죽음은 삶을 변화시키는 도구입니다. 여러분은 다른 사람의 삶을 사느라 시간을 낭비하지 마십시오. 타인이 생각해낸 결과물에 불과한 관념에 빠지지 마십시오. 가장 중요한 것은 자신의 가슴과 영감을 따르는 용기입니다. 그 이외의 것은 전부 부차적인 것입니다."

'다른 사람의 삶을 사는 게 아닌 나의 삶을 사는 것.' 그것이 질문을 통해 우리가 나아가야 할 인생의 방향이다. 인생은 출발한 곳으로 절대 되돌아올 수 없는 일방통행의 여정이다. 그렇기 때문에 내가 내 삶의 중심으로 자리 잡는 일은 더없이 중요하다. 이것이 많은 사람이 잊고 살거나 혹은 죽을 때까지 발견하지 못하는 진리다.

하지만 우리는 질문을 하는 데 익숙지 않다. 지금까지 우리는 질문하기보다 '대답'하기에 익숙한 삶을 살아왔다. 학창 시절 내내 정해진 정답을 찾기 위해 사투를 벌였다. 그래야 시험을 잘 볼 수 있고, 시험을 잘 봐야 좋은 대학에 가고, 대학에 잘 가야 취업을 잘할 수 있었으니까. 취업을 한 뒤에도 대답하는 삶은 계속되었다. 회사들은 앞서간 국가와 기업이 닦아놓은 길을 '정답'으로 생각하고 따라가기에 급급했다. 그래서 정해진 답을 잘 아는 사람이 필요했다. 결혼도 육아도 모두 정해진 답이 있는 것처럼 모두가 그것을 좇기에 바빴다.

하지만 남들이 만들어놓은 질문과 그에 대한 정답을 찾아가는 일에만 치인다면 진정한 나를 발견할 수 없다. 그 과정에서는 나의 꿈이나 욕망, 내 스스로의 판단, 내가 원하는 행복이 무엇인지 생각할 겨를이 없고, 생각해본 적이 없기에 꿈꾸는 것조차 힘들어진다. 즉 내가 진짜로 원하는 게 무엇인지, 나는 어떤 사람인지를 스스로 깨닫지 못하게 된다. 스스로에게 질문하지 않는 삶에서는 내가 중심이 되지 못하는 이유가 바로 이것이다.

우리는 다른 사람들이 안정적이고 좋다고 말하는 일이 아닌 '내가 좋아하는 일'에 대해 스스로 질문해야 한다. 다른 사람의 눈높이가 아닌 오직 나의 시각에서 '진정으로 원하는 일이 무엇인가?'를 물어야 한다. 그 질문에 대한 대답을 찾아가는 과정이 진정한 나를 찾아가는 여정이다. 답은 밖에서 주어지지 않는다. 오랜 시간에 걸쳐 나 스스로와 대화함으로써 찾아가는 것이다. 단 하나의 정해진 '정답'이 아닌, 내가 스스로 내 인생의 방향에 대해 풀이한 '해답'이 중요하다. 이것이 삶 속에 파묻힌 사람들에게 잠시나마 죽음을 마주했던 내가 전해주고 싶은 이야기다. 인생의 중심에 서야 한다. 삶에 속아 노여워하기보다는 진정한 인생을 마주해야 한다.

연역적으로 생각하고
거침없이 도전하라

세상 모든 일은 생각의 결과다. 물건도, 영화나 책도, 심지어 우리 삶의 반경이나 사회적 제도마저도 모두 다 생각의 산물이다. 그래서 어떤 높이와 잣대로 생각하느냐에 따라 물건도, 세상도, 국가도, 삶도 변화한다.

생각의 방식에는 귀납적인 방법과 연역적인 방법이 있다. 'A라는 사실과 B라는 사실을 봤을 때 결과는 C다'라는 생각은 귀납적인 방법이다. 이는 여러 가지 경험적 사실을 통해 결론을 도출하는 과학적 사고방식이다. 반면 연역적인 방법은 'C라는 결과가 나왔다. 왜냐하면 A이고 B이기 때문이다'라는 생각이다. 즉 결과를 놓고 이유를 논리적으로 증명해가는 사고방식이다. 나는 인생을 '연역적'으로 살아야 한다고 믿는다. 귀납적으로 살면 '문제'에 집중하게 되지만, 연역적으로 살면 '기회'에 집중할 수 있기 때문이다.

내가 유학을 갔던 1980년대만 해도 지금처럼 해외여행이나 유학이 흔치 않았다. 그런 시절에 나는 남편과 미국 유학을 가기로 결심했다. 그 시절의 여자들 대부분은 스스로 공부하기 위해서가 아니라 남편을 뒷바라지하기 위해 유학길에 따라나섰다. 하지만 우리 부부는 나까지 공부할 작정이었다. 학비가 한 푼도 없었고 부모님도 학비를 대주실 형편이 아니었지만, 그럼에도 불구하고 가기로 결정했다. 이제 우리가 고민해야 하는 사안은 유학을 갈 것인가 말 것인가가 아니었다. 이미 간다는 결정을 내렸으니 학비를 마련하는 방법에 대해 고민해야 했다. 유학이라는 과제를 해결하기 위해 연역적인 방법으로 생각했다.

가장 실현 가능한 해결책은 장학금이었다. 그래서 우리는 장학금을 받을 수 있는 모든 방법을 나열해놓고 그중에서 확률이 높은 일부터 하나씩 시도했다. 결국 남편과 나는 국내에서 생각지도 못한 장학금으로 학비뿐만 아니라 생활비까지 지원받았다. 결국 남편 혼자 공부한 것보다 훨씬 더 경제적으로 넉넉한 상황에서 두 사람 다 학업을 마쳤고, 공부를 하는 동안 아이도 둘이나 낳아서 키웠다.

만약 당시에 귀납적으로 생각했다면, 우리에게는 유학을 포기할 이유가 너무나 많았다. 우선 학비가 전혀 없었다. 한 명이 공부할 돈도 없는데 두 명의 몫을 마련하기란 완전히 무리였다. 또 6대 종손의 아내인 내가 해외로 나가 공부한다는 사실에 시부모님은 무척 걱정하셨다. 거기에 유학길에 오르지 않고도 국내에서 박사 과정을 마치고 경제 활동을 시작할 수 있다는 다소 편안한 대안도 있었다. 미국에서 입국 허가를 받을 수 있을지, 장학금이나 입학 허가를 받을 수 있는지도 불투명했다. 귀납적인 사고에 따르자면 유학을 포기하는 길이 합리적인 결론이었다.

그러나 연역적으로 생각했기에 정해진 결과를 실현하기 위한 방법을 생각해냈고, 이 생각을 실행으로 옮길 수 있었다. 그 결과 처음에 생각한 결론이 그대로 이루어졌다. '피그말리온 효과Pygmalion effect'는 일이 잘될 것으로 기대하면 잘되고, 안 될 것으로 기대하면 잘 안 풀린다는 자기충족적 예언을 의미하는 말이다. 연역적인 사고를 하면 피그말리온 효과를 긍정적인 방향으로 극대화할 수 있다. 즉 위기가 아닌 기회에 초점을 맞추고, 그런 기회 앞에서 나약해지려는 자신을 일으켜 세울 수 있다.

연역적인 사고를 하기 위해서는 반드시 필요한 선행 조건이 있다. '자신의 운명을 믿는 것'이다. 다만 현재의 상황이 아니라 '미래에 펼쳐질 운명'을 믿어야 한다. 스티븐 스필버그Steven Spielberg 감독이 제작한 영화 「레이더스」는 주인공 인디아나 존스 박사가 악덕 고고학자 벨로크에게 빼앗기고 만 동굴 속 성궤(모세의 십계를 새긴 석판을 간직한 상자)를 찾아오는 이야기다. 일명 '언약의 궤'라고 불리던 이 성궤는 진정한 메시아가 이 땅에 내려올 때 찾게 될 것이라는 구약성서 속 한 구절 때문에 많은 고고학자가 찾아 헤매던 것이었다. 인디아나 박사가 동굴 속을 따라 성궤를 찾아가다 보니 동굴의 끝에 이르렀는데, 그 끝은 깎아지른 절벽이었다. 그리로 발을 내딛는 순간 천 길 낭떠러지로 떨어져 죽을 것이 너무나 분명했다. 하지만 인디아나 박사는 반드시 성궤를 찾을 것이라고 연역적으로 생각했기 때문에 자신의 운명을 믿고 두 팔을 벌린 채 절벽으로 발을 내딛었다. 그러자 발밑에 유리다리가 생겼고, 결국 인디아나 박사는 자신이 믿은 대로 연역적인 결과를 만들어냈다.

나와 남편이 처음 창업을 하겠다고 결심했을 때에도 귀납적으로 생각했다면 분명 실패할 수밖에 없는 상황이었다. 우리가 개발하려는 제품은 고객은커녕 시장도 없었다. 심지어 개발하려는 물건을 실제로 본 적도 없었고, 그 목표를 실현해낼 기술도 부족했다. 돈도, 사무실도, 직원도 없었다. 신재생에너지 회사를 창업하겠다고 하자 내가 근무하던 컨설팅 회사의 동료들은 나에게 다시 생각해보라고 충고했다. 귀납적으로 보면 옳은 조언이었다. 모든 경험적 사실이 '창업하지 않는 편이 옳다'는 답을 가리키고 있었다.

그러나 연역적으로는 전혀 다른 접근이 가능했다. 나는 진심 어린 충고를 건네는 동료들에게 이렇게 답했다. "머리로는 맞는 말인데 가슴으로는 틀릴 수 있어. 그래서 나는 그냥 내 가슴이 시키는 대로 해야겠어!" 창업 후 창립 멤버들은 우리가 원하는 결과를 현실로 만들기 위해 최선을 다했다. 그 과정에서 숱한 난관에 부딪혔지만, 신기하게도 그때마다 「레이더스」 속 유리다리처럼 예상치 못한 돌파구가 생겨났다.

자신의 운명을 믿고 연역적으로 살아갈 때 귀납적으로 살아가는 것보다 분명 더 큰 성과를 거둘 수 있다. 두려움을 뛰어넘는 도전의 기회를 안겨주니 말이다.

굴복할 것인가,
딛고 일어설 것인가?

내 이름 탓인지 바로 뒤에 태어난 동생은 아들이었다. 종갓집 며느리였던 어머니는 연달아 딸 셋을 낳으셨고, 그 중 내가 셋째 딸이었다. 당신의 딸이 아들을 낳지 못하자 초조해진 외할아버지는 득남의 염원을 담아 내 이름을 '미남美男'으로 지었다. 동생이 태어나자 온 집안은 기뻐했지만, 나는 불행했다. 내 존재란 왕자의 탄생을 예비한 무수리에 불과했기 때문이었다. 새 학기가 시작될 때마다 내 남성적인 이름은 아이들의 놀림거리가 되었고, 그것은 나를 더 위축시켰다. 나는 출발선에서부터 열등감 속에 파묻힌 외톨이였다.

게다가 나의 외모와 형편없는 도시락 반찬도 열등감에 불을 지폈다. 우리 다섯 남매는 시골에서 농사를 짓는 부모님과 떨어져 서울 할아버지 댁에서 지내고 있었다. 그런데 초등학교 5학년이 되던 해에 할아버지가 돌아가시자 할머니는 미국에 계신 작은아버지에게로 가셨다. 그

후 우리 다섯 남매는 아이들끼리 자취 생활을 시작했고, 나는 학창 시절 내내 동생들에게 밥을 해 먹이고 도시락을 싸서 학교에 보내는 살림을 해야 했다. 또 언니가 입던 교복을 물려 입었던 탓에 항상 꾀죄죄한 모습이었다. 더운물이 나오지 않는 집에서 살다 보니 제대로 씻지도 못했다. 그래서 나는 엄마가 해주는 밥을 먹고 깔끔하게 도시락을 싸오는 친구들이 너무나 부러웠다.

어른이 되어서도 열등감은 사라지지 않았다. 미국에서 공부하던 시절에는 영어를 잘하는 본토 학생들과 엄청난 인구 중에서 발탁되어 온 중국과 인도 유학생들에게 커다란 열등감을 느꼈다. 취업 후에는 조직 훈련 없이 대기업에 입사한 내가, 군대에 다녀온 탓인지 감탄할 정도로 조직 생활에 잘 적응하는 남자 직원들보다 열등하게 느껴졌다. 이공계 출신으로 재무제표도 잘 모른 채 컨설팅 회사에 입사해서는 미국 최고의 명문 MBA 출신인 동료들에게 처절하리만큼 큰 열등감을 느끼기도 했다. 스타트업을 창업하고서는 막강한 대기업 경쟁사의 위세 앞에 열등감을 넘어 강력한 무력감을 느낄 때도 셀 수 없이 많았다.

하지만 이러한 열등감은 내 삶의 원동력이 되기도 했다. 어린 시절 외톨이였던 나는 딱히 할 일이 없어 공부에 집중했다. 과외를 받는 친구들에게 열등감을 느끼기도 했지만, 그럴수록 더 열심히 했다. 학비만으로도 벅찬 우리 집 사정으로는 그저 열심히 하는 방법밖에 없었다. 결국 나는 중학교 입학 전부터 과외 선행학습으로 나보다 출발이 좋았던 친구들을 제치고 당당히 1등을 거머쥐었다. 이때부터 갖게 된 공부 습관이 고등학교와 대학교까지 이어졌고, 대학에서도 4년 내내 과 수

석으로 장학금을 받았다. 결국 열등감이 좋은 습관으로 전환되었고, 좋은 결과로까지 이어졌다.

사회생활을 하면서 이름에 대한 생각도 바뀌었다. '미남'이라는 이름은 학창 시절 내내 열등감을 느끼게 한 원인 중 하나였지만, 사회생활을 할 때에는 큰 장점으로 작용했다. 특이한 이름 덕분에 사람들은 내 이름을 한 번만 듣고도 곧잘 기억했다. 특히 비즈니스를 하면서 기억하기 쉬운 이름을 가졌다는 것은 정말 큰 강점이었다. 지독한 열등감의 원인이었던 이름은 어느덧 나의 핵심 경쟁력이 되었다. 이제 나는 내 이름을 성장의 원천으로써 적극적으로 활용한다.

숱한 열등감 속에서 내가 깨달은 사실 하나는 열등감이 크게 느껴질수록 그 열등감에 집중하지 말아야 한다는 것이다. 열등감을 나를 채찍질하는 동력으로 삼아 죽을힘을 다해 본질에 집중하다 보면, 어느새 열등감은 성장의 원천이 된다. 학생의 본질은 공부를 하는 것이고 직장인의 본질은 성과를 내는 것이다. 열등감의 크기만큼 본질에 집중하면 평균 이상의 성과를 낼 수 있고, 그러면 주변에서도 결코 나를 무시하지 못한다. 덤으로 열등감을 극복하기 위해 노력하다 보면 자신을 위로하고 긍정하는 마음의 근육도 키울 수 있다. 열등감이 더 이상 열등감이 아니게 되는 것이다.

그럼에도 불구하고 열등감이 느껴질 때면 내가 쓰는 방법이 있다. 스스로에게 주문을 거는 것이다. 계속 열심히 하다 보면 언젠가 내가 원하는 성과를 얻어 열등감을 극복할 수 있을 것이라고 말이다. 나아가 처음부터 무언가에 능숙한 사람은 없다는 사실을 떠올리며 노력의 동력을 찾는다. 그렇게 마음가짐을 바꾸고 나면 조금은 편안한 마음으로 자신감을 얻고 도전할 수 있다.

난생 처음 청와대 회의에 참석하던 날도 그랬다. 나는 오랫동안 대통령과학기술자문 등의 정부 위원으로 활동하며 여러 차례 청와대에서 회의를 했다. 처음 청와대 회의에 참석하던 날, 위축되었던 내 모습이 지금도 기억에 생생하다. 회의 장소가 청와대라는 사실 자체만으로도 주눅이 드는데, 회의 테이블에 둘러앉은 분들이 대통령과 국무 위원들을 포함해 텔레비전에서나 볼 수 있는 재벌 기업의 회장님들이었으니 말이다. 시작한 지 얼마 되지도 않은 작은 스타트업의 사장으로서 엄청난 기업을 이끄는 훌륭한 분들 앞에서 비즈니스에 대한 발언을 해야만 하는 것이 너무나 큰 부담이었고 열등감도 느껴졌다. 그래서 이 날도 '그래, 저분들은 오래전부터 사업을 해온 분들이고 나는 시작한 지 얼마 안 된 사람이니까 굳이 기죽을 필요는 없어. 나도 열심히 하다 보면 언젠가는 회사가 커지는 날이 올 테지'라고 스스로에게 주문을 걸었다.

지금도 나는 책을 쓰면서 끝없는 열등감을 느낀다. '작가도 아닌 내가 글을 쓴다는 것이 우습게 보이지는 않을까?' 하고 말이다. 하지만 지금도 열등감을 성장의 엔진으로 전환하며 스스로를 위로하고 있다. '자꾸 글을 쓰다 보면 누가 알겠어? 언젠가는 좋은 글을 쓸지도 모르잖아. 처음부터 작가로 태어난 사람은 없지 않겠어?'라고 말이다.

열등감은 훈련을 통해 충분히 성장의 에너지로 전환시킬 수 있다. 단순히 열등감에 대한 관점만 바꾸더라도 삶의 많은 부분이 달라진다. 운동을 하면 할수록 근육의 양이 늘어나듯이, 열등감을 전환하는 일 또

한 같은 원리다. 계속 하다 보면 더욱 잘하게 되고, 그러면 나를 괴롭히던 열등감의 고통에서 벗어날 수 있다. 열등감을 자신의 성장 동력으로 전환할 것인가, 열등감으로 고착된 무력감만 무한히 반복하며 살 것인가? 인생의 방향과 그로 인한 결과는 오직 나의 선택에 달려 있다.

적극적으로 협상하고
당당히 요구하라

여자들은 대개 부서 배치나 업무 분장 그리고 연봉 협상과 같이 자신의 이권을 위해 의견을 주장해야 하는 일에서 어려움을 호소한다. 자라면서 알게 모르게 '남을 배려하고 양보해야 여자답다'는 생각을 주입받았기 때문이다. 그러다 보니 강하게 주장해야 할 때 자기도 모르게 주춤하는 일이 벌어지곤 한다. 승진이나 연봉 협상처럼 온전히 자신을 위해 협상카드를 던져야 할 때 주눅이 들어버리고, 진짜로 원하는 바를 입 밖으로 꺼내지 못한다.

결국 이러한 소극적인 성향은 악순환을 발생시킨다. '그때 이야기할걸……'이라는 후회와 함께 업무나 조직, 연봉에 대해 불만이 생기기 때문이다. 자연히 업무 효율이 떨어지고 퇴사까지 고려하게 된다. 마침 아이가 아프거나 어딘지 불안해 보이고 성적마저 떨어진다면 일터를 떠나는 정당한 사유까지 만들어진다.

여성들이 이러한 악순환에서 탈피하기 위해서는 자신이 조직에서 어떤 가치를 지니는지, 혹은 앞으로 얼마나 기여할 수 있는지를 스스로에게 질문해야 한다. 또 자신이 주눅 들어 있는 이유가 '여자다움'에 대한 오랜 편견이 내재화된 탓인지, 아니면 조직에 충분한 가치를 제공하지 못해서인지를 명확히 구분해야 한다. 다른 사람은 속일 수 있어도 나 자신은 속일 수 없는 법이다.

만약 조직에서 충분한 성과를 내고 있음에도 여자라는 이유로 불이익을 받고 있다면 당당하게 입장을 표명해야 한다. 내가 조직에 제공하거나 앞으로 제공할 가치에 대해 떳떳하게 요구하면 된다. 조직은 남녀에 관계없이 오직 '일 잘하는 직원'만을 원한다. 성과가 뚜렷한 직원은 회사가 먼저 나서서 붙잡아두려고 최선을 다한다. 나는 지금껏 성과가 탁월한데도 여자라는 이유 때문에 해고당한 직원을 본 적이 없다.

그럼에도 혹시 여자라는 이유 하나로 불이익을 받았다면, 가차 없이 그 조직을 떠나야 한다. 능력 있는 여자는 어떤 조직에서든 환영받는다. 다만 스스로의 능력과 성과에 자신이 없으면서도 '여자라서 불이익을 받았다'고 말해서는 안 된다. 이는 주변 사람들에게 '여자들은 그래서 힘들다'는 편견을 강화시키는 잘못된 행동이다. 더욱이 자신의 부족함을 합리화하며 스스로를 속이는 행위이므로 자기 발전에도 부정적인 영향을 미친다.

첫 직장에서 일하던 당시, 나의 직속 상사는 업무 방향에 있어 나와 생각이 달랐다. 한번은 내가 우리에게 물건을 납품하던 협력 업체 사람들과의 저녁 식사 자리를 거부한 적이 있었다. 거래가 진행 중인 상황에서 적절치 못한 일이라 생각했고, 특별히 필요한 일이라고도 여겨지지 않았다. 그러나 상사였던 팀장의 생각은 달랐다. 그는 저녁 식사를 거부한 내가 못마땅한 눈치였다. 또 내가 옳다고 판단한 다른 행동들에 대해서도 '해외에서 공부한 여자라 잘난 척을 한다'며 말하고 다녔다. 당시만 해도 직장에서 여성과 함께 일하는 분위기가 익숙지 않았고, 해외에서 공부하고 들어온 여성도 희귀한 존재였기에 색안경을 끼고 바라보았을 것이라 이해하곤 했다.

하지만 그런 점을 이유로 나에게 부당한 평가를 내렸을 때에는 가차 없이 그를 떠나기로 결심했다. 나는 팀 내에서뿐만 아니라 연구소 전체에서 상을 받을 만큼 우수한 성과를 내는 직원이었다. 그런데도 상사는 나보다 성과가 낮은 남자 직원에게는 A등급을 주고, 나에게는 C등급을 주었다. 당연히 그의 행동이 부당하다고 생각했다. 회사를 떠나고 싶지는 않았지만, 그와는 더 이상 함께 일할 수 없었다. 결국 그에게 팀을 떠나겠다고 말했다. 나는 곧장 나를 원하는 다른 부서로 옮겨갔고, 새 부서에서 잘 적응했다.

새로 이동한 부서에서 1년여의 시간이 지났을 무렵, 미국에 건너가 현지 대학과 공동 개발을 하기 위한 팀을 구성하게 되었다. 나는 그 팀의 팀장으로 발탁될 수 있는 후보 중 한 명이었다. 게다가 미국 주재원은 모든 직원이 바라는 자리이기도 했다. 마음속으로는 은근히 자랑스럽고 기뻤다. 다만 나는 세 살과 다섯 살 된 아이를 둔 엄마였다.

역시나 팀장 후보가 된 남자 직원들은 그런 나의 상황을 약점으로 몰아갔다. 자신들은 혼자 미국에 갈 수 있으며, 가족이 다 함께 간다고 해도 아내가 아이들을 봐줄 수 있다는 말이었다. 모두가 선망하는 자리였기에 남자 직원들의 적극적인 공세로 내가 열세에 몰리는 듯했다.

하지만 나 또한 이 좋은 기회를 절대 놓치고 싶지 않았다. 유능한 부하 직원과 미국에 동행할 수 있도록 해주면 두 아이를 데리고 가더라도 성과를 내겠다는 자신감이 있었다. 그래서 당당히 상사에게 요구했다. 물론 처음에 그는 난색을 표했다. 그 역시 내가 지목한 부하 직원이 필요했고, 아이들을 데리고 가면 일을 제대로 할 수 없을 것이라 생각했기 때문이었다.

그럴수록 나는 더 자주 상사를 찾아갔다. 왜 내가 반드시 파견팀의 책임자가 되어야 하는지, 책임자로서 내가 조직에 공헌할 수 있는 가치가 무엇인지를 설명했다. 그가 어느 정도 나의 제안을 수긍하는 것처럼 보이자, 곧바로 왜 그 부하 직원을 데리고 가야 하는지를 설명하며 함께 보내달라고 요구했다. 그 결과 2년간의 미국 체류 기간 동안 첫 1년은 다른 직원을 대신 보내주고, 유능한 부하 직원은 두 번째 해에 보내주는 것으로 합의를 했다.

결국 나는 두 아이를 데리고 주재원으로 파견되어 2년간 미국에서 일했다. 그로 인해 우리 부서는 그룹 전체를 통틀어 가장 뛰어난 성과를 올린 팀이 받는 '그룹기술상'을 수상했고, 나를 미국으로 파견해준 선임 상사는 임원으로 승진했다.

회사라는 조직은 오직 '성과'에 목숨을 건다. 그러므로 내가 가치 있는 결과를 냈거나 조직에 공헌할 수 있다고 생각되면 인사 이동이든 연봉 인상이든 당당하게 요구할 일이다. 협상과 요구는 오직 성과의 문제이지, 남녀의 문제가 결코 아니다.

어디에서 어떤 일을 하든 우리 여성들은 자신이 여성이라는 사실을 심각하게 받아들일 필요가 없다. 오히려 내가 이 조직에서 고성과자인지 저성과자인지를 더욱 심각하게 생각해야 한다. 내가 우리 조직에 꼭 필요한 사람인지, 있으나 마나 한 사람인지는 스스로가 더 잘 안다. 주눅 들어 있다면 그 원인을 자신에게 물어보라. 가슴 깊은 곳에서 스스로가 능력 있는 직원이라고 생각된다면, 자신의 가슴이 옳다고 믿는 대로 당당하게 요구하라. 조직은 대체할 사람이 없는 고성과자를 절대로 함부로 대하지 못한다. 능력만 있다면, 여자는 결단코 주눅 들 필요가 없다.

여자의 삶에는
더 원대한 계획이 필요하다

인생은 자연의 순환과 비슷하다. 인생을 100년이라고 가정할 때 태어나서부터 25세까지가 봄, 26세부터 50세까지가 여름, 51세부터 75세까지가 가을, 그리고 76세부터 100세까지를 겨울이라고 할 수 있다. '인생이라는 사계절 중 어느 계절이 가장 아름답고 찬란할까요?'라고 물어보면 대부분의 사람은 봄이나 여름, 드물게는 가을이라고 답할 것이다. 사실 사계절은 모두 아름답고 나름의 이유와 의미가 있다. 그러나 인생 전체에 미치는 영향력을 따져보면, 봄의 끝자락과 여름이 가장 중요한 계절이다. 출발 시기인 봄보다 여름을 얼마나 열정적으로 살았는지, 그리고 여름의 열정을 가을까지 확장할 수 있는지에 따라 인생 전체가 달라지기 때문이다.

누구나 봄의 시기에는 학교에 들어가 공부를 한다. 그러다가 대략 25세를 전후해 사회에 진출하는 여름에 들어선다. 여름은 직장을 찾고 일을 해야 하는 절실한 시기다. 특히 요즘처럼 취업이 어려운 상황에서는 더욱 치열할 수밖에 없다. 천신만고 끝에 취업이 된다고 해도 비바람과 천둥, 태풍 속에서 살아남아야 하고, 동시에 열매가 풍성하게 자라도록 노력해야 한다. 더불어 여름은 장마와 가뭄에 맞서 자신을 지켜내고 키워야 하는 계절이다. 따사로운 햇살과 부드러운 바람, 아름다운 꽃이 만발하는 봄과는 완전히 달라야 한다. 달라도 한참 달라야 한다. 결혼을 할지, 아이는 낳을지 등 인생을 좌지우지하는 대부분의 결정도 여름에 이루어진다.

봄과 여름 사이에는 대단히 중요한 차이점이 있다. 일단 봄은 태어난 환경에 큰 영향을 받는다. 즉 어떤 부모를 만났느냐가 내 삶을 주도한다. 그러나 여름은 다르다. 더 이상 부모가 나를 도와주기 어려운 시기다. 스스로 일하는 환경을 만들어야 하고, 인간관계 또한 스스로 쌓아야 한다. 여름의 주도권은 전적으로 나에게 달려 있고, 그러기에 가장 주인답게 살 수 있는 시기이기도 하다. 비슷한 봄을 보냈더라도 여름을 어떻게 통과하느냐에 따라 가을은 물론이고 겨울의 모습까지도 크게 달라진다.

가을은 여름을 어떻게 보냈는지의 결과물이다. 여름부터 겨울을 준비하는 사람이 있는가 하면, 가을이 되어도 겨울을 맞이할 채비가 되어 있지 않은 사람도 있다. 가을이 얼마나 풍성하고 아름다웠든지 간에 우리는 필연적으로 겨울을 만나게 되고, 결국 기나긴 겨울잠에 빠진다. 다만 식물은 다음 해 봄이 되면 다시 피어나는 반면, 우리 인간은 깨어나지 못하고 흙으로 사라진다.

영화 「에덴의 동쪽」, 「자이언트」 등으로 유명한 미국의 배우 제임스 딘James Dean은 "영원히 살 것처럼 꿈꾸고, 오늘 죽을 것처럼 살아라"라고 말했다. 이는 그만큼 원대한 계획을 세우고, 그 계획을 달성하기 위해 오늘을 인생의 마지막 날처럼 살아가라는 의미다. 미래의 관점에서 오늘을 보는 자세는 삶에 여유를 준다. 비록 오늘의 내가 실수를 하고 계획대로 살지 못했더라도 만회할 수 있는 기회가 생긴다. 또 먼 미래의 관점에서 현재를 바라보면 지금의 현실과 처지에서는 상상하기 어려운 꿈도 꿀 수 있다. 이제 우리는 적어도 100년의 관점에서 꿈을 꾸는 일이 가능해졌다. 특히 여성들은 남성들보다 약 7년여를 더 살게 되므로, 원대한 꿈을 꿀 수 있는 특권까지 부여받은 셈이다.

무엇보다도 의미 있는 인생을 살아가려면 삶의 궁극적인 방향을 결정해야 한다. 서울에서 출발한 뉴욕행 비행기는 어떤 경로로든 목적지인 뉴욕을 향해 간다. 기류에 따라 항로를 조금씩 벗어나기도 하고 경유지를 거치기도 하지만, 기장은 비행기의 목적지와 그곳에 도달하는 항로를 명확히 알고 나아간다.

이를 우리의 인생에 빗대어 생각해보자. 내가 기장이 되어 운항하는 '삶'이라는 비행기가 목적지를 모른다면 어떻게 될까? 혹은 목적지는 알지만 운항 계획표가 없다면? 목적지와 도달 방법을 모른 채 비행기가 공중에서 배회한다고 생각하면 끔찍하지 않은가? 비행기와 마찬가지로 우리의 인생도 목적지를 알아야 하고, 그 목적지를 향해 가는 방법과 계획을 마련해야 한다. 목적지를 안다는 것은 인생이 나에게 부여한 사명을 안다는 것이고, 그 사명을 찾아가는 길은 '나는 어떤 사람으로 기억되고 싶은가?'에 대한 답을 찾는 과정이다.

나는 30대 후반부터 인생 계획표를 세우기 시작했다. 이전까지는 바쁘게 사느라 계획표를 생각할 겨를이 없었다. 하지만 조금 더 내 삶의 방향을 명확하게 잡을 도구가 필요했고, 때마침 경영학의 대가 피터 드러커Peter Drucker의 방법론을 접하면서 내 인생에도 계획이라는 것이 생기기 시작했다.

그는 자신의 책 『프로페셔널의 조건』에서 프로페셔널이 되려면 '계획표'를 만드는 일이 중요하다고 강조했다. 그 스스로도 자신이 계획한 일을 수행한 뒤 피드백을 받고, 1년에 한 번씩 결과를 돌아보며 새로운 계획을 세운다고 말했다. 드러커는 세계적으로 위대한 경영자들의 존경을 한 몸에 받으며, 자신에게 주어진 재능을 죽을 때까지 다 활용한 인물로 손꼽힌다. 그런 그가 자신의 삶을 통해 던진 이 조언이 나에게 깊은 공명으로 다가왔다.

목표를 설정하기 위해 우선적으로 해야 할 일은 나의 역할을 개인적인 분야와 업무적인 분야로 나누어 정의하는 작업이다. 나의 경우 개인적인 분야는 엄마이자 아내, 6대 종손 맏며느리, 딸과 같이 가족 관계에서의 역할이 있었고, 업무적인 분야로는 전문가와 기업의 경영자가 있었다. 이렇게 역할을 나눈 뒤에는 내가 하고 싶은 일, 해야만 하는 일, 그리고 그 역할에서 나의 존재 이유를 적는다.

이때 중요한 점은 '100살부터 거꾸로 계획을 세워나가야 한다'는 것이다. 90살, 80살, 70살…… 이렇게 시간을 거꾸로 따져보며 원하는 모습을 상상하는 형식이다. 그러고 나서 그때마다 목표를 이루려면 지금부터 10년 안에 어떤 일을 해야 하는지 자세히 적는다. 이후 더 구체적으로 3년, 1년, 마지막으로 월별로 실행해야 할 구체적인 항목을 적고 성과를 측정할 수 있는 수치도 마련한다. 도움을 주고받아야 할 대상과 계획을 실행하는 데에 장애가 될 위험 요소 및 극복 방안도 세심하게 적어본다.

매년 여름 휴가철이 되면 나는 일주일 정도 시간을 내어 인생 계획표를 검토한다. 20여 년 전에 처음 만들었지만, 매년 피드백을 거치면서 수정되고 보완되었다. 지난 1년 동안 일어났던 외부적·내부적 환경 변화는 무엇이었으며, 그런 변화 속에서 내가 잘한 일과 잘못한 일은 무엇이었는지, 했어야 했지만 하지 못한 일은 무엇인지를 살펴본다. 또 개선해야 할 부분과 배워야 할 부분도 찾는다.

이렇게 계획을 세우다 보면 인생의 목표와 함께 단계마다 해야 할 일들의 방향이 명확하게 잡힌다. 삶의 끝을 생각하며 역으로 계획을 세우면 나의 사명과 비전이 분명해지고, 내가 진정으로 원하는 일이 무엇인지 알기가 수월해진다.

커리어 체인지는
숙명이다

나는 20여 년 동안 경력의 방향을 네 번이나 바꾸었다. 처음 미국에서 박사 과정을 마치고 국내 대기업의 연구원으로 일을 시작할 때만 해도 평생 연구원으로 살 줄 알았다. 그런데 예기치 않은 교통사고가 났고, 같은 회사에서 경영 관리 직군으로 경력을 전환할 수밖에 없었다. 그러다 또다시 글로벌 경영 컨설팅 회사에서 M&A를 담당하는 업무로 옮겨갔다. 갑작스럽게 계획에도 없던 창업까지 하면서 벤처회사의 최고경영자를 맡았고, 우연한 기회에 창업한 회사가 대기업과 합병되면서 대기업의 경영진으로 다시 한 번 경력이 바뀌었다.

앞으로 또 어떤 일이 벌어지고, 나의 경력은 어떤 방향으로 전환될까? 지금 분명히 말할 수 있는 점은 가까운 장래에 필히 그런 일이 생길 것이고, 나는 스스로 판단하기에 가장 적절한 변화를 다시금 꾀할 거라는 사실이다. 앞으로도 그렇게 20여 년을 더 직장과 업무 분야를 옮겨가며 일할 예정이다.

서양에서는 사람이 일생 동안 대여섯 번 정도 직장을 옮기는 일에 거부감이 없었다. 이에 반해 한국이나 일본을 비롯한 많은 아시아 국가에서는 한 직장에 오래 근무하는 것을 미덕으로 여겼다. 그러던 중 1997년 IMF 외환위기와 2008년 글로벌 금융위기를 거치면서 '더 이상 직장이 나를 보호해줄 수 없다'는 사실을 깨닫게 되었다. 많은 사람이 공무원이나 공기업과 같이 안정적인 직장을 선호하게 된 현상도 이때문이다.

하지만 나는 가까운 장래에 '안정적인 직장'이라는 개념이 사라질 것이라고 전망한다. 인간의 수명이 길어지면서 하나의 직장 혹은 한 가지 경력으로만 평생 일을 하기가 어려워졌다. 지금 안정적이라고 손꼽히는 업무 중 일부는 기술의 발전으로 인해 인공지능과 로봇으로 대체될 가능성이 높다. 전 세계적으로 경쟁이 격화되고 산업이 변하는 주기가 빨라져 민간 기업들의 수명도 점점 줄어들고 있다. 평균 수명 100세 시대에 우리는 부모의 품에서 학교에 다니거나 너무 늙어 일할 수 없을 때를 제외하고, 적어도 50년 동안은 일을 해야 한다. 이 기나긴 시간을 감안하면 직장을 옮기거나 업무 분야를 바꾸는 편이 오히려 더 자연스럽다. 심지어 다수의 경제 활동 인구가 아예 조직에 속하지 않고 혼자 일하는 프리랜서로 살아갈 확률이 높다.

이제 '커리어 체인지'는 피할 수 없는 숙명이다. 어차피 받아들여야 한다면 하루라도 빨리 수용하고 변화를 준비하는 쪽이 현명하다. 그렇다면 우리는 이러한 변화에 맞서 어떤 준비를 해야 할까?

아직 취업을 하지 않은 사람들에게는 중소 · 중견기업에라도 일단 취직을 하라고 조언하고 싶다. 대기업 입사나 공무원 시험에만 집착하며 수년을 공백으로 보내기보다는 일을 먼저 시작해보는 편이 미래를 설계하는 데에 도움이 된다. 게다가 이제는 대기업들도 신입 공채를 선호하지 않는 분위기다. 여러 대기업이 '커리어 체인지'가 일상화되는 시대에 발맞춰 신입 공채보다는 경력직 채용을 늘리는 방향으로 인사 정책을 펴고 있다. 우리 회사 역시 채용을 지속하고 있으나 점점 경력직의 비율이 늘어나고 있다. 만약 스스로 충분한 준비가 되었다면 '창업'을 해보는 것도 좋은 방편이다. 요새는 기술이 발달해서 창업 비용이 과거에 비해 대폭 줄어들었다.

직장인들에게는 '지금 하고 있는 업무에 최선을 다하라'고 당부하고 싶다. 경력을 개발하는 가장 좋은 방법은 현장에서 직접 배우며 실력을 쌓는 것이다. 그렇게 업계에서 자신의 입지를 다지다 보면 점차 인정을 받고 스카우트 제의도 들어온다. 커리어 체인지 시대에 맞게 직장인들도 사고방식을 바꿀 필요가 있다. 조직을 벗어나 창업에 도전한 사람들은 일손이 필요할 때 자연스럽게 함께 일해본 능력 있는 동료를 떠올린다. 물론 나도 마찬가지였다. 유능했던 동료를 내가 창업한 회사로 모셔오기 위해 삼고초려 했다. 만약 독립할 여건이 충분하지 않다면 회사에서 역량을 쌓은 뒤 사내 창업을 하거나, 다른 조직으로 이동해 새로운 도전을 할 수도 있다.

성별이나 직위를 불문하고 일하는 사람 모두가 절대 잊지 말아야 할 점은 '살아가는 동안 지적 성장을 멈추지 않겠다'는 자세다. 다행히 이제는 인터넷을 통해 저렴한 비용으로도 저명한 교수들의 강의를 들을 수 있다. 이동하는 틈틈이 학습할 수 있는 모바일 강의도 곳곳에 널렸고, 도서관이나 서점에 가면 평생 읽어도 다 못 볼 책들이 쌓여 있다. 시간이나 돈이 없어서 배울 기회가 부족하다는 말은 지금 시대에 더 이상 통하지 않는다.

준비되지 않은 자에게 커리어 체인지는 두려움의 대상이 될 것이다. 하지만 역량과 경력이 탄탄하게 준비된 사람에게는 오히려 자신을 성장시키고 더 큰 도전으로 이끌 반가운 기회가 될 것이다. 미래는 분명 지금껏 우리가 경험해본 적 없는 새로운 모습으로 다가오고 있다. 미래에 대비하기 위한 무기는 국가도, 사회도, 부모도, 직장도 아닌 오직 나 자신임을 기억하길 바란다.

발이 시려도
시선은 등대를 향하여

"지여인이라 문송합니다." 청년들과 함께한 어느 모임에서 들은 말이다. 뜻을 물어보니 '지방대 여자 인문계, 문과라서 죄송합니다'라고 했다. 10퍼센트가 넘는 높은 청년 실업률을 생각하면 왜 그런 말이 만들어졌는지 이해가 된다. 대학을 졸업하고도 일자리를 구하지 못하는 청년들, 그중에서도 특히 여학생들이 취업이라는 문턱 앞에서 좌절하고 있다. 왜 이런 상황이 벌어진 것일까?

사실 우리나라 청년들의 대학 진학률은 OECD 국가들 중에서도 매우 높은 편이다. 2000년대 초반만 해도 80퍼센트 이상이었다. 여학생의 진학률은 특히 더 높다. 2015년 자료에 따르면 여학생의 대학 진학률은 74.5퍼센트로 67.3퍼센트인 남학생을 크게 앞지른다.[18] 그런데 문제는 '인력 수급의 불균형'이다. 노동고용부와 한국고용정보원이 발표한 '2014~2024 대학 전공별 인력 수급 전망'에 따르면, 앞으로 10년간 필요한 일자리 수를 '초과'해 사회로 배출되는 대학 졸업자 수가 무려 72만 2000명에 달할 것이라고 한다.[19] 이는 향후 여학생들의 취업이 더욱 어려워질 것을 암시한다.

여학생들의 취업이 어려운 이유는 단지 그 수가 많기 때문만은 아니다. 여학생들의 전공 분야가 현재와 미래 사회가 필요로 하는 일자리와 거리가 있다는 점도 영향이 크다. 인문(10만 1000명), 사회(21만 7000명), 사범(12만 명) 계열 전공자는 필요한 일자리의 수를 초과해 배출되지만, 오히려 4년제 대학 '공학 계열' 전공자는 필요한 수보다 21만 5000명이 부족한 실정이다. 2014년 산업기술인력통계에서는 사물인터넷, 핀테크, 빅데이터 등 IT 비즈니스 관련 전공자와 반도체 소프트웨어 분야의 대졸 인력이 다른 전공 분야에 비해 가장 부족할 것이라고 전망했다.[20] 문제는 정작 일거리가 가장 많을 공학 계열 전공의 여학생이 17퍼센트에 불과하다는 점이다.[21]

제4차 산업혁명이 가까이 다가올수록 공학 계열의 일자리는 늘어나는데, 여학생들이 높은 비율로 졸업하고 있는 예체능, 의약, 인문·사회 분야의 일자리는 정체되거나 줄어들 가능성이 크다. 사정이 이렇다 보니 상대적으로 여학생들이 더 차가운 취업 현실 앞에서 절망을 겪고 있다. 게다가 공학을 전공한 여학생들조차도 상당수는 자신의 전공을 살려서 취업하지 않는다. 공학 계열 출신의 남학생들은 약 81퍼센트가 전공을 살려 해당 분야로 진출하는데, 여학생들의 비율은 67퍼센트에 그치고 있다.[22]

최근에 나는 여성부에서 주관하는 '청년여성멘토링 사업'에 멘토로 참여하면서 이런 암담한 현실을 알게 되었다. 나와 팀을 이룬 멘티들은 열 명의 여학생이었는데, 그중 여섯 명이 이공계 전공자였다. 그런데 멘티들이 쓴 희망 직업을 보니 아홉 명이 공무원이고 한 명이 경영 분야였다. 그 수를 받아들고 정말 깜짝 놀랐다. 그들에게 왜 공무원이 되고 싶은지를 물었다. 대답을 들어보니 우선 안정적이고, 남녀의 차별이 적으며, 출산과 육아에 대한 복지 혜택이 좋기 때문이라고 했다. 더불어 '금수저'를 물고 태어나지 못한 현실에서 '흙수저'로 큰 차별 없이 도전해볼 수 있는 유일한 분야라고 설명했다. 그 누구도 공무원의 본질적 임무인 '국민에 대한 봉사'에 자부심을 느끼기 때문이라고 대답하지 않았다. 물론 안정된 직장만을 추구하는 세태가 젊은이들만의 탓은 아니다. 미래가 불안하고 암담해서 그러는 것이리라 십분 이해한다.

1970~1980년대에 젊은 시절을 보냈던 지금의 50~60대는 1인당 국민 소득이 약 1000불대로, 약 3만 불대인 지금의 20~30대 청년들에 비해 물질적으로는 훨씬 더 가난한 삶을 살았다. 그럼에도 불구하고 연평균 8퍼센트 이상의 경제 성장률로 인해 '비록 지금은 가난하지만 열심히 노력하면 언젠가는 잘살 수 있다'는 긍정적인 기대가 있었다. 하지만 지금은 상황이 완전히 다르다. 10퍼센트가 넘는 청년 실업률과 높은 주거 비용, 그리고 저성장이 지속될 거라는 암담한 경제적 현실 때문에 젊은 세대들은 자신이 부모 세대보다 더 잘살 것이라고 기대하지 못한다.

이런 현상은 비단 한국만의 문제가 아니다. 맥킨지글로벌연구소에서 조사해 발표한 「같거나 낮아지는 선진국 소득」이라는 보고서에 따르면, 2008년 금융위기와 세계적인 고령화 현상, 그리고 극심한 저성장으로 인해 25개 선진국의 2014년 가구 소득이 9년 전인 2005년에 대비해 같거나 낮아졌다. 또 고령화가 진행되면서 소비가 둔화되었고, 양질의 일자리가 줄어들어 청년 실업률이 증가했다. 현재 인류는 지금껏 경험해보지 못한, 미래가 현재보다 더 암울한 세상에 진입하고 있다.

차가운 현실 속에서 우리가 선택할 수 있는 길은 딱 두 가지뿐이다. 하나는 천적이 다가오면 머리를 땅에 처박는 타조처럼 불안한 현실을 회피하는 것이고, 다른 하나는 냉정한 현실을 인정하고 그 현실 앞에 머리를 쳐들어 미래를 내다보고 한 발 한 발 앞으로 나아가는 것이다. 여기서 우리가 알아야 할 사실은 타조도 멍청해서 땅에 머리를 처박고 있는 게 아니라는 점이다. 본디 타조는 시각보다 청각이 발달한 동물이라 적의 움직임이나 상황 변화를 감지하기 위해 고개를 땅에 파묻는다. 타조조차도 상황을 인식하고 극복하기 위해 노력하는데, 하물며 우리는 인간으로서 작은 노력도 하지 않는다면 어떻게 될까? 발밑의 차가운 현실을 인정하되, 적극적이고 긍정적인 동기를 갖고 가용한 모든 자원을 다 동원해 상황을 극복하려는 의지를 지녀야 한다.

이런 마음가짐을 빗댄 말이 '스톡데일 패러독스Stockdale Paradox'다. 베트남 전쟁 당시 동료들과 포로로 수용되었던 미국의 장교 제임스 스톡데일James Stockdale의 이름에서 유래한 말이다. 당시 많은 포로는 크리스마스 전에 자신들이 석방될 것이라고 믿었다. 그러나 크리스마스가 지나도, 부활절과 추수감사절까지 지나도 석방 소식은 들려오지 않았다. 현실에 대한 명확한 인식과 대책 없이 상황만 바라봤던 포로들은 다음 해 크리스마스를 맞이하자 절망의 늪에 빠져 죽고 말았다. 그러나 냉혹한 현실을 인정하고, 문제 해결을 위해 대처하며, '무슨 일이 있어도 반드시 살아서 나간다'고 굳게 믿었던 포로들은 살아남았다. 미국의 경영 전문가 짐 콜린스James Collins도 그의 책『좋은 기업을 넘어 위대한 기업으로』에서 위대한 기업이 된 회사들은 공통적으로 '스톡데일 패러독스 DNA'를 갖고 있다고 말했다. 문제가 있을 때 현실을 직시하고 받아들여 정면 대응한 회사는 살아남은 반면, 준비 없이 막연하게 낙관만 한 회사는 결국 무너졌기 때문이다.[23]

지난해 봄 대학교 졸업식 시즌에 명문 사립 여대의 총장님과 이야기할 기회가 있었다. 그분은 취업이 안 된 졸업생들에게 어떤 축사를 들려줘야 할지 고민이라고 말했다. 나는 그분께 '스톡데일 패러독스'에 관한 이야기를 제안드렸다. 이제 막 사회로 나갈 학생들에게 '내일은 잘될 거야'라고 믿는 막연한 긍정보다, 발밑의 차가운 현실을 직시하고 고개를 들어 한 발 한 발 전진하라는 의미에서였다.

사실 나는 그 누구보다도 많은 실패를 겪었다. 운전면허 시험을 제외하고는 삶에 있어 중요한 시험 대부분을 두 번 이상 치렀다. 대학 입시도 호락호락하지 않았다. 시골에서 자식 다섯 명을 키우는 우리 집 형편상 나에게 재수란 사치였다. 그래서 입시 2차 전형에 속해 있던 대학을 골라 공대에 입학했다. 유학을 갈 땐 돈이 없었다. 장학금을 받아야 했기에 국비유학 시험을 봤지만 그마저도 떨어졌다. 유학을 포기하려 했지만, 그때 마침 대학교에서 유학 비용의 일부를 지원해주는 시험을 찾아냈고 학비의 일부를 마련할 수 있었다. 그래도 학비가 부족해 또 다른 방법을 찾아야 했다. 조사를 해보니 노스웨스턴 대학교 재료공학과는 학비가 전액 면제되고 생활비도 대준다는 사실을 알아냈다. 남편과 나 모두 지원을 했는데 남편은 즉시 허가를 받았으나 나는 또 떨어졌다.

이렇게 되니 오기가 생겼다. 대학이 나를 인정해주지 않아도 나는 나를 믿었다. 고민을 하다가 직접 대학을 설득하기로 나섰다. '그들은 미국에 있고 나는 한국에 있는데 어떻게 해야 하나?' 단순하고 무식한 방법이었지만 그들에게 직접 편지를 써 보내기로 했다.

'친애하는 입학 사정관님. 저는 귀 대학에 지원했다가 입학 거절을 통보받은 신미남이라고 합니다. 귀 대학에서 저의 입학을 거절한 데에는 그만한 이유가 있을 것이라 생각됩니다. 하지만 저에게 그 사유를 충분히 설명해주지 않았고, 저는 제가 왜 거절을 당했는지 이해하기가 어렵습니다. (…중략…) 귀 대학 같은 명문 대학에서 공부할 수 없다는 사실은 저에게 큰 불행일 뿐만 아니라 귀 대학 역시 큰 손실을 입을 것이며, 미래의 훌륭한 동문을 잃게 될 것이라 판단됩니다. 부디 저의 지원서를 다시 검토하여 입학을 허락해주길 기대합니다.'

그로부터 약 2개월 뒤, 거짓말처럼 입학 허가 통지서가 날아왔다. 남편과 함께 학교에 다닐 수 있음은 물론, 학비 전액 면제에 양쪽에서 생활비를 받게 되어 말 그대로 '돈 벌면서 유학을 하는' 행운을 누릴 수 있었다.

물론 그 후로도 실패는 계속되었다. 창업 이후 투자를 유치하면서도, 제품을 개발하면서도, 개발된 제품을 시장에 팔면서도 너무 많은 실패를 경험했다. 그러나 나는 실패를 실패로 받아들이기보다는 해결할 방법을 찾으려고 애썼다. 나 자신을 믿었기에 실패를 실패라고 인정하지 않았고, 성장을 위해 마땅히 치러야 하는 통과의례로 받아들였다.

때때로 삶이 고통스럽고 희망의 등불이 꺼져간다고 느껴질 때 나는 영화 「쇼생크 탈출」의 주인공 앤디 듀프레인을 떠올렸다. 앤디는 자신의 아내와 애인을 살해했다는 누명을 쓰고 쇼생크 교도소에 수감되었다. 누구든 절망할 만한 상황에서 그는 억울한 감정에 빠져 타인을 비난하거나, 언젠가 억울함이 풀리고 석방될 것이라는 막연한 기대를 품지 않았다. 자신이 교도소에 수감되었다는 냉혹한 현실을 인정하고, 작은 조각 망치로 매일 벽을 파내며 탈출을 꾀했다. 한 줌씩 파낸 흙을 바지춤에 숨겨 나와 아침이면 교도소 마당에 버리는 지난한 일을 반복하면서도 그는 지치지 않았다. 얼음장보다 차가운 현실 속에서도 희망의 등대를 바라본 앤디는 결국 탈출에 성공했다.

대한민국에서 큰 기업들과 경쟁하는 벤처기업을 경영하면서 셀 수 없이 무력함과 억울함을 느낄 때마다 나는 『사기』를 쓴 사마천을 떠올렸다. 사마천은 한무제漢武帝에게 충언을 하다가 궁형宮刑(남녀의 생식기에 가하는 형벌로 남성은 생식기를 제거하고, 여성은 질을 폐쇄하여 자손 생산을 불가능하게 하는 형벌)을 받았다. 궁형으로부터 벗어나는 길은 돈 50만 냥을 내는 것밖에 없었다. 돈이 없었던 사마천은 치욕을 감당하기 어려워 자살을 생각하기도 했다. 그러나 당시 궁중 사관이었던 아버지의 유언에 따라 『사기』를 집필하고 있었던 사마천은 아직 완성되지 못한 역사서를 끝내야 한다는 높은 자존감으로 궁형을 선택했다. 궁형을 받고 죽음보다도 더한 수치스러운 삶 속에서도 사마천은 혼신의 힘을 다해 총 130편이나 되는 대작을 완성했다. 사마천은 자신을 믿었기에 억울함 앞에 좌절하지 않았고, 고개를 들어 자신의 등대였던 역사서 집필에 몰두했다. 결국 그는 중국 사서의 대명사라 불리는 『사기』를 완성하여 후세에 길이 빛날 위대한 발자취를 남겼다.

또 끝도 없이 거절을 당할 때면 영업의 달인으로 불리는 선배의 말을 가슴에 떠올렸다. "영업이 언제 시작되는지 아니? 고객이 거절한 바로 그 순간이야. 거절한 고객에게 결국 물건을 팔았을 때 그 희열을 생각하는 거지. 거절당하면 내가 이기나 네가 이기나 한번 해보자는 오기가 생기잖아? 그 오기가 없으면 절대로 영업 못해."

대기업의 경영자가 된 지금도 여러 가지 어려움을 느낄 때가 있다. 그럼에도 "고통은 성장의 법칙이요, 우리의 인격은 이 세계의 폭풍우와 긴장 속에서 만들어지는 것이다"라는 테레사Teresa 수녀의 말을 기억하며 밝은 등대를 바라보고 있다. 우리 여성들도 취업이라는 냉혹한 현실과 커리어 성장을 가로막는 장애물 앞에 고개를 처박기보다는, 고개를 들어 밝은 등대를 바라보기를 바란다.

제 4 장

전문가

여자이기 이전에
전문가임을 기억하라

자기 분야에서 최고가 되겠다는 단단한 의지가 있는가? 일의 세계에서는 남자도 여자도 아닌 오직 '전문가'만이 존재할 뿐이다. 전문가는 꾸준한 시간과 강력한 몰입이 합쳐질 때 비로소 탄생하고 성장한다.

'여자라서 안 된다'는 한계에 자신을 가두지 말고, 막연한 두려움에 빠져 움츠러들지도 말고, 오직 '탁월한 전문성'만을 향해 전진하길 바란다. 그 과정에서 만나는 숱한 장애물들을 멋지게 뛰어넘기 위해 우리 여자들은 더욱 독해져야 한다. 변화하는 세상에서 나의 성장을 위해 시간과 노력을 쏟는 일이야말로 여자가 미래를 대비하는 가장 안정적이고 확실한 투자다.

"살아가는 동안
완벽은 언제나 나를 피해갈 것이다.
그렇지만 나는 또한
언제나 완벽하리라 다짐한다."

- 경영학자 피터 드러커Peter Drucker

자기 분야에서
최고가 된다는 것

        먼 옛날 중국에 소를 잡아 뼈와 살을 발라내는 솜씨가 아주 뛰어났던 '포정庖丁'이라는 이름의 요리사가 있었다. 하루는 그가 문혜군文惠君을 위해 소를 잡고 있었다. 포정이 칼을 휘두르며 소를 잡는 모습이 노랫소리처럼 음률에 딱 들어맞자 문혜군이 감탄하며 그에게 물었다. "정말 대단하구나. 어떻게 이런 경지에까지 오를 수 있었느냐?" 그러자 포정이 대답했다. "저는 손끝의 재주가 아닌 오직 도道를 통해 뼈와 살을 가릅니다. 처음 소를 잡을 때는 소만 보여 손을 댈 수 없었으나, 3년이 지나자 어느새 소의 모습이 사라졌습니다. 지금은 정신으로만 소를 대할 뿐 눈으로 보지는 않습니다." 『장자莊子』의 「양생주養生主」편에 나오는 포정 이야기다. 어느 분야에서 달인의 경지에 이르러 신기에 가까운 솜씨를 발휘할 때 이를 일컬어 '포정해우庖丁解牛'라고 한다.[24]

전문가란 포정과 같이 '자신의 분야에서 뛰어난 전문성을 발휘하여 주변으로부터 인정을 받는 사람'을 뜻한다. 자신이 가진 기술을 통해 가치를 창출하고, 그 가치에 대한 경제적 대가를 받는 것이다. 전문가를 다른 말로 '프로'라 부르고, 비전문가를 '아마추어'라고 부른다. 프로와 아마추어의 차이는 무엇일까? 아마추어는 돈을 내고 자신이 좋아하는 일을 한다. 동호회나 취미 활동 혹은 학교에 다니는 것은 아마추어의 일이다. 아마추어는 결과보다 과정을 중시하기 때문에 경제적 대가를 받지 못한다. 반면 프로는 돈을 받으면서 잘하는 일을 한다. 이는 곧 '직업'을 의미한다. 돈을 받고 일하면 그 돈이 많든 적든 프로의 세계에 발을 들여놓은 셈이다. 따라서 직장에 다니는 우리는 모두가 프로이며, 자신의 시장 가치나 몸값만큼 급여를 받는다. 프로는 '얼마나 열심히' 일을 했는지보다 '어떤 결과'를 냈는지가 더 중요하다. 한마디로 '결과에 책임을 지는 사람'이다.

전문가가 가져야 할 가장 중요한 자세는 자기 분야에서 '탁월함'을 발휘해 성과를 내는 것이다. 이를 위해 우선은 '시간'을 투자해야 한다. 그것도 일정 기간 꾸준히, 집중적으로 쏟아부어야 한다. 사실 같은 시간을 투자한다고 해서 누구나 같은 결과를 창출하지는 않는다. 내가 경험한 바로는 '우선순위'를 세우고 일을 하는 편이 시간을 효율적으로 사용하는 가장 좋은 방법이다. 목표지향적으로 실행에 집중하되, 결과 위주로 우선순위를 세우는 것 말이다.

예를 들어 조직은 항상 해당 년도의 목표가 있고, 세부적으로 반기와 분기 목표가 설정된다. 그에 따라 부서, 팀 그리고 개인의 목표가 부여

된다. 개인은 그 목표에 따라 업무의 우선순위를 세우면 된다. 꼭 조직에서 일하지 않더라도 스스로의 달성 목표를 세우는 편이 좋다. 목표를 설정하지 않으면 내가 창출해야 하는 결과의 기대 수준을 정하기 어려울 뿐만 아니라, 내가 왜 이 일을 해야 하는지도 납득하기 어렵다. 그러면 자연스럽게 일에 대한 동기부여도 떨어져 수동적인 자세가 될 수밖에 없다.

내가 지켜본 바에 따르면 일반적으로 성과가 좋지 못한 직원들은 자신들이 '일을 열심히 한다'고 생각하는 경향이 있다. 그들은 아침에 출근해서 퇴근 시간까지 업무 현장에 있었으면 '일을 했다'고 생각한다. 더구나 상사가 시키는 일을 정신없이 하다 보면 하루가 금세 갔다고 느낀다. 그런 자세로 일을 하니 성과가 나오지 않는다. 성과가 없으니 점점 일이 지겨워지고, 조직이 싫어지며, 자신의 역량에 대한 믿음도 옅어진다.

매일 우선순위를 세워 일하는 자세가 젊은 시절에는 별것 아닌 것처럼 보이지만, 세월이 흐르면 흐를수록 얼마나 중요한지를 뼈저리게 깨닫게 된다. 나도 20~30대 시절에는 잘 몰랐다. 그러다가 40대가 되어서야 비로소 효율적으로 시간을 쓰는 일이 얼마나 중요한지를 깨달았다. 나이만 먹는다고 해서 누구나 전문가로 성장하지는 않는다. 전문가로서의 탁월함은 스스로 노력하지 않으면 저절로 얻어지지 않는다. 그 후로 나는 업무 목표에 더하여 개인적인 성장과 일상의 행복을 얻기 위해서도 다방면으로 우선순위를 세운다. 언제나 완벽할 수는 없지만, 그래도 점점 더 성장하는 삶을 살아가는 가능성만큼은 높아짐을 느낀다.

목표에 따라 우선순위를 세운다고 해도 제대로 실행하지 않으면 아무런 소용이 없다. 성과가 좋지 못한 대부분의 직원들은 목표가 주어지면 그 목표를 달성하기 위해 그저 열심히 일을 한다. 그러나 더 효율적으로 일하는 직원들은 열심히 하기에 앞서 자신이 부여받은 업무를 분석한다.

'나는 왜 이 일을 하는가?'

'이 일을 통해 창출해야 할 가치는 무엇인가?'

'가장 효과적으로 성과를 내기 위해 어떤 일에 집중해야 하는가?'

이런 질문을 스스로에게 던지고, 주어진 일정 안에서 실행 계획을 세운다. 자신이 일하고 있는 상황을 스스로 주도하지 못한 채 매번 긴박한 일들을 처리하느라 급급하다면, 그저 정해진 시간만 때우고 월급날이나 휴일만 기다리는 사람이 되고 말 것이다.

실행의 중요성은 아무리 강조해도 지나치지 않는다. 스티브 잡스는 자신이 창업한 회사로부터 해고를 당했다가, 망해가는 회사를 살리기 위해 다시 복귀하면서 이런 말을 남겼다.

"이전 경영진은 멋진 아이디어가 좋은 제품을 만들 것이라고 믿는 심각한 질병에 걸려 있었습니다. 좋은 제품이란 멋진 아이디어에서 나오는 것이 아닙니다. 처음 생각한 아이디어를 수천 번 고치고 가다듬어가는 실행을 통해 탄생합니다. 그래서 결과는 처음과 크게 다릅니다."

빛나는 아이디어가 있어도 실행하지 않는다면 그저 좋았던 의도에 지나지 않는 법이다.

한 가지 다행인 점은 목표 달성을 위한 실행 능력이 타고나는 재주가 아니라는 사실이다. 누구든 줄넘기를 배우고 구구단을 외우는 것처럼 실행 능력도 습관으로 익힐 수 있다. 다만 지겨울 만큼 반복해야 가능한데, 반복을 지속하는 힘은 '내가 우리 조직에 공헌해야 할 일은 무엇인가?'라는 질문에서 나온다. 조직이나 상사가 나에게 무엇을 해줄 것인가를 묻기에 앞서 '어떻게 하면 성과를 내서 조직에 공헌할까'를 생각해야 한다. 이러한 질문들은 일상에서도 삶을 주도할 수 있게 만들어줄 뿐 아니라, 월급을 받는 노예가 아닌 그 이상의 가치를 지닌 전문가로 살아가도록 도와준다.

실제로 직원들을 살펴보면, 팀을 위해 공헌하고 자신에게 주어진 일을 기꺼이 감당하는 사람이 조금 더 똑똑하고 이기적인 사람보다 훨씬 더 크게 성장한다. 그런 사람은 눈빛과 언어와 행동만 봐도 알 수 있다. 그래서 조직에서는 바쁜 사람에게 일이 몰리는 현상이 발생한다. 그러는 동안 그 사람은 역량 있는 인재로 성장한다. 반면 자신의 이익만을 앞세운 사람은 주변에서도 금방 알아차려 점차 찾는 사람이 줄어든다.

목표와 실행을 바탕에 두고 우선순위를 정해도 전문가라면 항상 결과지향적인 마인드를 갖춰야 한다. 특히 여성들은 더더욱 이 점을 명심해야 한다. 일반적으로 남성들이 결과지향적 업무 태도를 취하는 데 반해, 여성들은 일을 하는 동안 어떤 경로를 거쳤고 누구와 일했으며 그 과정에서 본인이 얼마나 노력했는지를 강조하는 과정지향적·관계지향적 업무 태도를 보인다. 이는 아마추어의 특성이다. 또 과정을 열심히 했다고 생각하다 보니 결과가 좋지 않았을 때 그 결과에 대해 책임을 진다는 의식이 부족하다. 그렇게 되면 누군가가 슈퍼맨처럼 나타나

도와주기를 기대하거나, 자기 잘못은 없다며 책임을 주변 탓으로 돌리게 된다.

더불어 여성들은 회사에서도 가정에서도 요구되는 책임이 많기 때문에 우선순위를 매기며 살아가기가 쉽지 않다. 그러나 나는 우리 여자들이 이런 상황을 능히 감당할 만큼 강하다고 생각한다. 여성 스스로가 결심하기만 하면 말이다. 우리가 누구던가? 올림픽에서도 양궁, 사격, 태권도, 골프 등의 종목에서 금메달을 석권하는 사람들이 온통 여자가 아니던가? 하느님은 세상을 창조할 때 흙을 빚어 남자를 만들었고, 남자의 갈비뼈를 뽑아 여자를 만들었다고 한다. 그렇다면 남자는 '토기'인 반면, 여자는 태생부터 '본차이나Bone china'가 아닌가? 여자는 남자와 원소재 자체가 다르다. 그러니 여자가 더 강할 수밖에 없다.

여성으로서 전문가의 세계에 들어가 일을 하다 보면 때때로 억울한 일을 겪는 경우도 있다. 그러나 전문가로 살겠다고 결심한 이상, 과정에서 억울한 일을 당했더라도 그것을 감정적으로 받아들여서는 안 된다. "여자는 억울한 일을 겪을수록 더 강해집니다. 그럴수록 포기하지 않고 전문가로 우뚝 서서 세상에 공헌하겠다는 의지가 강해지거든요." 나는 우리 여성들이 부당한 세상 앞에서 이렇게 외치는 날이 머지않아 올 거라고 확신한다.

전문가로 서는 순간,
편견에서 자유로워진다

　　　　　　　　　대학교에서 CEO 강연을 할 때마다 나는 학생들에게 이렇게 질문한다. "회사에서 여성 직원을 좋아하겠습니까? 남성 직원을 좋아하겠습니까?" 학생들은 남녀를 불문하고 모두 '남성 직원'이라고 대답한다. 그러면 나는 그들의 답을 고쳐준다. "틀렸습니다. 회사는 '일 잘하는 직원'을 좋아합니다."

　업무에서 가장 중요한 것은 성과다. 남자라고 해서 일 잘하라는 법도 없고, 여자라고 해서 일 못하라는 법도 없다. 하지만 여전히 많은 여성이 자신이 맡은 직무에서 스스로를 '전문가'라고 인식하기에 앞서 '여자'임을 생각한다. 그러다 보니 가정생활에 충실해야 한다는 이유로 직장을 떠나는 선택을 한다. 또 여성이라는 이유로 일터에서 편의를 기대하기도 한다.

　나는 미국에서 박사 과정을 밟으며 직접 실험 장비를 만들었다. 그 장비는 꽤 크고 무거워서 움직이거나 조작하는 일이 육체적으로 쉽지 않았다. 장비를 설치하던 첫날, 남자인 지도교수가 당연히 도와줄 거라고 기대했다. 한국에서 만난 석사 과정 시절의 지도교수는 무거운 물건을 들어야 할 때마다 남학생들을 불러주었고, 시부모님을 모시고 사는 나를 배려해 늦은 시간에는 우선적으로 귀가시켜주는 편의를 봐줬기 때문이었다. 그런데 미국의 지도교수는 도움을 요청하는 나에게 "그건 네가 할 일이야"라고 말할 뿐 도와줄 생각을 전혀 하지 않았다. 그의 눈에 나는 '여자'가 아니라 단지 일하는 '연구원 중 한 명'일 뿐이었다.

그날의 깨달음 이후, 나는 일터에서 내가 여자라고 생각하지 않기 위해 노력했다. 여자가 일터에서 전문가로 성장하려면 먼저 '자기가 여자라는 사실' 그 자체를 잊어버려야 한다. 일터에서는 남자도 여자도 아닌 오직 '전문가'만이 존재한다. 그래서 여성 직원들에게도 "자신이 여자라는 사실보다 전문가임을 기억하라"고 조언한다.

결혼 후 아이를 낳고 일하는 여성일수록 '여자'와 '엄마'라는 굴레에서 벗어나기가 쉽지 않다. 특히 아픈 아이를 두고 멀리 출장을 가야 할 때에는 극복하기 힘든 자책감까지 들기도 한다. 하지만 나는 자책감을 참아내고서라도 꼭 출장을 가야 한다고 생각한다. 내가 여자라는 이유로 혹은 엄마이기 때문에 회사가 내 급여 지급을 미룬다면 어떻겠는가? 그런데 왜 나는 엄마라는 이유로 업무상 반드시 가야 하는 출장을 미루거나 다른 사람에게 떠넘길 생각을 하는가? 출장을 포기한다고 해서 아픈 아이가 바로 낫는 것도 아니고, 출장을 간다고 해서 아이가 더디게 회복되는 것도 아니다. 미룰 수 없는 출장이라면 두 눈 딱 감고 다녀와야 한다. 오히려 출장에서 성과를 내고 돌아오는 편이 아이에게 덜 미안한 길이다.

일반적으로 여성들은 여자에 대한 편견으로 인해 직장에서 제대로 대우받지 못한다고 생각한다. 일하는 여성 전체의 평균을 따져보면 물론 맞는 말이다. 우리나라는 OECD 국가들 가운데 남녀의 임금 격차가 가장 큰 나라에 속하고, 여성 경영자나 관리자도 턱없이 부족하다. 하지만 남녀의 처우 격차나 경력 단절 등의 문제를 생각하기에 앞서 '우리 스스로 해결할 수 있는 문제'가 무엇인지에 집중해야 한다. 즉 '왜 여자에 대한 편견이 생겨났을까?'라고 질문해보아야 한다. 어떻게 하면 그런 편견을 없앨 수 있는지를 고민하는 편이 훨씬 더 현명하다. 현재의 상황을 불평만 한다면 한 발자국도 나아갈 수 없다. 편견의 원인을 찾아 하나씩 고쳐나가는 것만이 여성에 대한 차별적 처우를 궁극적으로 제거할 수 있는 길이다.

최근 어느 발전사 임원분과 이야기할 기회가 있었다. 그분은 회사에서 직원들이 성장하기 위해 일정 기간 지방에 위치한 발전소에서 현장 근무를 하는 편이 좋다고 말했다. 그래야 사업 전체를 이해할 수 있고, 업무 효율도 높이며, 성과를 낼 여건이 갖춰지기 때문이었다. 그 회사의 남성 직원들은 입사 후 필수적으로 지방 발전소에서 일해야 했지만, 여성 직원들에게는 선택의 기회가 주어졌다. 그 임원은 "여성도 자신의 경력 개발을 위해 잠시라도 다녀오면 좋을 텐데 지원자가 없어 안타깝다"고 말했다.

더구나 그 회사는 지방 파견뿐만 아니라 당직 제도에 있어서도 남녀에 차이를 두고 있었다. 남성 직원들에게는 당직이 의무 사항이었지만, 여성 직원들에게는 역시나 선택 사항이었다. 그런데 그는 어느 날 갑자기 여성 직원 중 일부가 스스로 당직을 서겠다고 해 깜짝 놀랐다고 했다. 알고 보니 시댁에 가지 않으려고 명절 때만 한시적으로 당직을 서겠다고 자원한 것이었다. 처음에 나는 이런 이야기를 듣고 매우 특수한 경우인 줄 알았다. 하지만 언론에서도 종종 비슷한 사례가 보도되는 것을 보니 웃어넘길 문제가 아니라고 생각했다.

재차 말하지만, 일터에서 필요한 인재는 남자도 아니고 여자도 아니다. 조직이 원하는 성과를 내고, 조직의 발전에 공헌할 수 있는 '전문가'다. 의무를 다하면 굳이 주장하지 않아도 권리가 뒤따라온다. 자신의 직무에 책임을 지며 성과가 탁월한 직원을 여자라고 해서 내치는 멍청한 기관은 그 어디에도 없다.

무엇보다도 우리 여성들은 오늘 우리가 하는 행동 하나하나가 자신뿐만 아니라 사랑하는 딸, 나아가 수많은 후배에게 영향을 미친다는 사실을 명심해야 한다. 우리의 행동이 사회적 편견을 더 단단하게 만들어 그들을 가로막는 벽이 될 수도 있고, 반대로 조금 더 나은 환경에서 일할 수 있게 도와주는 디딤돌이 될 수도 있다. 과거에는 일하는 여성이 많지 않아서 오늘날 여성들이 각종 편견에 시달리며 고통받고 있는 것이라 생각된다. 하지만 미래는 다르다. 우리는 지금 이 자리에서 미래의 여성들이 편견 없는 세상에서 일할 수 있도록 바람직한 행동을 쌓아나가야 한다.

영혼의 스승,
롤모델을 품어라

전문가로서 성과를 내기 위해 가장 먼저 파악해야 할 것은 '자신의 강점'이다. 그러나 이를 알아차리기란 결코 쉽지 않다. 언젠가 국내 명문 대학교 학생 네 명이 청년녹색성장위원 자격으로 대통령 직속 녹색성장위원회의 위원인 나를 인터뷰하러 온 적이 있었다. 인터뷰가 끝나자 학생들은 자신의 진로에 관해 질문을 했다. 나는 먼저 그들이 좋아하는 분야와 꿈에 대해 물었다. 그랬더니 그 누구도 명쾌하게 대답을 하지 못했다. 그럼 왜 그 전공을 공부하느냐고 물었더니, 엄마와 선생님이 결정해주었다고 했다. 이런 현상은 비단 이 학생들만의 문제가 아닐 것이다. 우리나라에서는 대학의 전공을 결정할 때 자기 적성이 무엇인지 깊이 고민하기보다는 오히려 시험 성적이나 학교 이름에 따라 좌우되는 일이 더 많다. 오래전 대학에 입학했던 나 자신도 예외가 아니었다.

나는 대학 입시에서 낙방했다. 내 인생에서 겪은 최초의 큰 실패였다. 게다가 그것은 나만의 실패가 아니었다. 내 부모님의 실패를 의미하기도 했다. 나는 그다지 머리가 좋은 편도 아니었고 공부를 깊이 좋아하지도 않았지만, 그럼에도 열심히는 했다. 시골에서 손발톱이 다 상할 만큼 고생스럽게 농사를 지어 자식들을 서울에 보내주신 부모님, 특히 어머니가 불쌍해서였다. 서울에서 형제들과 지내는 동안 열등감이 마음속에 차오를수록 '왜 어머니와 떨어져 이렇게 살아야 하나?'를 생각했고, 답은 언제나 '공부하기 위해서'였다. 그래서 공부를 했고 성적도 나쁘지 않았다.

그러나 당시의 나는 내가 무엇을 잘하는지, 무엇을 좋아하며 어떤 사람이 되어야 하는지를 몰랐다. 그냥 무조건 공부를 잘해서 대학에 들어가면 된다고 생각했다. 선생님은 나에게 국내 최고의 의과대학에 합격해 모교의 명예를 빛내달라고 하셨다. 나는 내 인생의 중요한 결정을 선생님에게 맡겼다. 그러고는 보기 좋게 떨어졌다.

학교에서는 재수를 권했지만 집안의 반대가 심했다. 고향에서는 '계집애까지 서울에다 올려 보내더니 꼴좋다'는 소문이 돌기도 했다. 더구나 아래로 동생이 많은 우리 집에서 재수는 분에 넘치는 사치였다. 그 시절에는 1차 대학 입시가 끝나면 2차 기회가 있었고, 나는 내 적성과 관계없이 2차에서 제일 좋다는 공과대학에 입학했다.

진짜 문제는 이때부터였다. 나는 공학이 무엇인지도 몰랐고 관심도 없었다. 학교를 그만둘까 생각하던 와중에 군사 정권이 들어서면서 교정에 데모와 최루탄이 난무해졌고, 곧이어 휴교에 돌입했다. 휴교 기간 동안 많은 고민을 거듭한 끝에, 나는 그냥 공학을 받아들이기로 마음먹었다. 좋든 싫든 공학도가 되어야 했다. 그러나 시간이 지나도 가슴으로까지 받아들이기는 쉽지 않았다. 실패를 진정으로 받아들이고 나를 다시 일으켜 세울 무언가가 필요했다. 그때부터 나는 전공이 싫어 얼어버린 내 가슴에 불씨를 지펴줄 위대한 영혼을 찾기 시작했다. 그리고 운명처럼 마리 퀴리Marie Curie가 내 앞에 나타났다.

나는 그녀의 전기를 거의 외울 정도로 반복해 읽으며 내가 공학을 공부해야 할 이유를 찾았는데, 그 과정에서 마리의 인간적인 면모에 완전히 빠져버렸다. 우리가 일반적으로 알고 있는 마리 퀴리는 라듐을 발견해 노벨상을 탄 여성 과학자다. 전문가로서 자신이 처한 어려움에 짓밟히지 않고, 생의 마지막 순간까지 자신의 소명을 충실하게 이행했던 사람이다. 그러나 내가 그녀를 진심으로 사랑했던 이유는 전문성 때문만은 아니었다. 내가 사랑한 마리 퀴리는 자신만큼이나 전문성이 뛰어났던 남편을 진심으로 사랑했고, 남편이 죽은 뒤에도 꿋꿋하게 자신의 삶을 살아내며 두 딸을 양육했던 멋진 엄마였다. 무엇보다도 여성의 사회 진출이 매우 어려웠던 시기에 불평을 늘어놓는 대신, 더 탁월한 성과를 내며 세계적으로 여성의 위상을 드높였다.

마리가 태어날 당시 폴란드는 러시아의 지배를 받았고, 그녀는 그런 조국을 무척이나 사랑한 애국자였다. 자신이 발견한 원소도 조국의 이름을 따 '폴로늄Polonium'이라고 지을 정도였다. 여성으로서는 매우 드물게 프랑스 파리로 유학을 가 물리학을 전공했던 그녀는 지독한 가난 속에서도 의지를 짓밟히지 않으며 전문성을 키워나갔다. 그녀는 사랑에 있어서도 남달랐다. 남편에게 의지하기보다는 남편과 함께하고 싶어 결혼을 했다. 비슷한 전공을 공부하던 청년 피에르 퀴리Pierre Curie를 만나 라듐을 발견하며 노벨 물리학상을 수상하기도 했다.

두 딸을 낳아 키우며 남편과 연구에 전념하던 어느 날, 갑작스러운 마차 사고로 남편 피에르가 사망하고 말았다. 그 사고로 인해 마리는 남편을 잃어버렸을 뿐만 아니라 동시에 세상에서 가장 믿음직한 동료를 잃어버렸다. 그때 혼자가 된 그녀와 딸들을 돌보아준 사람은 다름 아닌 시아버지였다. 그녀는 시댁과의 관계에 있어서도 사랑과 존경이 무척 깊었다.

이후 소르본 대학에서는 피에르가 하던 강의를 마리가 이어서 해주기를 부탁했다. 그렇게 그녀는 소르본 대학 설립 이래 최초의 여성 교수가 되어 강의를 시작했다. "과학은 칼과 같습니다. 우리가 과학을 어떻게 사용하는가에 따라 그것은 우리 인류에게 축복이 될 수도 있고, 재앙이 될 수도 있습니다." 남편의 노벨상 수상 소감으로 시작된 첫 강의에서 수강생들은 소리를 죽이며 흐느꼈다.

남편의 사망 후에도 그녀는 혼자서 방사능에 대한 연구를 이어갔고, 다시 한 번 노벨 화학상을 수상했다. 제1차 세계대전이 일어났을 때에는 다른 사람들처럼 피난길에 오르는 대신, 두 딸과 함께 트럭을 개조하여 부상자들을 치료하기 위한 투사기를 보급하는 데 노력했고, 적과 아군에 관계없이 수많은 목숨을 구하는 일에 앞장섰다. 마리는 알버트 아인슈타인Albert Einstein을 비롯한 여러 과학자와의 교류를 통해 과학의 발전에도 크게 공헌한 세계 과학계의 지도자였으며, 인류를 진정으로 사랑한 박애주의자였다. 평생 일하는 엄마로서 자신의 인생을 철저히 살아냈고, 자식을 위해 삶을 희생하지도 않았다. 그럼에도 그녀의 딸은 자신의 남편과 함께 어머니가 하던 연구를 이어받아 또 한 번 노벨 화학상을 수상했다.

대학 생활 내내 마리 퀴리는 나의 영웅이었다. 졸업할 때가 되면 으레 진로를 고민하지만, 나는 그녀 덕분에 고민이 없었다. 마리처럼 비슷한 전공을 공부한 남편을 만났고, 공학이 적성에 맞는지 아닌지 깊이 생각할 필요도 없이 유학을 준비하기 시작했다. 마리 역시 조국 폴란드를 떠나 파리로 유학을 갔으니 말이다. 미래의 모습을 마리로 정해버린 나로서는 미국으로 유학을 간다는 사실이 고민할 여지도 아니었다. 물론 돈도 문제가 되지 않았다. 마리 역시 열악한 환경 속에서 학문에 열중하지 않았던가?

젊은 날 내가 사랑했던 롤모델 마리 퀴리는 단순히 실패에 방황하던 나를 일으켜준 존재만은 아니었다. 나는 그녀가 지닌 민족과 인류를 향한 '박애정신'을 존경했다. 검소한 삶과 자기 분야에 몰입할 수 있는 단단한 영혼을 사랑했다. 그녀의 삶을 통해 내가 가장 크게 배운 점은 세상을 놀라게 할 여성 전문가로 살아가면서도 일과 사생활의 완벽한 균형까지 이룰 수 있다는 것이었다. 그녀는 남편에게는 위대한 동반자였고, 딸들에게는 자애로운 어머니였으며, 친정에는 자랑스러운 딸이었고, 시댁에는 삶을 함께한 좋은 며느리였다. 남편이 세상을 떠나도 꿋꿋하게 딸들을 키워냈고 그 이후로도 죽는 순간까지 탁월한 전문성을 발휘했던 마리는 그야말로 '독립적인 인간'이었다. 그녀를 본받아 나 역시 남편을 인생의 동반자로 바라보고 의존하지 않겠다고 다짐했다. 마음먹기에 따라 여자도 일과 가정을 충분히 병행할 수 있다는 점도 깨달았다. 무엇보다도 여자가 사회에 진출함에 있어 아무리 벽이 높고 장애물이 크다고 해도 전문가의 길로 들어서는 데에 결코 방해가 되지 않음을 가슴 깊이 새겼다.

좋아하는 일과
잘하는 일 사이에서

"좋아하는 일을 해야 하나요? 잘하는 일을 해야 하나요?"

내가 참여하는 여학생 멘토링 프로그램에서 한 학생이 손을 들어 이렇게 질문했다. 아마 많은 청년이 공감하는 질문일 것이다. 이론적으로는 회사 같은 조직에서 일을 하거나 프리랜서로 일을 하려면 잘하는 일을 택하고, 1인 기업을 하려면 좋아하는 일을 하는 편이 낫다. 회사는 교육 기관이 아니기 때문에 빠른 성과를 기대한다. 프리랜서 역시 즉각적인 결과를 만들어내야 한다. 따라서 자신이 잘할 수 있는 분야에서 일을 하는 편이 유리하다. 반면 1인 기업은 혼자서 오랫동안 일해야 하므로 자신이 그 일을 좋아하지 않는다면 지속하기가 힘들다.

그러나 현실에서는 잘하는 일과 좋아하는 일 사이의 경계가 불분명하다. 좋아하지 않는 일이라도 오랜 시간 하다 보면 능숙해지고, 애초에 자신이 좋아하는 일이 무엇인지 혹은 잘하는 분야가 무엇인지 모르는 경우도 많다. 행여나 좋아하는 일이 분명하다고 해도 그 활동을 통해 경제적 효용을 창출하지 못한다면 이는 취미나 자원봉사이지 '직업'이라고 할 수 없다.

언젠가 '좋아하는 일을 하라'는 주제의 강연을 들은 적이 있다. 강연자는 좋아하는 일을 10년쯤 하다 보면 그 분야에서 전문가로 이름을 알릴 수 있고, 만약 그렇지 않다고 해도 좋아하는 일을 했으니 행복한 삶을 살 수 있다고 말했다.

하지만 내 생각은 조금 다르다. 성인이 된 우리는 경제적인 부분을 생각하지 않을 수 없다. 언제까지나 부모의 도움을 받을 수 없고, 가족을 부양해야 하는 의무도 생겨난다. 경제적인 고민이 없는 사람이라면 좋아하는 일을 부담 없이 할 수 있겠지만, 우리 대부분은 그렇지 않다. 좋아하는 일을 하느라 자신이 책임져야 할 일들을 내팽개친 채 주변 사람들에게 피해를 주어서는 안 된다.

나는 우리가 일을 한다는 것에 대해 조금 더 현실적으로 생각해야 한다고 본다. 좋아하는 분야가 무엇인지 처음부터 알지 못해도 괜찮고, 경제적인 상황 때문에 도무지 버틸 자신이 없는 일을 지속하지 않아도 괜찮다. 사실 좋아하는 일과 잘하는 일 모두 '발견'을 해야만 알 수 있다. 일단 일을 시작하고 여러 분야를 경험해보면서 무엇이 나에게 잘맞는지, 어떤 일을 할 때 행복한지를 발견해야 한다. 특히 요즘처럼 취업이 어려운 때에는 우선 일을 시작하는 게 중요하다. 실제로 부딪쳐봐야 내가 진짜로 원하는 일을 알 수 있다. 이것이 바로 현실적인 길이다.

나 역시 내 일에 대해 상당히 오랜 시간 고민을 거듭했다. 미국에서 박사 과정 연구를 하면서도 수백 번 실패를 거듭했고, 한번은 나의 무능함이 너무나 속상해 죽으려고까지 했다. 좋아하는 일로 시작하지 않았지만 그럼에도 나는 내 분야에서 전문가가 되었다. 전문가가 되는 과정은 크게 네 단계로 이루어진다고 한다.

1단계 … 자신이 일하는 곳에서 주어진 일을 열심히 한다
2단계 … 여러 가지 업무 중 능률이 오르는 분야를 발견한다
3단계 … 그 분야의 성과에 대해 인정을 받기 시작한다
4단계 … 점차 기존의 방식보다 더 좋은 아이디어가 떠오른다

이 네 단계를 거쳐 발견한 업무가 자신이 가장 잘하는 일일 가능성이 높다. 잘하는 분야에 집중해 일하다 보면 자기도 모르게 그 일이 좋아지기도 한다. 결국 잘하는 일과 좋아하는 일 사이의 간극이 좁혀지는 셈이다. 그리고 어느 순간에 이르면 '잘하는 일'과 '좋아하는 일', '자신이 속한 조직이 원하는 일' 이 세 가지가 하나로 합쳐지는 '일의 삼위일체' 현상이 발생한다. 이쯤 되면 다른 사람들이 나를 그 분야의 전문가로 인정해준다.

나는 진정으로 공대가 적성에 맞지 않았다. 오죽하면 마리 퀴리를 롤모델로 삼아 어떻게든 그 분야에 나를 끼워 맞추려고 했겠는가? 그럼에도 나는 여자로서 취업 기회를 잡기도 어려운 상황에서 공과대학의 커리큘럼을 마쳤고, 박사 과정까지 진학했다. 마리 퀴리가 걸었던 길과

나의 진로를 동일시하며 할 수 있다는 자신감을 얻었기 때문에 가능한 일이었다.

내가 맡은 연구는 기존에 존재하는 물질들을 원자 단위로 떼어내 새로운 성질의 소재를 만들어내는 일이었다. 이 작업을 위해서는 엄청난 진공 상태를 지닌 초고진공 장비가 필요했는데, 이 장비를 설계하고 제작하는 일부터 내 몫이었다. 이것은 완전히 새로운 도전이었다. 나는 학부에서 공학을 전공했지만 기계를 직접 설계하고 만들어본 적은 전혀 없었다. 구경도 못 해본 초고진공 장비를 도대체 어떻게 만들어야 한단 말인가? 처음부터 쉽지 않았다. 1년이 넘는 시간을 들였음에도 원하는 만큼의 상태에 이르지 못하고 계속 문제가 발생했다.

지도교수의 도움을 받아 연구를 진행하는데도 수백 번의 실패가 거듭되었다. 나는 정말 이 분야와 맞지 않는다는 생각이 들었다. 심지어 그만두어야겠다는 생각에 지도교수를 찾아가기도 했다. 하지만 교수는 "이건 세상에서 아무도 한 적 없는 일이니까 이 분야에서만큼은 네가 전 세계에서 가장 잘 알아. 네가 못하면 다른 사람도 못해. 그러니까 넌 잘할 수 있어"라고 격려해주었다.

놀랍게도 시간이 지나면서 점차 능률이 오름을 느꼈다. 처음에는 기계를 본 적도 없었으니 최적의 장비가 되도록 설계도를 만들고, 부품을 찾아 헤매고, 직접 가공하는 등의 기초 작업부터 어려웠다. 하지만 시간이 지나자 기계의 소리만 들어도 어느 부분에서 문제가 생겼는지 알아차릴 수 있을 정도가 되었다. 심지어 기계에 문제가 생겼다는 후배의 전화에 전화기를 기계에 대어보라고 한 뒤 전화기 너머로 들려오는 기계 소리에서 문제의 원인을 찾아내기도 했다. 실험 결과도 조금씩 나오기 시작했다. 어렵기만 하던 논문도 써서 전 세계 재료공학 분야 연구자들이 논문을 투고하고 발표하는 세계 재료공학회에 제출했다. 이렇게 전문가로 가는 1단계와 2단계에 도달했다.

곧이어 3단계도 찾아왔다. 지도교수뿐만 아니라 함께 공부하던 동료들이 나를 인정해주었고, 재료공학회에 제출하고 발표했던 논문으로 학생 부문 최우수 논문상을 수상했다. 남들이 이 분야에서의 나의 업무와 성과를 인정해주기 시작한 것이다.

또 새로운 아이디어도 샘솟기 시작했다. 처음 연구를 시작하고 얼마간은 그토록 써지지 않았던 논문이지만, 차차 저명한 해외 저널에 여러 편의 논문을 출판하게 되었다. 내 연구를 기반으로 새로운 연구에 대한 생각과 연구 결과에 대한 독창적 방향이 자꾸만 떠올랐다. 결국 지도교수는 나에게 졸업 후에도 계속 같이 연구해보자고 제의했다. 4단계의 반열에 올라선 것이었다.

그렇게 나는 정말로 맞지 않다고 생각했던 공학 분야에서 전문가가 되었다. 아무리 맞지 않는 분야라도 일단 몰입해서 열심히 하다 보면 그 분야가 좋아지고, 잘하게 될 수 있다. 게다가 자신이 조직에 속해 있다면 그 조직이 원하는 방향과도 일치하는 결과를 낼 수 있다. 이러한 네 단계의 과정을 거쳐 일의 삼위일체를 달성한 사람을 우리는 '전문가'라고 부른다.

한 번은
독해져야 할 때가 있다

남자들이 일을 잘하면 '유능하다'고 평가
받는다. 그런데 반대로 여자들이 일을 잘하면 '독하다'는 소리를 듣고,
왠지 성격도 까칠할 것이라고 오해받는다. 물론 잘못된 시각은 바로잡
아야 하지만, 나는 여성이 전문가로 도약하기 위해서는 적어도 한두 번
은 '독해져야' 한다고 믿는다. 대표적으로는 전문성을 획득하는 임계점
을 넘는 과정에서, 그리고 육아 앞에서 무너져 내리는 자신을 세우기
위해서 독해져야 한다. 일단 죽을힘을 다해 넘어가기만 하면, 뚝심과
뱃심이 생겨 이후에 다가올 어려움은 잔챙이로 느껴진다. 마치 출산할
때의 극심한 고통 앞에서는 가위로 생살을 찢어도 별로 아프지 않은 것
처럼 말이다.

연구원으로 시작했던 나의 첫 커리어는 심각한 교통사고를 당하면
서 끝이 났다. 결국 내 의지와 상관없이 다른 연구원들의 연구를 관리

하는 영역으로 커리어를 전환할 수밖에 없었다. 자신 있었던 연구 분야와 달리 경영 업무에 있어서는 완전히 초짜였다. 이 일을 가장 빨리 배우는 방법은 MBA 과정을 이수하는 것이었는데, 아이도 둘이나 있는 데다가 공학박사까지 취득한 상황에서 또다시 석사 학위에 도전하는 일은 좋은 선택이 아니었다. 그러던 중 경영 컨설팅 회사에 입사한다면 돈까지 받으면서 일을 배울 수 있겠다는 생각이 들었다. 경력이나 경험은 없었지만 국제적으로 지명도가 높은 컨설팅 회사에 입사 지원을 했다. 어차피 커리어를 바꿔야 한다면 화끈하게 도전해야 하지 않겠는가? 연역적으로 생각한 덕분인지 어쨌든 합격하여 일을 시작했다.

회사 동료들은 대부분 해외 명문 대학 MBA 출신이었다. 그들을 빨리 따라잡기도 급급한데 재무제표를 이해하고, 회사의 가치를 평가하며, 투자 수익률을 분석하는 재무 분야가 발목을 잡았다. 이때도 나는 엉뚱한 생각을 해냈다. '만약 재무 분야에서 뛰어난 사람과 함께 일한다면 더 빨리 배울 수 있지 않을까?' 그래서 입사한 지 6개월쯤 지났을 무렵, 프로젝트에 도전해보기로 결심했다.

당시는 1998년으로 IMF 외환위기를 겪던 시절이라 국내 회사를 해외에 매각하는 프로젝트가 여러 개 시작되고 있었다. 나는 수천억 원 규모의 M&A 거래에 우리 회사가 매도 측 자문을 맡은 프로젝트팀에 자원했다. 영국, 일본, 미국 사무소의 금융 전문가들을 자문으로 하고, 런던과 서울 사무소의 회계사 출신 컨설턴트, 그리고 내가 한 팀이 되었다. 팀장은 펜실베이니아 대학교 MBA 출신이었고, 나를 제외하고는 당연히 그 분야의 베테랑들이었다.

팀이 꾸려지자마자 고객과의 프로젝트 착수 회의를 위한 프레젠테이션 자료를 준비했다. 나에게 주어진 시간은 고작 이틀. 온통 날밤을 새워가며 자료를 만들었고, 검토를 받기 위해 팀장을 찾아갔다.

팀장은 책상에 앉은 채로 내가 만든 자료를 받아들었다. 고작 몇 페이지나 뒤적거렸을까, 이내 두 손으로 자료를 확 찢어버리더니 쓰레기통으로 던져버렸다. "자네는 도대체 왜 이 프로젝트에 들어왔나?" 이 한마디를 남긴 채 나를 쳐다보지도 않고 하던 일을 계속했다.

그 순간 밀려오는 황당함을 감출 수가 없었다. 찢겨진 종이가 마치 내 심장처럼 느껴졌다. 대체 얼마나 형편없었으면 나랑 이야기할 가치도 느끼지 못한단 말인가? 그는 이 계통에서 오랫동안 일한 베테랑이기는 했지만, 결혼과 출산을 하고 공학박사도 취득한 나보다 네 살이나 어린 상사였다.

나는 더 이상 서 있으면 울음이 터질 것 같아 화장실로 달려갔다. 스스로가 한심하고 바보 같고 처량했다. '내가 미쳤지. 왜 이런 프로젝트를 한다고 자원했을까? 저 팀장 자식을 확 죽여버리고 나도 죽어버릴까?' 화장실 변기에 앉아 한동안 소리 내어 울고 나니 속이 좀 시원해졌다. 그리고 오기가 생겼다. 이대로 포기하는 건 나답지도 않았고 자존심도 허락하지 않았다. 차라리 엄청난 실력을 쌓아 팀장에게 본때를 보여줘야겠다고 생각했다. 죽더라도 한번 가보는 길을 택했다.

화장실로 달려가기 전과 그 후의 나는 완전히 달라져 있었다. 그날부터 당장 프로젝트 하나에 목숨을 걸었다. 자정이 넘어 퇴근해도 집에 돌아와 나머지 공부를 했다. 두세 시간 잠을 자고, 차 막히는 시간도 아까워 새벽 5시에 출근을 했다.

  그때는 내가 두 아이의 엄마라는 사실도 잊어버렸다. 아이들이 각각 유치원과 어린이집을 다니던 시절이었다. 그렇게 두세 달을 미친 듯이 일에 매달렸다. 그러던 어느 날 나를 지켜보던 남편이 이렇게 말했다. "당신 이상해. 뒤통수에 살이 보여. 머리카락이 없는 것 같아." 원형탈모 증세가 시작되고 있었고, 500원짜리 동전 크기만큼 머리카락이 빠지고 있었다. 화가 난 남편은 자기가 먹여 살릴 테니 회사를 때려치우고 집에 들어앉거나 다른 직장으로 옮기라고 했다. 하지만 남편이 말릴수록 내 의지는 점점 더 강해졌다. 여기서 그만두면 앞으로는 아무것도 해낼 수 없을 것만 같았다.

  워낙 고단한 프로젝트였다. 지구의 반대편에 있는 매수 측 후보자들과 협상을 진행하느라 밤낮이 따로 없었고, 조금이라도 더 좋은 가격을 받아내야 하는 와중에 거래가 깨지지 않도록 조율을 하느라 늘 긴장 속에 파묻혀 살았다. 역시나 프로젝트가 시작된 지 6개월이 지나고부터 쓰러지거나 병원에 다녀오는 팀원들이 생기기 시작했다. 그런데 오히려 나는 멀쩡했다. 머리카락은 계속 빠졌지만 독이 오를 대로 올라 아프지도 않았다. 프로젝트가 끝날 때까지 그렇게 10개월을 보냈다. 어느 순간부터 팀장은 내가 만든 자료를 눈여겨보기 시작했고, 프로젝트 이후 나는 팀원 중 유일하게 회사의 차세대 리더 육성 프로그램 대상자로 뽑혔다. 회사의 서울 사무소에서 다섯 명에게만 주어지는 자리이자, 미국과 캐나다, 영국과 같은 선진국 사무소에서 업무를 배울 수 있는 좋은 기회였다.

당시에는 몰랐지만 지나고 나서 보니 그때가 바로 이 분야에서 전문성을 확보하기 위한 임계점이었고, 팀장은 내 인생 최고의 상사였다. 그가 나에게 독하게 굴지 않았더라면 아마도 나는 포기하고 말았을 것이다. 그때부터 나는 일을 할 때마다 스스로에게 이렇게 묻는 습관이 생겼다. '나는 지금 왜 여기에 있는가?'

그래도 여기까지는 견딜 만했다. 나 혼자만 미친 듯이 일하면 그만이었으니까. 하지만 더 큰 어려움이 도사리고 있었다. 회사를 이끌 차세대 리더로 뽑힌 것까지는 좋았는데, 문제는 가족이었다. 영국 케임브리지 대학교로 파견되어 2개월간 전문 컨설턴트 교육을 받은 뒤, 곧바로 2년간 캐나다로 파견되는 일정이었다. 그리고 나는 다섯 살과 일곱 살 난 어린 아들을 둔 엄마였다. 급기야 다음 해면 큰아이가 초등학교에 가야 했다. 엄마도 함께 입학하는 중요한 때라고 하지 않는가? 아기 때부터 툭하면 폐렴으로 병원에 입원하던 작은아이는 천식이 심해 각별한 관심이 필요했다. 남편이 이해해준다고 해도 어찌 이 어린 아이들을 두고 2년이나 집을 떠날 수 있단 말인가? 하지만 전문가로 도약할 수 있는 멋진 기회를 포기하기에는 너무 아까웠다. 회사가 나에게 결정을 내리도록 허락한 시간은 단 일주일이었다.

이틀쯤 고민했을까? 어차피 들어선 길, 더 독해지기로 마음먹었다. 남편에게 동의를 구한 뒤 우리 집에서 아이들을 돌봐준 분과도 의논을 했다. 이미 가족과도 같은 분이었기에 우리는 그분을 '큰 이모'라고 불렀다. 나는 큰 이모에게 2년간 남편과 아이들을 챙겨달라고 부탁했다.

하지만 더 큰 장벽이 도사리고 있었다. 바로 시부모님이었다. 6대 종손 맏며느리가 한 달에 한 번꼴로 있는 제사는 물론이거니와 낯선 여자와 아이들을 집에 두고 2년이나 해외에 나간다니, 시어머님은 거의 까무러치실 지경이었다. 남편은 훌륭한 사람이라 괜찮을 거라는 나의 설득은 전혀 먹히지 않았다. 큰 이모는 남편보다 열 살이나 많았지만, 시어머님은 "치마만 두르면 다 같은 여자"라고 말할 정도였다. 그래서 일단은 후퇴를 해 곰곰이 해결 방법을 생각했다.

그때 마침 이 문제의 열쇠가 되어줄 사람이 떠올랐다. 집에서 독립을 하고 싶어 했던 남자 후배가 있었는데, 그를 우리 집으로 들인다면 시부모님의 걱정을 조금은 덜 수 있을 것 같았다. 나는 곧장 전화를 걸었다. "너 혹시 방세도 안 받고 빨래도 공짜로 해주는 집이 있는데 들어갈래?" 아니나 다를까 그는 흔쾌히 승낙했다. 그렇게 남편과 아이들, 큰 이모와 후배는 우리 집에서 2년 동안 함께 살았다. 시부모님도 끝내 나의 해외 파견을 허락해주셨다.

그때 나는 '아이에게는 아이의 삶이 있고, 나에게는 나의 삶이 있다'고 믿었다. 나중에 아이들을 앉혀놓고 "내 인생을 희생하며 너희를 키웠다"고 말하고 싶지 않았다. 그보다 나는 가장 나답게, 전문가로서 나 자신을 세우는 길을 택했다. '꼭 그렇게까지 독하게 살아야 하나?'라고 생각할 수도 있다. 그러나 나는 어느 분야에서건 독한 마음 없이 전문가가 되는 법을 알지 못한다.

전문가로 성장하는 길이 너무나 고통스러울 때, 포기하면 분명 편안해진다. 나중에 후회하지 않을 자신이 있다면, 그 선택에 책임질 수 있다면 그렇게 해도 좋다. 육아와 일 사이에서 고통스러울 때 아이를 택하는 편도 충분히 의미 있는 삶이다. 하지만 이때 희생한 내 인생을 보상받을 생각은 반드시 버려야 한다.

인생에는 정답이 없다. 옳은 길도 없고 틀린 길도 없다. 내가 옳다고 믿고 선택한 길이 나의 길일뿐이다. 분명한 사실은 여자가 어느 길을 선택하든 그 길 앞에서 한 번은 독해져야 하는 순간이 있다는 것이다.

거인의 어깨 위에서
성장하라

만유인력을 발견해 근대 과학의 선구자라 불리는 아이작 뉴턴Isaac Newton. 누군가 그에게 "당신은 어떻게 그렇게 어려운 과학적 원리들을 발견했습니까?"라고 묻자, 이렇게 대답했다. "저보다 먼저 훌륭한 결과를 만들어낸 거인들의 어깨 위에 올라탔습니다."

전문가가 되는 가장 빠른 길은 바로 이것이다. 스승이 나보다 먼저 경험하고 쌓아온 지혜를 그의 어깨 위에서 배우고, 그로써 결국 스승을 넘어서는 것. 그런 의미에서 상사는 직장에서 전문성을 쌓는 데 훌륭한 어깨가 되어준다. 따지고 보면 도공이나 무예인을 키우는 사람도, 동자승을 어엿한 스님으로 성장시키는 사람도 상사다. 훌륭한 상사를 만나는 일은 좋은 부모를 만나는 것 다음으로 인생의 큰 축복이다.

피터 드러커가 세계적인 경영자들에게 저마다의 성공 비결을 묻자 그들 역시 자신의 상사들 덕분이라 답했다고 한다. 그는 저서에서 바람직한 상사란 '부하 직원에게 현재의 역량보다 조금 더 어려운 업무를 부과하여 도전하고 성장할 수 있도록 이끄는 사람'이라고 정의 내렸다. 반대로 무능한 상사는 부하 직원이 가진 능력보다 더 쉬운 일을 주어 그 직원이 업무를 통해 성장할 기회를 박탈하는 사람이다.

간혹 어떤 부하 직원들은 훌륭한 상사가 자신에게 도전적인 과업을 줄 때 그것이 고마운 일이라는 사실을 깨닫지 못한다. 그저 내 말을 잘 들어주고 부드러운 상사가 좋은 상사라고 생각한다. 하지만 시간이 지날수록 스스로 알게 될 것이다. 나를 호되게 야단치는 상사가 좋은 상사라는 사실을. 나에게 관심이 없으면 야단을 치지도 않는다. 자신을 지속적으로 성장시키고 싶다면 상사에게 배울 수 있는 기회를 놓쳐서는 안 된다.

몇 년 전 한 대기업에서 연구직 여성 직원들의 경력 개발을 위해 강연을 한 적이 있었다. 100여 명의 여성 연구원을 만나기 위해 강연장으로 들어섰는데, 청중석 한쪽에 연배가 높은 남자 30~40명이 앉아 있었다. 알고 보니 그들은 여성 직원에 대한 이해를 높이고 그들과 더욱 효과적으로 일하고 싶어 강연장을 찾아온 팀장과 임원들이었다.

그들에게 나는 여성 직원과 일하면서 어떤 점이 가장 어려운지를 물어보았다. 그랬더니 즉각 '야단을 쳐야 할 때'라는 대답이 나왔다. 그들에 따르면, 똑같은 상황에서 남성 직원들은 상사의 꾸지람에 "죄송합니다"라고 대답하며 질책을 업무 자체로만 받아들인다고 했다. 반면 여성 직원들은 꾸지람을 개인적인 비난으로 받아들여 얼굴색이 변하거나 눈물을 보인다고 했다. 이 때문에 상사들은 여성 직원을 어떻게 꾸짖어야 할지 난감함을 겪고 있었다.

사실 질책이든 칭찬이든 상사의 업무상 지적은 단지 그들의 '업무'일 뿐이다. 나보다 먼저 실수를 경험해본 사람으로서 목표한 업무가 올바른 길을 갈 수 있도록 안내해주는 역할인 것이다. 상사의 질책은 나를 키우는 자양분이므로 흡수하지 못하고 튕겨낸다면 결국 나에게만 손해다. 개인적인 지적이나 공격으로 받아들일 필요가 전혀 없다.

여러 번의 채용 면접 중 어느 여성 경력직 연구원의 대답이 뇌리에 남아 있다. 나는 그녀의 인성을 확인하는 최종 면접에서 이렇게 질문했다. "당신이 지금까지 살아오는 동안 업무적으로든 개인적으로든 가장 어려웠던 순간이 언제입니까?" 그녀는 "친구에게 배신당했을 때"라고 대답했다. 어떤 배신이었는지를 물었는데 그 대답이 무척 실망스러웠다. "함께 공부하기로 한 친구가 집에 간다고 해놓고서는 나중에 보니 도서실에서 저보다 공부를 잘하는 다른 친구와 함께 공부를 하고 있었습니다."

갑작스러운 질문이었기에 대답의 질이 좋지 않았을 수도 있다. 하지만 나는 그녀가 이 분야에서 경력이 뛰어나도 채용하기는 어렵겠다고 생각했다. 그녀의 관점에서라면 진정한 전문가로 성장하는 동안 '숱한 배신감'을 느끼게 될 것이 뻔했기 때문이었다. 게다가 그녀의 상사 또한 업무상 결정에 대해 그녀가 배신감을 느끼지 않도록 많은 신경을 써야 할 터였다.

상사와 원만히 지낸다는 것은 단순히 상사의 요구를 잘 들어주는 태도가 아니다. 그의 업무 방식에 따라 배울 점은 배우고, 도와줄 일은 도와주며, 질책받기를 두려워하지 말고 실수를 빠르게 알리는 자세가 중요하다. 또 상사에게 내 마음을 알아달라고 기대하기보다는 업무적으로 필요한 정보를 신속하게 공유하려는 마음가짐도 중요하다. 상사와 잘 지내는 가장 좋은 방법은 상사가 성과를 내도록 도와주어 나에게 고마움과 미안함을 느끼게 만드는 것이다. 반대로 가장 안 좋은 방법은 일이 잘못되어갈 때 알리지 않다가 상사도 손쓸 방법이 없을 때에야 알리는 것이다.

물론 상사가 부도덕하고, 자신의 승진만을 위해 팀원들의 공을 가로채며, 업무에서도 배울 구석이 하나도 없다면 가차 없이 떠나야 한다. 하지만 그보다 먼저 내가 상사의 업무 능력에 대해 회의적으로 생각하고 있는지, 아니면 감정이 상해 내 자존심을 지키고 싶은 마음이 들지는 않았는지를 생각해볼 필요가 있다.

일과 삶이 하나 되는
몰입의 경지

"나는 무대 위에서만 발레를 하는 것이
아니라 내 삶 속의 모든 순간에 있는 발레 중 일부를 무대 위에 올리는
것뿐이다. 예술이든, 발레든 오로지 한 순간에만 치중한다면 1퍼센트
부족할 수밖에 없다. 잘 때, 먹을 때만 빼고 온 순간을 그것에 쏟아부어
야 한다."[25]

세계적인 발레리나 강수진이 쓴 『나는 내일을 기다리지 않는다』의
한 구절이다. 전문가는 이렇게 시간과 몰입의 함수로 탄생한다. 어느
날 아침에 일어나보니 갑자기 모든 것을 다 이루었다는 이야기는 소설
이나 드라마에서나 가능하다. 실제로 많은 전문가가 매일 꾸준히 시간
을 들여 자신의 일에 몰입했고, 그 노력이 임계점에 이르러 폭발적으로
발휘되면서 전문가의 반열에 올랐다. 그 임계점을 다른 말로 '티핑포인
트Tipping Point'라고 부른다.

티핑포인트를 넘어야 변화가 일어난다는 것은 자연의 섭리다. 물이 수증기가 되기 위해서는 100도라는 한계선에 이르러야 한다. 회사원 이나 연구원이나 사업가 모두 성장의 패턴은 비슷하다. 재산을 형성하는 과정도 마찬가지다. 지적자산이나 인적자산, 금융자산 모두 티핑포인트에 이르려면 시간과 노력이 필요하고, 그 지점을 넘는 순간 폭발적으로 발전한다.

말콤 글래드웰Malcolm Gladwell은 그의 책 『아웃라이어』에서 '1만 시간의 법칙'을 소개했다. '어느 한 분야에서 전문가가 되기 위해서는 1만 시간이 필요하다'는 뜻이다. 1만 시간이란 하루에 약 3시간, 주 20시간씩 10년에 해당하는 엄청난 시간이다. 그만큼의 시간을 투자하면 누구나 티핑포인트에 도달한다. 전문가가 되는 길 또한 마찬가지다.

세계 최고의 부자 중 한 사람인 빌 게이츠Bill Gates도 재산 형성의 티핑포인트에 이르는 데까지 10년의 세월이 걸렸다. 나 역시 내 전공을 편안하게 느끼게 되기까지 10년이 걸렸다. 처음에는 어쩔 수 없이 시작했고 적성에 맞지 않아 방황하기도 했지만, 결국 학부부터 박사 과정까지 10년에 걸쳐 이루어냈다.

처음 창업을 했을 때 여러 해가 지나도 회사의 성장이 기대만큼 오르지 않아 고민이 깊었다. 그래서 선배 창업자에게 "어떻게 그렇게 회사를 잘 키웠어요?"라고 물어보았다. 그랬더니 그는 나에게 이렇게 되물었다. "너 창업한 지 얼마나 됐어?" "8년이요." 그러자 그는 "10년 되기 전에는 말도 꺼내지 마. 눈물 밥 몇 년만 더 먹으면 돼"라고 이야기했다. 그 선배의 말은 예언처럼 꼭 들어맞았다. 회사의 매출과 수익은

10년이 지나자 급격하게 올랐고 회사는 전에 없이 성장했다.

티핑포인트에 도달하기까지는 그저 긴 시간만 필요한 것이 아니다. 이 과정에서 사람들은 강력한 '몰입'을 경험한다. 일본 교세라의 창업자 이나모리 가즈오稲盛和夫는 1000도에서 구워야 하는 세라믹 소자가 높은 온도 때문에 자꾸 구부러지자, 그 소결로 안에 손을 집어넣어 펴고 싶은 충동과 함께 강력한 몰입을 경험했다고 전한다.

나 또한 전공 분야의 연구가 어려워 포기하고 싶었을 때, 어느 순간 내가 설계하던 기계의 진동 소리와 나의 심장 박동 소리가 하나 된 것 같은 강력한 몰입을 느낀 적이 있다. 한 번도 경험해보지 못한 황홀한 기분이었다. 서울대학교 황농문 교수는 자신의 책 『몰입』에서 "몰입은 생존을 위한 삶, 행복을 추구하는 삶, 자아실현의 삶을 동시에 추구하는 방법"이라고 말했다. 나는 이러한 몰입의 즐거움이 전문가가 받을 수 있는 가장 큰 보상이라고 굳게 믿는다.

20~30대 젊은이들은 아직 자신이 일하는 분야에서 티핑포인트에 이를 만한 시간과 몰입을 충분히 쏟지 못한 상태다. 그 단계에 이르는 과정은 분명 고통스러울 것이다. 하지만 견뎌내야 한다. 마윈은 "때로는 어설프게 똑똑한 것보다 조금 덜 똑똑하더라도 우직한 편이 낫고, 외로움을 견뎌낼 줄 아는 사람만이 인재로 성장할 수 있다. 오늘은 힘들고 내일은 더 힘들 수도 있지만 모레는 분명 좋은 일이 생길 것이다. 그런데 많은 사람이 내일 저녁에 죽어버리는 바람에 모레의 빛나는 태양을 보지 못한다"고 말했다. 아직 충분한 투자를 하지도 않은 채 당장 보상이 없다며 금세 포기해버리는 사람들을 향한 값진 일침이다.

사실 우리 여성들은 회사에서나 가정에서나 끊임없이 여러 가지 역할을 요구받는다. 그래서 무언가 하나에 집중해 시간을 투자하며 몰입하기가 어려운 게 현실이다. 하지만 그럼에도 '나' 자신이 나를 가로막아서는 안 된다. 사실 전문가가 되는 길에서 수시로 맞닥뜨리는 어려움은 '흔들리고 나약해지는 나 자신과의 싸움'이다. 나도 항상 내 안에서 올라오는 나에 대한 공격을 이겨내기가 가장 어려웠다. 수십 년 동안 전문가로 살아오면서도 내 마음 다스리는 일이 가장 힘든 과제였고, 지금도 가끔은 같은 어려움을 느낀다.

　하지만 전문가가 되기로 결심한 이상, 나는 내 삶에서 최선의 성과를 내기 위해 끊임없이 노력을 이어나갈 것이다. 과거의 내가 '전문가'를 꿈꿨고, 그것이 오늘의 내가 되었음에도, 미래의 꿈을 이루기 위해 나의 시간과 몰입을 기꺼이 바칠 것이다. 대한민국의 수많은 여성도 포기하지 않고 자신의 티핑포인트를 찾아 전문가로서 세상에 공헌하기를 바란다. 자신과의 싸움에서 지지 마라. 무엇보다도 포기하지 마라. 전문가가 되기까지는 무척 고되지만 그 보상은 가히 황홀할 것이다.

새로운 시대에
전문가로 살아가려면

지난 20여 년 동안 우리나라의 여성 전문직 종사자 수는 가파르게 증가해왔다. 여성 교원의 비율은 이미 전체 교원의 절반을 넘었다. 특히 2015년 초등학교 여성 교원은 전체의 76.9퍼센트로 그 수가 가히 압도적이다. 여성 약사도 63.8퍼센트로 남성을 넘어섰고, 여성 의사 역시 24.7퍼센트로 과거에 비해 늘어났다. 여성 공무원의 비율도 절반이 넘어 향후 공무원 사회의 주도 세력은 여성이 될 것으로 기대된다.[26] 이렇듯 우리 사회도 여성의 전문직 진출이 늘어나는 추세인데, 이는 전문직종이 비교적 남녀의 차별이 적고 육아에 대해서도 관대하기 때문인 것으로 풀이된다.

어느 분야에 속해 있든 전문가라면 미래에 일어날 기술적·경제적·사회적 변화에 깊은 관심을 가져야 한다. 현재 자신이 속한 분야가 안정적으로 보일지라도, 전문가라면 미래가 지금의 모습과는 다를 것이라고 가정해야 한다. 미래의 변화를 탐색하기 위해서는 '내가 속한 분야에서 향후 5년 혹은 10년 안에 어떤 변화가 일어날 것인가?' '혹시 내가 깨닫지 못했으나 이미 일어난 변화는 무엇인가?' '이러한 변화 속에서 내가 잡아야 할 기회는 무엇인가?'를 질문해야 한다. 이러한 인식만으로도 앞으로 자신이 무엇을 어떻게 준비해야 할지에 대한 계획을 세울 수 있고 미래가 제공할 무한한 기회를 잡을 수 있다. 그러나 미래의 변화에 둔감하게 대응하거나 자신과 별 관계없는 일로 치부해버린다면 미래가 전문가에게 제공할 것은 위기밖에 없다.

앞서 제2장에서 살펴보았듯이 우리가 맞이할 미래는 디지털 혁명과 기술들이 융합되고, 기계와 인간이 융합되어 가상과 현실을 오가며 살아가는 세상이다. 이러한 세상에서는 현재 난공불락처럼 보이는 거대 기업들이 작지만 전문적이고 창의적인 기업들에 의해 해체될 가능성이 높다. 즉 기업의 규모가 작고 역사가 짧은 신생 기업이라도 수십 년 혹은 수백 년을 존재해온 거대 기업을 하룻밤 사이에 무너뜨릴 수 있다는 말이다. 이미 우리는 설립된 지 10년밖에 안 된 온라인 숙박 업체 '에어비앤비'와 교통 공유 서비스 '우버'가 해당 분야의 산업 구조를 뒤흔들고 전통적 기업들을 한순간에 무너뜨린 모습을 생생하게 목격하고 있지 않은가? 기하급수적으로 시장의 룰을 바꾸는 이러한 기업들을 보며, 우리도 내가 속한 조직이 10년 후에도 안정적일 수 있다고 믿어서는 안 된다.

인간의 미래를 고찰하는 책 『호모데우스』에서 저자 유발 하라리Yubal Harari는 책 표지 뒷면에 다음과 같은 글을 손으로 직접 써넣었다.

'모든 것은 변한다Everything changes.'

정말이지 세상에서 진정으로 변하지 않는 것은 '모든 것이 변한다'는 사실뿐이다. 우리는 이러한 사실을 가슴 깊이 받아들여야 한다. 어차피 변하는 세상이라면 그 사실을 조금이라도 빨리 받아들이고 준비하여 변화가 가져올 좋은 기회들을 내 것으로 만드는 편이 현명하다. 이제 우리는 '어떤 직장에 다닐 것인가?'라는 관점에서 벗어나 '어떤 직업을 가질 것인가?'를 고민해야 한다. 그리고 내가 평생 종사할 업業에 대한 능력과 마음가짐을 갖추는 데에 집중해야 한다. 물론 그 업의 본질 또한 수년 안에 변할 수 있다는 점을 인정하고, 변화의 물결에 따라 나의 능력을 업그레이드해야 한다. 그것이 바로 나의 몸값을 스스로 책임지는 전문가의 자세다. 내가 하고 싶지 않은 일을 하면서 조직과 직장에 매여 사는 것은 인생을 낭비하는 어리석은 짓이다.

프리랜서와 1인 기업이 일반화될 새로운 세상은 여성들에게 기회의 문을 활짝 열어줄 것이다. 그동안 육아라는 어려움이 여성의 성장을 어렵게 만들었다면, 이제는 여성 자신이 일정을 조율하면서 일할 수 있게 되었다. 이러한 기회를 앞에 두고도 전문가가 될 수 없는 이런저런 이유를 만들어내는 것은 애초에 전문가가 될 생각이 없다는 뜻으로밖에 이해할 수 없다.

내일은 반드시 오고야 만다. 그리고 내일은 언제나 오늘과는 다르기 마련이다. 누구에게든 준비되지 않은 채 맞이한 미래는 위험과 고통만을 가져다줄 것이다.

제 5 장

리더

더 큰 역할을 향해
야망을 품어라

왜 '리더'라고 하면 으레 '남자'를 떠올릴까? 여자는 태생적으로 리더의 자리에 부적합한 존재인 것일까? 사실 여자만이 가진 고유한 성향은 다가올 미래에 강점으로 작용할 가능성이 크다.

그러니 이제부터라도 조직이 나아가야 할 비전을 제시하고, 더 큰 역할을 꿈꾸며, 성과를 든든하게 책임지는 '여성 리더'가 되기를 열망하라. 남자만 테이블에 앉는다는 편견을 깨는 가장 빠른 방법은 여자 스스로가 당당하게 테이블을 차지하는 것이다. 이미 전 세계의 많은 여성이 자신의 분야에서 유리천장에 하나둘 금을 내고 있다.

"유능한 리더는 만들어지는 것이지
저절로 태어나는 것이 아니다.
리더는 수많은 시행착오와 경험이 축적되면서 탄생한다."

- 미국 최초의 흑인 합창의장 콜린 파월Colin Powell

왜 왕관은
남자들의 전유물이 되었나?

어릴 적부터 어른들은 내 남동생을 향해 이렇게 묻곤 했다. "이 다음에 커서 뭐가 되고 싶니?" 그러면 남동생은 엄지손가락을 추켜세우며 "대통령이 될 거예요" 혹은 "장군이 되고 싶어요"라며 큰 꿈을 늘어놓았다. 동생의 자신감 때문인지 어른들은 만면에 웃음을 지으며 '역시 대종가의 맏아들답다'고 대견해했다. 반면 그 옆에 앉아 있던 나에게는 같은 질문을 하는 어른이 아무도 없었다. 나는 그저 '현모양처가 되어야 한다'는 말만 주야장천 들으며 자랐다. 그게 무슨 뜻인지도 모르는 어린 시절부터 말이다.

게다가 우리 남매는 하고 노는 놀이도 달랐다. 남동생은 딱지치기나 구슬치기와 같은 '경쟁의 놀이'를 했다. 반면에 나는 동네 여자아이들과 모여 소꿉놀이나 인형놀이 같은 '화합의 놀이'를 했다. 당시에는 그게 이상하다고 생각하지 않았다. 친구들도 다 그렇게 놀았고 무엇보다도 노는 게 그저 재미있었으니까.

특히나 내가 어렸을 때에는 여성이 유능한 지도자로 성장하리라 기대하는 사람이 거의 없었다. 성 역할이 엄격하게 분리되어 있어서 여자는 고분고분하며 가정에 충실한 사람으로 자라고, 남자는 큰 꿈을 꾸며 세상에 도전해야 한다는 생각이 지배적이었다. 지금은 많이 나아졌지만 그럼에도 여전히 여자들은 알게 모르게 나 스스로를 위해 꿈꾸고 도전하라고 배우지 않는다. 인형놀이나 소꿉놀이 장난감을 선물로 받으며, 자기 자신을 드러내기보다는 누군가를 위해 배려하고 도와주며 희생하는 자세가 미덕이라고 주입받는다.

어른이 되어서도 나는 그러한 영향에서 자유롭지 못했다. 어느 날엔가 두 아들과 조카딸들에게 선물을 사주면서 나 스스로도 남녀를 구분 짓고 있었음을 깨달았다. 아들들에게는 자동차와 레고 블록, 공룡 모형처럼 세상에 대한 호기심을 키워주고 무언가를 설계할 수 있는 장난감을 사준 반면, 조카딸들에게는 소꿉장난감이나 바비인형, 화장대와 같은 장난감을 선물하고 있던 게 아닌가? 별생각 없이 한 행동이었는데 시간이 지나면서 조금 부끄러운 마음이 들었다.

어린 시절부터 이런 식으로 길들여져온 탓에 우리가 만든 사회 역시 아직까지는 '여성 리더'에 대한 인식이 부족하다. 점차 나아지고 있기는 하지만 그래도 '리더'라고 하면 으레 남성을 떠올린다. 우리 회사에도 전화를 걸어 사장 '신미남'을 찾는 사람들이 본인인 내가 전화를 받았음에도 "아니, 당신 말고 사장을 바꿔달라"고 말하는 경우가 많다. 내 이름이 남자 같아서 그렇기도 하지만, 여성 리더에 대한 상상력이 부족해서 그런 것이 아닐까 싶다.

게다가 남성 리더는 수에 있어서도 여성을 압도하다 보니, 남자들은 리더를 꿈꾸기가 더 쉬운 게 현실이다. 자신을 선임 리더에게 투영하고 '나도 언젠가는 저 사람처럼 올라갈 수 있다'고 생각하기가 여자들에 비해 훨씬 수월하다. 한발 더 나아가 남자들이 그렇게 생각하는 데에는 '나는 해낼 수 있다'는 일종의 자신감이 은연중에 깔려 있기 때문이다. 어릴 적부터 반복적으로 큰 꿈을 품고, 새로운 일에 도전하고, 경쟁에서 이기라고 배워온 덕분이다.

하지만 이제는 우리 사회와 여자 스스로가 여성 리더에 대한 상상력을 끌어올려야 한다. 내가 자라던 시절과 달리 지금은 많은 젊은 부부가 양육 방식에 있어 아들과 딸에 차이를 두고 있지 않다. 딸도 이제는 리더로 성장하기를 꿈꾸며 자란다. 마침 세상은 여성이 일하기 좋은 방향으로 변화하고 있다. 다가올 미래에 여성 리더는 더욱더 늘어날 것이 자명하다.

유리천장을
바위로 내려친 여자들

여성이 리더로 성장하기 위해서는 유리천장을 깨뜨려야 한다고 말한다. 그러나 과거 우리 선배들이 맞닥뜨렸던 어려움에 비하면 지금은 여성이 리더가 되기에 무척 좋은 세상이 되었다. 20세기 이전까지만 해도 여성에게는 투표권조차 주어지지 않았을 만큼 여성의 사회적·경제적 지위가 매우 낮았다. 그런 열악한 상황 속에서도 우리의 선배들은 각 분야에서 야망을 품고 용기를 내어 도저히 깨질 것 같지 않았던 유리천장에 조금씩 금을 냈다.

세계적인 명품 브랜드 '샤넬'의 창업자 코코 샤넬Coco Chanel도 자신의 분야에서 유리천장에 금을 낸 여성 중 한 명이다. 어린 나이에 부모를 잃고 수녀원에서 자란 샤넬은 10대 시절부터 돈을 벌기 위해 의상실에 취업했다. 바느질 솜씨가 좋았던 그녀는 상류층의 옷을 만들고 수선하면서 자신의 가게를 열었고, 이것이 바로 '샤넬'이라는 브랜드의 시작이 되었다. 패션 디자이너 샤넬은 치렁치렁한 치마에 코르셋으로 허리를 꽉 조인 당시 여성들의 옷이 '여성을 위한 옷'이 아닌 '남성들의 눈요기를 위한 디자인'이라고 생각했다. 그래서 과감히 치맛단과 장식을 없애고 단순함을 강조한 혁명적 디자인으로 여성을 코르셋으로부터 해방시켰다. 처음에는 거부감을 느끼던 여성들도 점차 단순하고 실용적이면서도 우아한 샤넬의 옷을 좋아했고, 그녀는 패션 디자이너로서 세계적인 명성을 떨쳤다. 그러나 제2차 세계대전 중 프랑스를 점령한 독일군과 내통했다는 혐의로 프랑스 국민들의 공분을 사 스위스로 망명했고, 세월이 흐르는 동안 샤넬의 이름은 점차 잊혀졌다. 71세가 된 샤넬은 프랑스로 돌아와 새롭게 의상실을 열고 패션쇼를 준비했지만 처참한 실패를 맛보았다. 퇴역 스타로서 고령의 나이임에도 도전을 멈추지 않았고, 결국에는 다시 한 번 창의적이고 세련된 디자인을 선보이며 재기에 성공했다.

샤넬은 단순히 아름다운 옷을 만든 패션 디자이너가 아니었다. 그녀는 옷을 통해 당시 여성들의 억압된 삶을 해방시켜준, 철학과 신념을 지닌 예술가였다. 더불어 여성이 사회적으로 성공하기 어려웠던 시기에 자기 분야에서 당당히 최고의 자리에 오르며 유리천장에 금을 낸 멋진 여성 리더였다.[27]

보수적이고 남성 위주의 분위기가 강한 법조계에서도 유리천장에 금을 낸 여성 리더가 있었다. 로널드 레이건Ronald Reagan 대통령이 미국을 집권하던 당시, 미 하원들의 만장일치로 인사 청문회를 통과해 여성 최초의 미국연방대법원의 대법관이 된 샌드라 데이 오코너Sandra

Day O'Connor다. 그녀는 1950년 스탠퍼드 대학교 로스쿨에 입학해 3등이라는 높은 성적을 거두며 2년 만에 조기 졸업했다. 이후 40군데의 로펌에 입사 지원을 했지만, 단지 여자라는 이유 하나만으로 서류에서 탈락했고 인터뷰 기회조차 잡지 못했다. 결국 그녀는 샌 마테오라는 마을에서 무급으로 첫 직장을 잡고 비서들과 책상을 공유하며 변호사 업무를 시작했다.

그녀는 최초의 여성 대법관으로서 보수와 진보로 팽팽하게 갈린 당시의 정치적 상황 앞에서 균형추의 역할을 하며 '중도의 여왕'이라는 별칭을 얻었다. 무엇보다 유방암 투병 중에도 굳건히 법정을 지키며 미국 국민들로부터 많은 존경을 받았다. 그녀가 내린 훌륭한 판결은 이후 두 번째 여성 대법관인 루스 베이더 긴즈버그Ruth Bader Ginsburg가 탄생하는 주춧돌이 되기도 했다. 긴즈버그는 1956년 하버드 대학교 로스쿨에 입학했는데, 당시 500여 명의 입학생 중 여학생은 단 아홉 명뿐이었다. 보수적이었던 법조계에서는 그녀를 비롯한 여학생들을 앉혀놓고 "여성들이 남성들로부터 로스쿨 입학의 기회를 빼앗았는데 이를 어떻게 정당화할 것인가?"와 같은 질문을 던졌고, 결국 그녀는 컬럼비아 대학교 로스쿨로 편입을 해 수석으로 졸업했다.

'금녀의 구역'이라고 불릴 만큼 폐쇄적이었던 법조계에서 그녀들이 보여준 용기와 노력 덕분에 현재는 긴즈버그를 비롯해 소니아 소토마요르Sonia Sotomayor, 엘리나 케이건Elena Kagan이라는 두 명의 여성 대법관이 미국연방대법원에서 활약하고 있다.

보통의 사람들조차 남성의 고유한 영역이라고 생각하는 엔지니어 분야에서도 여성 리더들의 활약은 대단했다. 사실 '소프트웨어 프로그 래밍'이라는 개념을 만들어낸 것도 여성일 뿐만 아니라, 3단계로 이루 어진 소프트웨어의 혁신 과정에서 중추적인 역할을 한 것도 여성이다. 에이다 러브레이스Ada Lovelace는 인류 최초의 프로그래머로, 기계 해 석 기관이 처리할 명령어들의 연속인 프로그래밍 언어를 가장 처음으 로 고안해낸 사람이다. 기계 해석 기관을 단순히 계산기로만 보던 당 시, 러브레이스는 컴퓨터의 무한한 가능성을 보고 반복문과 제어문, 조 건문과 같은 현대적 프로그래밍 언어의 개념을 도입했다.

뒤이어 미국 해군 장교 출신 그레이스 호퍼Grace Hopper는 이러한 프 로그래밍 언어를 컴퓨터가 처리할 수 있도록 변환해주는 '컴파일러'를 최초로 설계했다. 그녀는 제2차 세계대전 당시 해군에 입대했고, 해군 연구소의 컴퓨터 프로젝트 책임자인 하워드 에이킨Howard Aiken에게 프 로그래밍을 배우며 1960년대 컴퓨터의 언어라 불리는 '코볼'을 만들 었다. 사실 그녀가 유명해진 이유는 따로 있는데, 바로 우리가 흔히 컴 퓨터의 오류를 부를 때 쓰는 말인 '버그'를 최초로 창시한 사람이기 때 문이다. 군에서 근무할 당시 그녀는 컴퓨터가 계속 오작동을 일으켜 조 사를 해봤는데, 알고 보니 컴퓨터에 죽은 나방이 끼어 있었다. 이를 계 기로 컴퓨터 시스템의 오작동을 가리켜 '버그'라고 부르게 되었다.

또 다른 걸출한 여성 엔지니어는 아델 골드버그Adele Goldberg다. 그 녀가 아니었다면 개인용 컴퓨터 시대가 이렇게나 빨리 열릴 수 있었을 까? 골드버그는 '스몰토크'라는 세계 최초의 객체 지향 언어를 만드는 데 중추적인 역할을 했다. 개인용 컴퓨터는 애플과 마이크로소프트에서 그래픽 사용자 인터페이스가 적용된 운영 체제를 출시하면서 보급되기 시작했는데, 사실 이것도 골드버그가 만든 스몰토크를 이용해 구현된 결과물이었다.

지금은 남성이 활약하고 있는 소프트웨어 분야의 토대는 사실상 여자들이 닦아놓았다고 해도 과언이 아니다. 나는 이러한 사실을 떠올릴 때마다 너무나 안타까운 마음이 든다. 이 세 사람이 활약했던 1984년까지만 해도 미국의 컴퓨터공학 전공자 중 37퍼센트가 여성이었다. 하지만 2014년에는 이 수치가 18퍼센트로 확 떨어졌다.[28] 다가올 미래에는 지금보다 과학 기술과 수학, 공학 분야에서 일자리가 더 많이 창출될 것이다. 나는 오늘을 살아가는 여성들이 선배 리더들의 활약을 등에 업고 더욱더 용기를 내어 'STEM(Science, Technology, Engineering, Mathematic의 각 첫 글자를 의미) 분야'에 도전했으면 좋겠다.

정치 분야에서는 1979년에 마거릿 대처Margaret Thatcher가 신사의 나라 영국에서 사상 첫 여성 총리로 당선된 이래, 포르투갈의 마리아 데 루르데스 핀타실고Maria de Lourdes Pintasilgo 총리, 독일의 앙겔라 메르켈Angela Merkel 총리, 영국의 테리사 메이Theresa May 총리, 대만의 차이잉원蔡英文 총통 등 세계적으로 수많은 여성 정치 지도자가 탄생했다. 세계 여성 국회의원의 비율도 1997년에는 11.7퍼센트였던 데 비해 20년이 지난 지금은 22.7퍼센트로 꾸준히 상승세에 있다.[29]

전 세계적으로 국방과 치안 분야에서조차도 여풍이 거세게 불기 시작했다. 미국의 우주 항공 및 방위 관련 업체 록히드마틴의 메릴린 휴슨Marillyn Hewson과, 잠수함과 전투 시스템을 주력으로 하는 방위 산업

업체 제너럴다이내믹스의 피비 노바코비치Phebe Novakovic가 대표적인 여성 회장으로 맹활약하고 있으며, 조지 부시George W. Bush 대통령 시절 미국의 국무장관을 지낸 콘돌리자 라이스Condoleezza Rice 역시 금녀의 구역이라 불리던 국방 분야에서 유리천장에 금을 낸 여성 중 한 명이다. 그 결과 2015년에 미국은 특전사와 해군, 해병대 수색대, 공군 항공 방위대 등의 전투 병과를 여성에게 전면 개방했다. 2016년 영국은 수도 런던의 치안뿐만 아니라 영국 전체의 대테러 업무 및 왕실 가족의 보호를 전담하는 런던경찰청 수장에 크레시다 딕Cressida Dick을 임명했다. 강력 범죄를 다루는 수장의 자리에 여성이 임명된 것은 영국 경찰 역사 188년 만에 처음 있는 일이었다.[30] 해외뿐만이 아니다. 국내에서도 2017년 육군사관학교 73기 졸업식에서 1, 2, 3등을 모두 여학생 사관생도가 차지했는데, 이는 대한민국 육군사관학교 역사상 최초였다.[31] 향후 20여 년 안에 우리나라도 여성 국방부 참모총장이 등장할 것이라 기대하게 하는 대목이다.

재계에서는 여성의 힘이 더욱 막강하다. 세계 금융 시장은 미국 연방준비제도이사회의 재닛 옐런Janet Yellen 의장과 IMF의 크리스틴 라가르드Christine Lagarde 총재, 두 여성 리더가 입을 열 때마다 요동친다. 산업 분야에서는 여성이 경영자로서 두각을 나타내는 사례가 너무 많아 일일이 다 언급하기조차 어려울 지경이다. 허핑턴 포스트의 아리아나 허핑턴Arianna Huffington, 양광미디어투자그룹의 양란楊瀾, 페이스북의 셰릴 샌드버그, HP의 맥 휘트먼Meg Whitman과 같이 신산업 분야는 말할 것도 없고, GM의 메리 바라Mary Barra와 IBM의 버지니아 로메티Virginia

Rometty와 같이 전통적이고 보수적인 거대 기업들의 경영자 역시 여성이다.

유리천장은 어느 날 갑자기 깨지지 않았다. 오랜 시간 동안 여성 리더들은 자기 분야에서 조금씩 유리천장에 금을 내왔고, 이러한 노력들이 모여 오늘날 각계각층의 여성 리더를 탄생시켰다.

앞으로도 분명 쉽지는 않을 것이다. 다만 일을 하면서 유리천장을 느낄 때마다 이미 누군가가 그 천장에 금을 내기 시작했음을 생각하길 바란다. 그리고 지금 이 순간에도 누군가는 유리천장을 바위로 내려치며 금을 만들어가고 있다. 여성들이 각자의 전문 영역에서 조금씩 금을 낸다면, 언젠가 그 분야의 유리천장은 완전히 부서질 것이다. 그만큼 우리는 선대 여성 리더들의 덕을 보았고, 오늘을 사는 우리들은 미래에 탄생할 후대 여성 리더들을 위해 자신의 위치에서 최선을 다해야 한다.

변화를 향한 열망 앞에
소리칠 용기

전문가가 태어날 때부터 전문가가 아닌 것처럼 리더 역시 마찬가지다. 엄밀히 말해 리더는 '만들어지는 것'이다. 전문가보다도 오히려 더 후천적인 환경과 노력의 영향을 많이 받는다. 물론 그렇다고 해서 리더십 강의를 듣거나 어떤 직위를 부여받자마자 뚝딱하고 탄생하지는 않는다. 리더의 능력은 삶의 모든 영역에 걸친 장기간의 훈련을 통해 만들어진다.

리더를 한 문장으로 정의하면 다음과 같다. '구성원들을 올바른 방향으로 이끌기 위해 바람직하지 않은 상황에서 손을 들고 일어나 목소리를 내는 사람', 즉 리더는 변화를 향한 열망을 가슴에 품고 그 변화를 이루기 위해 소리칠 용기를 가진 사람이다. 또 리더는 계속해서 성장을 추구한다. 현재의 성과에 안주하지 않으며 오늘보다 내일이 더 기대되는 사람이 진정한 리더다.

으레 사람들은 리더십을 연마하는 일이 매우 거창하고 과분하다고 생각한다. 하지만 일상 속에서도 충분히 리더십을 개발할 수 있다. 학교에서 과 대표나 동아리 대표를 맡거나, 종교 단체 등에서 자발적으로 리더의 역할을 맡아보는 것도 큰 도움이 된다. 그보다 작은 조직에서라도 주도적으로 무언가를 이끌어보겠다는 자세가 중요하다. 가정에서 가족 모임과 행사를 준비하는 것도 하나의 방법이다. 기회는 스스로 만들기 나름이다.

지금은 말도 안 되는 이야기 같지만, 1980년대 초 내가 다니던 공과대학 건물에는 여학생들을 위한 별도의 화장실이 없었다. 당시 내가 속한 공학부가 사용하던 5층짜리 제1공학관 건물은 학교에서 가장 높은 곳에 위치하고 있었다. 언덕길을 따라 한참을 올라가고 나서도 '지옥 계단'이라고 불리는 수백 개의 계단을 걸어 올라가야 했다.

제1공학관 건물에는 한 층에 하나씩 화장실이 있었다. 거기에는 열 개도 넘는 남성용 소변기가 가림막도 없이 쭉 붙어 있었다. 그 반대편으로 역시 열 개쯤 되는 변기 칸이 있었고, 이 열 개의 문 중 아홉 개에는 남자 얼굴 모양의 스티커가 붙어 있었다. 그리고 화장실 제일 안쪽에 위치한 문 한 개에만 여자 얼굴 스티커가 붙어 있었다. 결국 이 화장실은 건물에 여자가 없을 거라는 가정 하에 만들어진 것이 분명했다. 마지막 한 칸은 나중에야 억지로 마련한 임시방편이었다.

쉬는 시간을 알리는 종이 울리면 수백 명의 남학생이 동시에 강의실에서 나와 화장실로 향했다. 그들은 일렬로 서서 소변을 보거나 변기 칸에 들어가 담배를 피웠다. 아무리 담대한 용기를 낸다고 해도 여자인 내가 그런 아수라장을 비집고 들어가기란 쉽지 않았다. 화장실을 가득 메운 남학생들과 어깨를 부딪혀가며 소변을 봐야 한다니, 생각만 해도 끔찍했다.

소변기 앞에 늘어선 남학생들의 엉덩이를 지나쳐 여성용 화장실에 가까스로 들어간다 하더라도 도저히 그 안에서 소리를 내며 마음 편히 소변을 볼 자신이 없었다. 내가 용변을 보는 동안 모든 남학생이 나에게 관심을 기울일 것이 분명했다. 결국 나는 아랫배에 힘을 주고 볼일을 참았다가 지옥 계단을 거쳐 학생회관까지 달려가야 했다.

2년쯤 그렇게 살았지만, 어느 날 '이건 도저히 아니다'라는 생각이 들었다. 하지만 그 누구도 나의 괴로움을 해결해줄 것 같지 않았다. 그래서 그냥 내가 스스로 나서기로 했다. 내 뒤에 들어오는 여자 후배들도 더 이상 이런 어려움을 겪지 않도록 확실하게 해결하기 위해서는 학생처에 가 불만을 이야기하는 것보다 더 전략적인 접근이 필요했다. 결국 나는 '공대 여학생회'를 창립하기로 결심했다. 당시 1학년부터 4학년까지 약 4000여 명의 공과대학 학생 중 여학생은 열 명이 채 되지 않았다. 하지만 나는 선후배들을 일일이 찾아다니며 우리에게 여학생회가 필요한 이유를 설득시켰다.

나는 제1대 공대 여학생회장으로서 우선 우리의 존재를 교내에 알려야 요구 사항도 관철시킬 수 있을 것이라고 생각했다. 전부 합쳐야 달랑 열 명 남짓이었지만, 다른 학생회나 동아리처럼 우리도 모일 때마다 교내에 큰 플래카드를 걸었다. 서서히 우리의 존재가 알려질 때쯤 교무처장과 여학생처장 등에게 간담회를 요청했다. 제2공학관이 설립된다는 소식을 듣고 우리 공대 여학생회의 의견을 설계도면에 반영시키기 위해서였다. 특히 화장실을 만들어줄 것을 요구하고, 기존의 건물 또한 여학생들을 위해 고쳐주기를 공식적으로 건의했다.

우리 여학생회는 권리를 주장하기에 앞서 의무도 반드시 이행해야 한다고 믿었다. 그래서 학교의 공식 행사에 적극적으로 참여했다. 사범 대학이나 가정대학, 간호대학에서 여학생들이 학교 행사에 봉사를 지원하듯이, 우리 공대 여학생회도 똑같이 참여했다. 우리는 전원이 참석해도 존재감이 미미했지만, 어떻게든 다 함께하려고 노력했다. 그래야 우리의 권리가 더욱 빛나리라 생각했다.

큰 집단에서의 경험은 아니었지만, 여학생회를 이끌었던 시간은 나에게 권리와 의무의 관계에 대해 생각해볼 수 있는 계기가 되었다. 무엇보다도 요구를 관철시키면서 조직 자체의 정당성을 얻기 위해 노력했던 일련의 과정들은 비즈니스를 할 때에도 큰 도움이 되었다.

몇 해 전 나는 모교로부터 후배들을 위한 특강을 요청받았다. 강의는 그 당시 우리가 화장실을 만들어달라고 건의했던 제2공학관에서 열렸다. 나는 강의 시간보다 조금 더 일찍 도착해 복장을 점검할 겸 화장실에 들렀다. 여학생 여럿이 화장실을 사용하는 모습을 보니 문득 옛 생각이 났다. 그녀들은 이 화장실을 만들기 위해 선배들이 어떤 노력을 기울였는지 알고 있을까? 나도 모르게 슬쩍 웃음이 나왔다. 그녀들이 굳이 알 필요가 없다고 생각했기 때문이었다. 이 세상에는 여성에 대한 편견과 부당한 대우를 극복하기 위해 힘든 노력을 이어온 여성 리더들이 너무나 많다. 나 또한 그들 덕분에 편안히 살아가고 있지만 매번 잊어버린 채 살아가고 있다. 고마워하기는커녕 생각조차 하지 않는다.

하지만 나는 선대 여성 리더들에게 보답하는 길이 그들을 기억하고 고마워하는 것은 아니라고 생각한다. 오늘을 사는 우리 여성들이 우리만의 리더십을 통해 오늘의 문제를 해결하는 것, 즉 스스로 리더십을 갖고 사회적 편견을 무너뜨리는 일이 진정으로 더 중요하다고 생각한다. 그런 노력이 많은 사람에 의해 지속될 때 우리의 후배들 또한 그들만의 방식으로 당당히 세상 앞에 나아갈 것이다. 이것이 바로 우리 여성이 리더십을 길러야 하는 가장 큰 이유가 아닐까 한다.

여자의 강점이
곧 리더의 강점이다

함께 일하는 사람을 믿자는 것이 나의 경영 철학이었다. 일단 함께하기로 결정한 사람이라면 철저히 믿어주고, 그 사람이 잘하면 그의 역량으로, 잘못하면 내가 사람을 잘못 본 탓으로 여겼다. 내가 선택한 사람을 믿지 못한다면 리더의 신임을 얻지 못한 그 사람도 불행하겠지만, 믿지 못하는 사람과 일하는 나 자신도 불행해질 것이 뻔하기 때문이었다.

나는 회사를 창업한 뒤 사내 최고운영책임자에게 회사의 전 재산이라고 할 수 있는 모든 현금을 맡겼다. 그를 온전히 믿겠다는 뜻이었다. 그리고 그는 나의 기대를 실망시키지 않았다. 주인 의식을 갖고 현명하고 알뜰하게 회사 재산을 운영해주었다. 가구를 들여놓을 때에도 자기 집의 가구를 꾸리듯 비용 대비 효율을 생각했고, 설비나 원재료를 구입할 때에도 한 푼이라도 저렴하게 구매하고자 업체를 일일이 찾아다니며 제품 원가를 절감했다. 그 덕분에 우리는 업계에서 경쟁력을 확보하기가 용이했다. 완전히 새로운 시장을 개척해야 하는 사업이었지만 그런 와중에도 부채 없이 넉넉하게 현금을 보유할 수 있었고, 14년 동안 부실 채권 없이 회사를 운영해올 수 있었다. 이 모든 게 그 사람의 공이었다.

사실 리더십 스타일은 리더의 성향에 따라 다르게 나타난다. 카리스마 넘치고 권위가 강한 리더십이 있는가 하면, 자신을 낮추고 섬김의 자세로 조직을 이끌어가는 부드러운 리더십도 있기 마련이다. 쉽게 비유하자면 삼국지에 나오는 유비와 같은 덕장德將이 있는가 하면, 조조와 같은 지장智將도 있고, 장비와 같은 용장勇將도 있다.

수많은 리더십 스타일 가운데 요즘 세상에 필요한 리더십은 '경청'과 '위임'의 리더십이다. 과거에는 대량생산을 통해 원가를 절감하는 것이 기업 성장의 핵심 요인이었다. 그런 산업 사회에서는 목표에 집중하고 조직을 명령으로써 이끌어가는 카리스마적 리더십이 효율적인 경영 방식이었다. 그러나 소프트파워가 대세인 지금은 직원들의 주인 의식과 창의성을 독려해 더 큰 성과를 이끌어내야 한다. 그러기 위해 리더는 '경청'해야 하고, 아랫사람이 능력껏 판단하고 역량을 발휘할 수 있도록 책임을 '위임'해야 한다.

한 치 앞도 예상할 수 없을 만큼 세상이 빠르게 변하고 있다. 과거에는 리더들이 "내가 해봐서 아는데……"라고 말할 수 있었지만, 이제는 그럴 수 없다. 기술은 점점 더 복잡해지고, 고객이 기대하는 바는 높아지며, 경쟁은 더욱더 극심해졌다. 이 가운데 리더가 모든 사안을 알고 판단을 내리기란 불가능하다. 필연적으로 타인의 의견을 듣고, 그들의 판단을 신뢰해야 하는 순간이 온다.

회사를 운영하면서 내가 깨달은 점이 있다. 재무에 대해 나는 우리 회사의 최고재무책임자만 못하고, 생산에 대해서는 최고운영책임자를 넘지 못하며, 마케팅이나 영업에서는 최고마케팅경영자(CMO)에 미치지 못한다는 사실이다. 그보다 더한 점은 해당 사업 분야에서 박사 학위를 받은 내가 이제는 우리 최고기술경영자(CTO)는 물론 젊은 연구원들보다도 세부적인 기술을 모른다는 사실이다. 가끔씩 내가 물어보았던 기술적인 내용을 또다시 질문하면 우리 회사 연구원들은 이렇게 말한다. "사장님, 진짜 박사 맞아요?" 그러면 나는 이렇게 대답한다. "아니, 나는 가짜 박사거든!" 이런 대화가 오갈 때 정말로 행복하다. 담당 연구원들이 나보다 더 많이 안다는 것은 그만큼 우리 조직이 경쟁력 있다는 뜻이기 때문이다. 나보다 능력 있는 사람들이 모여 있고 그들이 같은 방향을 향해 나아간다면 분명 최고의 성과가 따라올 것이다. 리더로서 나의 임무는 우리가 나아가야 할 방향에 대해 고민하고, 올바른 방향을 가리키는 일이다. 나는 내가 모르는 사안에 대해 '모른다'는 말을 자주하고, 나의 실수에 대해서는 즉시 '미안하다'고 말하며 잘못을 인정한다. 이것이 바로 부족한 내가 나보다 뛰어난 조직원들의 마음을 한데 모아 나 혼자서는 이루기 힘든 비범한 일을 달성해낼 수 있는 비결이다.

사실 타인의 말을 경청하고 그들의 판단을 신뢰하기란 무척 어렵다. 하물며 아랫사람의 말을 듣는 일은 더더욱 그렇다. 하지만 경청과 위임의 자세는 리더에게 있어 정말로 중요하다. 삼성의 이병철 회장이 그의 자리를 이어받아 첫 출근을 하던 이건희 회장에게 휘호를 써주었는데, 그것이 바로 '경청'이었다. 쉬운 일이었다면 굳이 휘호로까지 써서 넘겨주었을까? 더불어 이병철 회장은 중국 송나라의 역사를 기록한 『송사宋史』에 나오는 '의심 가는 사람은 쓰지 말고, 일을 맡긴 후에는 의심하지 말라疑人勿用 用人勿疑'는 말을 자신의 경영 철학으로 삼아 삼성을 이끌었다.

리더는 자신에게 들리는 말을 귀로만 들어서는 안 된다. 때로는 머리로 들어야 하고, 때로는 가슴으로 절절히 느껴야 한다. 논리를 넘어 공감의 귀로 들어야 하는 것이다. 세종대왕은 글자를 못 읽는 백성들을 향해 '자신처럼 불철주야 공부해서 글을 배우라'고 하지 않았다. 대신 백성의 고충을 가슴으로 느끼고 그들을 위해 한글을 만들었다. 나는 이것이 오늘날 필요한 리더십의 모습이라고 생각한다.

물론 예외가 많겠지만, 여성들은 자라면서 주변을 시샘하는 경향이 있다고들 한다. 나도 어른들에게 유독 사랑받았던 남동생을 부러워했고, 질투도 했다. 하지만 리더로 도약하기 위해서는 나보다 뛰어난 직원들을 시샘해서는 안 된다. 오히려 아랫사람이 자신보다 더 똑똑할 때 진심으로 기뻐해야 한다. 강철왕 앤드류 카네기Andrew Carnegie의 묘비에는 '여기 자신보다 더 우수한 사람들을 다스릴 줄 알았던 사람이 누워 있다'라는 말이 쓰여 있다. 실제로 그는 한 인터뷰에서 "사실 저는 철강에 대해 아는 것이 별로 없습니다. 다만 부하 직원들이 최고의 능력을 발휘할 수 있도록 도와주었을 뿐입니다"라고 말하기도 했다.

더불어 능력 있는 여성들은 자신의 의견에 대해 누군가 반대를 할 때 그것을 다소 개인적으로 받아들이는 경향도 있다. 예일 대학교의 앤드리아 바이얼Andrea Vial 교수는 "일반적으로 여성 리더는 자신의 잘못을 절대로 시인하지 않으려는 특징을 지니고 있다. 전통적으로 남성이 지배해온 사회였기 때문에 여성 리더는 아직도 자신들의 정통성이 약하다는 인식을 갖고 있어 잘못을 인정하지 않으려 하고, 자신을 향한 공격에 과잉 대응하는 경향이 있다"라고 지적했다.[32]

공부도 잘하고 야무져서 주변 사람들로부터 기대를 받아온 여성들일수록 특히 더 그렇다. 물론 젊은 시절에는 나도 그런 실수를 많이 했다. 지금은 나이가 들고 성숙해져서 덜하기는 하지만, 아직도 누군가가 직설적으로 반대를 하면 순간적으로 움찔한다. 한마디로 감정이 앞서 경청이 어려워지는 것이다.

그런데 반대로 생각해보면 여성이 지닌 본성은 새로운 세상이 요구하는 리더의 요건과 완벽히 맞아떨어진다. 먼저 여성은 타인에 대한 공감이 뛰어나고, 소통으로써 관계를 맺어나가려는 본성이 있다. 더불어 앞으로의 시장에서는 고객과 조직원의 마음을 얻는 감성 리더십이 요구되는데, 여성은 남성에 비해 훨씬 더 감성적인 성향이 강하다. 조직원들을 섬기고 포용하는 면에서도 뛰어나고, 필요한 순간에는 단호하고 강직하며 투명하기까지 하다. 이러한 사실은 여성 리더십에 관한 여러 보고서가 증명한다. 2016년, 프랑스 명문 MBA 인시아드가 150여 개 국가 출신의 고위 경영진 2800명의 리더십을 평가한 결과 대부분의 리더십 요소에서 여성들이 남성들보다 더 높은 점수를 받았다.[33]

세계적인 리더십 개발 컨설팅 회사인 젠거 포크먼에서도 2011년에 7280명의 지도자를 대상으로 리더십 효과성을 조사했는데, 그 결과가 무척 흥미로웠다. 16개의 조사 항목 중 12개의 역량 부분(주도권 장악력, 자기계발, 성실성, 정직성, 결과중심 사고력, 직원 훈련 및 동기부여, 관계 형성, 팀워크, 목표 확장, 변화 주도, 문제 해결과 이슈 분석, 소통 능력)에서 직급에 관계없이 여성이 남성보다 앞섰다. 또 직원 수가 1000명 이상인 기업들을 대상으로 한 조사에서도 여성이 이끄는 기업이 남성이 이끄는 기업보다 평균 1퍼센트 순이익이 더 높은 것으로 나타났다. 더불어 남녀 직원을 고르게 고용한 회사들은 그렇지 않은 회사에 비해 문제 해결력이 뛰어났고, 이직률도 평균에 비해 20퍼센트나 낮은 것으로 조사되었다.[34]

남성 리더들은 구체적인 실행 방안이 갖추어지지 않았더라도 자신 있고 용감하게 주장을 펼치는 성향인 반면, 여성 리더들은 실행 계획까지 수립되어야 자신 있게 이야기를 꺼낸다. 영국의 마거릿 대처 수상은 이런 말을 남겼다.

"홰를 치며 우는 것은 수탉일지 모르지만, 알을 낳는 것은 암탉입니다. 무슨 이야기만 하고 싶다면 남성에게 부탁하십시오. 그러나 무슨 일이든 성사시키고 싶다면 그때는 여성에게 부탁하십시오."

이처럼 우리 여성들은 성공적인 리더십을 발휘할 만한 기본적인 소양을 갖추고 있다. 막연하게 겁내고 두려워하는 자세를 벗어나 더 넓은 역할을 해낼 리더를 꿈꾸고, 변화를 향한 열망을 가슴에 안은 채 용감하게 앞으로 나아가면 된다.

비전을 가슴에 안고
더 멀리 바라보라

『손자병법孫子兵法』의 「모공謀攻」편에는 '윗사람과 아랫사람이 같은 꿈을 바라보면 전쟁에서 승리한다上下同欲者勝'는 구절이 나온다. 즉 윗사람과 아랫사람의 목표가 다르면 아무리 노력해봤자 모두가 만족하는 결과를 얻을 수 없다는 뜻이다. 리더의 역할은 이러한 문제를 바로잡는 일이다. 조직이 이루어야 할 목표를 세우고 그 목표를 조직원에게 공유하는 것, 이것이 바로 리더의 첫 번째 사명이다. 세계적인 경영자로 손꼽히는 GE의 잭 웰치Jack Welch 회장 역시 "존경받는 기업가가 된 비결이 무엇입니까?"라는 물음에 "나는 내가 어디로 가는지 알고, 나의 직원들 역시 내가 어디로 가는지 알고 있다"라고 대답했다.

1900년대 초 서양에서는 '새처럼 하늘을 훨훨 날고 싶다'는 꿈을 품은 두 명의 리더가 있었다. 첫 번째는 미국의 천문학자이자 항공 기술자 새뮤얼 랭글리samuel Langley였고, 두 번째는 대학 교육도 제대로 받지 못한 채 교외의 자전거 가게에서 일을 하던 오빌 라이트Orville Wright와 윌버 라이트Wilbur Wright 형제였다. 당시에 랭글리는 미 공군으로부터 비행기 개발 자금 5만 불을 지원받아 연구를 한 반면, 라이트 형제는 연구비도 없이 '하늘을 날자'는 비전에 공감하는 사람들을 모아 개발을 시작했다. 랭글리는 1903년 10월과 12월에 공개적인 비행 시험을 하였으나 두 차례 모두 실패한 후 여론과 의회의 호된 비판을 받은 채 연구를 중단했다. 랭글리의 실패로부터 9일 후, 라이트 형제가 이끄는 연구팀은 비행에 성공했다. 왜 이런 차이를 보였을까? 랭글리는 비행을 가슴으로 꿈꾸기보다 부유하고 유명해지기를 원했다. 반면 라이트 형제는 함께 일하는 사람들의 가슴속에 '왜 하늘을 날아야 하는지'에 대한 목표 의식을 심어주었고, 그 꿈을 향해 모두가 한마음으로 매진했기 때문이다.

리더는 조직의 미래를 그리는 설계자로서 설계가 완성되도록 조직원들의 참여와 협력을 이끌어내야 한다. 그러기 위해 우선 조직으로부터 신뢰를 받아야 한다. 신뢰는 리더가 진정성을 보일 때 비로소 생겨나고, 그와 함께 일하는 주변 사람들이 인정해줄 때 만들어진다. 조직원들은 리더가 뱉은 말과 행동이 일치할 때 그의 진정성을 확신하고, 더 나아가 조직에 대해 신뢰를 갖는다.

여성이 리더가 되기 위해 갖추어야 할 역량도 이와 같다. 조직원들이 큰 꿈을 꿀 수 있도록 자신부터 먼저 담대한 목표를 세우고, 진정성을 보이며 신뢰를 얻어야 한다. 그런데 처음부터 여성이 리더로서 조직의 비전을 만들어내기란 쉽지 않다. 2016년에 《포브스》가 실시한 '여성 리더십'에 관한 조사에 따르면, 여성 리더는 전략을 분석하고 체계적으로 일을 실행하는 이른바 세심하고 분석적인 측면에는 강한 면모를 보인 반면, 비전을 제시하는 등의 거시적인 측면에서는 남성보다 다소 떨어지는 것으로 나타났다.

내가 회사에서 지켜봐도 여성 직원들은 업무를 수행함에 있어 세밀함이 돋보인다. 이슈 분석도 철저하고 계획 수립도 꼼꼼하며, 수립된 계획이 잘 실행되고 있는지 살피는 일에도 능하다. 거기에 배려심과 공감력도 충만해서 무리 없이 조직의 중간 관리자급으로 성장해나간다.

다만 여성들이 중간 관리자를 넘어 더 높은 직위로 올라가려면, 세부적인 실행 능력과 공감 능력만으로는 부족하다. 낮은 직급에서 강점으로 작용했던 여성의 세심함과 꼼꼼함이 높은 직급에 이르면 지나친 간섭으로 나타나 단점으로 작용할 수 있기 때문이다. 핵심적인 사안에 집중해야 할 리더의 위치에서는 너무 세부적인 내용에 집착하는 마이크로 관리 형태를 지양해야 하는데, 조직의 창의성을 약화시킬 우려가 있기 때문이다. 그러므로 여성 리더는 자신의 위치에 맞게 함께 일하는 사람들을 믿고 그에게 자율성을 부여하려는 자세를 갖추어야 한다. 『노자老子』의 「도덕경道德經」에 바로 이러한 리더십에 해당하는 이야기가 나온다. 밭을 갈고 있는 농부에게 "당신네 나라의 왕이 누구요?" 하고 물었을 때 "글쎄요. 왕이 있기는 한데 누구인지는 잘 모르겠네요"라고 대답하면 그 나라가 태평성대라는 것이다. 분명 세밀함과 꼼꼼함은 여성 특유의 강점이지만, 리더의 자리에 올랐다면 챙겨야 할 일의 범위를 크게 바라보고 설정해야 한다.

더불어 여성이 리더로 도약하기 위해서는 조직원들이 동일한 꿈을 꾸고 발맞춰 나아갈 수 있도록 '비전'을 세워야 한다. 이를 공유함으로써 직원이 스스로 성장하고 있음을 느끼도록 동기부여를 해주고, 리더 자신도 목표한 바를 반드시 이루겠다는 야심을 품을 수 있다.

비전을 만들어내기 위해서는 먼저 있는 그대로의 상황을 객관적으로 관찰해 판단을 내려야 한다. 그래야만 올바른 의사 결정을 내리고, 조직을 성장의 길로 이끌 수 있다. 그런데 문제는 바로 이 '객관적인 관찰'이 어렵다는 점이다. 우리 대부분은 내가 보고 싶은 쪽만을 보고 내가 믿고 싶은 방향만 믿는 경향이 있다. 하지만 리더라면 객관적인 관찰을 바탕으로 상황을 꿰뚫어보는 '통찰력'을 갖춰야만 한다. 통찰이 가능하려면 주위 상황을 새로운 관점에서 다각도로 살펴보고 종합적으로 고쳐 볼 줄 알아야 한다. 통찰을 지속하다 보면 이는 곧 '직관'으로 발전하고, 다른 말로 '척 하면 알아보는 고수'의 경지에 오르게 된다. 그러면 '우리 조직의 강점과 약점은 무엇인가?' '경쟁자의 무기는 무엇인가?' '어떻게 경쟁자와 싸워서 이길 것인가?' 하는 질문에 답을 찾기가 수월해진다.

여성들이 비전을 세우기 위해 가져야 할 또 하나의 관점은 '현미경적 사고'를 벗어나 큰 틀에서 생각하고 전체적인 관점에서 조직을 바라보는 '망원경적 사고'를 하는 것이다. 중간 관리자로 일하는 때부터 자기 팀, 자기 부서로만 시각이 한정되지 않도록 노력해보길 바란다. 사실 직급이 낮을 때에는 좁은 시야로 일하는 것이 심각한 문제가 되지는 않는다. 말단 직급에서는 현실과 현업에 몰입하느라 주변을 돌아볼 여유도 없다. 그러나 직급이 올라가고 경력이 쌓이면 다른 부서와의 협업을 조율하고 외부와도 일할 기회가 늘어난다. 한마디로 배려해야 하는 대상과 범위가 넓어진다. 리더는 이러한 관계 사이에서 우리 조직 전체의 이익이 최대화되기 위해 어떤 전략을 펼쳐야 하는지, 즉 대의의 관점에서 사안을 바라보는 지혜를 갖춰야 한다.

세계 최초의 거대 통일왕국 페르시아의 건설자인 키루스Cyrus 대왕이 젊은 시절에 자신의 아버지 캄비세스Cambyses에게 이런 질문을 했다고 한다. "어떻게 하면 가장 빨리 지혜로운 리더가 될 수 있습니까?" 아버지는 이렇게 대답했다. "빠른 길은 없다. 리더가 지혜를 얻는 길은 배울 수 있는 모든 지혜를 다 배우는 것이다. 무엇이든지 어느 분야에 대해 잘 알고 있는 사람이 있다고 하면 찾아가서 배움을 소홀히 하지 마라."[35] 예로부터 리더는 끊임없이 공부하는 사람들이었다. 2000년 전의 공자 역시 "나는 태어나면서부터 알고 있었던 사람이 아니라 옛 것을 좋아하여 재빨리 그것을 탐구한 사람이다我非生而知之者 好古 敏以求之者 也"라고 말했다.

지혜를 갖추기 위해 리더가 지속적으로 학습해야 하는 이유는 인간이 지닌 지식을 적용하고 실천하여 조직의 비전을 달성하고 결과를 내야 하는 사명을 가졌기 때문이다. 궁극적으로 일은 사람이 하고, 경영은 사람을 움직이는 일이다. 따라서 리더가 되려면 분야에 상관없이 '사람에 대한 깊은 이해'를 지녀야 한다. 자신의 전공 분야가 무엇이든 리더들이 의도적으로 인문 과학에 대한 이해를 넓히지 않으면 사람에 대한 지혜를 얻기가 어렵다. 그래서 요즈음 경영자들은 자신이 경영하는 분야가 무엇이든 관계없이 각종 조찬 모임에 나와 이른 새벽부터 인문 과학을 공부한다. 우리 여성들도 훌륭한 리더로 도약하려면 자신의 전문 분야를 넘어 인문 과학 범위까지 끊임없는 배움을 통해 지혜를 넓히는 노력을 해야 한다. 그 방법이 훌륭한 여성 리더로 도약하는 가장 빠른 길이다.

책임진다는 것의
강함

위대한 장군이 되려면 인품이 있어야 한다고 말한다. 그러나 아무리 인품이 훌륭해도 전쟁에서 이기지 못한다면 조직이 그 사람을 따르지 않는다. 좋은 예로 이순신 장군이 있다. 병사들은 이순신 장군의 한마디를 마치 신처럼 따랐다고 한다. 왜 그랬을까? 23전 23승이라는 '탁월한 성과'를 냈기 때문이다.

이는 기업을 경영할 때에도 마찬가지다. 그래서 '경영자의 인격은 숫자다'라는 말도 있다. 경영자는 성과를 창출하기 위해 비전과 전략을 세우고, 투자 자금을 준비하며, 인재 육성을 포함한 조직의 핵심 역량을 구축해야 한다. 즉 매 순간 조직의 성과를 위해 의사 결정을 내리고 그에 대해 '책임'을 지는 일이 리더의 역할이다.

최근 폭스바겐과 삼성의 대조적인 의사 결정 형태를 보아도 리더의 역할이 얼마나 중요한지를 알 수 있다. 폭스바겐의 경영진은 2015년

11월 배출가스 조작 사실과 관련하여 환경부로부터 리콜 요청을 받았으나 소극적으로 대응했다. 리콜 계획서를 제출했지만 세 번이나 퇴짜를 맞았고, 결국 9개월이나 시간을 끌고 나서야 리콜을 수용했다. 이로 인해 폭스바겐의 시장 점유율은 하락했고, 자동차를 구매한 고객들은 중고차 가격이 하락하는 바람에 큰 불편을 겪었다. 반면 삼성전자의 경영진은 '갤럭시노트7'을 발표한 지 2주 만에 불량이 문제시되자 '고객의 안전이 우선'이라며 생산 라인 자체를 폐쇄하는 등 빠른 의사 결정을 내렸다. 이에 대해 《월스트리트저널》과 같은 해외 언론들은 "삼성전자 경영진의 의사 결정은 빠른 시일 안에 적절히 이루어졌으며 장기적으로도 큰 손해가 없을 것"이라고 평가했다. 삼성전자의 경영진은 자칫 더 커질 수 있는 위기를 현명하게 넘겼다.

뛰어난 리더들은 어떠한 경우에도 자신이 최종 책임자라는 사실을 잘 알고 있다. 그래서 잘못된 일을 두고 직원이나 환경을 탓하지 않는다. 진정한 리더는 '책임은 나에게, 영광은 직원들에게 있다'는 생각을 늘 가슴에 지니고 있다. 일이 잘 풀렸을 때에는 '직원들이 열심히 했다'고 생각하지만, 일이 꼬였을 때에는 '내가 잘못한 일은 무엇인가?'를 되짚어본다.

또 리더는 조직이 어려움에 처했거나 패배 의식에 빠져 있을 때 희망을 노래해야 한다. 반대로 조직이 현재의 성공에 안주하거나 오만에 빠져 있다면 위기를 부르짖어야 한다. 이렇게 올바른 방향을 제시하는 리더가 되기 위해, 먼저 리더 자신이 내면의 힘을 지녀야 한다. 자신이 누구인지 알고 어디로 가야 하는지 분명하게 이해해야 한다는 뜻이다.

리더가 숱한 밤을 지새우며 전략을 구상하고, 열정적으로 솔선수범하려면 강력한 내면의 힘이 필요하다. 그래야 조직원들이 힘들어할 때 더 힘을 낼 수 있고, 조직이 잘나갈 때에는 다가올 미래를 내다보며 위기 의식을 불어넣을 수 있다.

합리적 의사 결정을 내리고 그 결과에 대해 책임지는 역량은 하루아침에 생겨나지 않는다. 매 순간 독립적으로 사고하고 주도적으로 살아가는 훈련을 통해 만들어진다. 여성들은 이러한 훈련을 반드시 해야 한다. 예외가 있겠지만 많은 여성이 어린 시절부터 자신의 진로에 대해 스스로 의사 결정을 내리거나 책임질 기회를 누리지 못했다. 다행히 요즘 젊은 여성들은 남녀 차별 없이 자라난 세대이므로 내 세대의 여성들보다 훨씬 더 책임 의식이 강하다. 그러므로 일상의 삶을 주도적으로 살아가는 훈련을 지속적으로 한다면 우리 여성들은 어느 날엔가 역량 있는 리더로 성장해 있는 자신을 발견하게 될 것이다.

리더의 길을 비춰주는
두 가지 거울

리더는 매 순간 자신의 의사 결정을 스스로 세운 목표와 가치에 비추어보고, 앞서간 리더들의 행보에 자신을 투영해보는 노력을 지속해야 한다. 나는 이것을 빗대어 각각 '성찰의 거울'과 '가르침의 거울'이라고 부른다.

먼저 '성찰의 거울'은 자신의 역할이 무엇이며 조직이 올바른 방향을 향해 가고 있는지, 또는 지나치게 오만했거나 누군가에게 상처를 주지는 않았는지를 돌아보게 한다. 리더의 결정은 언제나 모두를 만족시킬 수 없다. 결정에 따라 미움을 받거나 욕을 먹기도 한다. 하지만 그것이 자신의 목표와 가치에 부합하는 결정이라면 밀어붙일 줄도 알아야 한다. 단호하게 결정하되 그에 따르는 부정적인 의견을 감내하고, 결정이 만든 길 위에서 최선을 다하며, 결과에 책임지는 자세를 가져야 한다. 외부에서 들려오는 수많은 구설과 가지 않은 길에 대한 미련에서 벗어나 묵묵히 자기의 길을 걸어가기 위해서는 성찰의 거울을 꺼내어 수시로 질문해야 한다. 스티브 잡스도 매일 아침 거울 앞에 서서 '오늘이 나의 마지막 날이라면 지금 하려고 하는 일을 할 것인가?'라고 질문하지 않았던가.

두 번째로 '가르침의 거울'은 앞서간 리더들의 가르침과 담대한 결정을 떠올리며 나약해지는 마음을 다잡게 하고 올바른 길로 나아갈 수 있는 힌트를 제공해준다. 내가 가진 가르침의 거울 속에는 수많은 인물이 있었다. 맞지 않는 전공을 선택하고 연구원의 길을 걸어갈 때에는 마리 퀴리가 큰 힘이 되어주었고, 회사를 경영하면서는 스티브 잡스나 이나모리 가즈오 등 훌륭한 경영자들의 앞선 사례를 떠올리며 도움을 받았다. 개인적으로 너무나 무기력하고 힘이 들 때에는 자식들을 뒷바라지하느라 정작 당신 자신은 돌볼 줄도 몰랐던 어머니를 떠올렸다. 그럴 때마다 거짓말처럼 다시 앞으로 나아갈 힘이 생겼다.

창업 후 한번은 무섭게 앞서가는 일본의 경쟁사들이 너무나 두려웠다. 당시 빠르게 성장하는 일본의 회사들을 지켜보면서 나는 자다가도 벌떡 일어나 식은땀을 흘렸다. 회사의 리더인 내가 이렇게 두려워하는 모습을 직원들이 알까 봐 더 무서웠다. 밤마다 잠을 설치며 마음을 졸였지만, 아침이 되면 언제 그랬냐는 듯 희망과 용기로 가득 찬 얼굴을 하고 출근해야 했다. 정말이지 너무나 외로웠다. 아무에게도 말할 수 없고 말해서는 안 되는 무거운 고독이 나를 짓눌렀다.

그때 내 가르침의 거울 속에 이순신 장군이 나타났다. 나는 종종 고민이 깊어질 때마다 충남 아산에 있는 이순신 장군의 묘소를 찾아갔다.

두 개의 신도비와 넓은 잔디를 지나면 소나무 숲에 둘러싸인 장군의 묘소가 나온다. 그 앞에 가만히 앉아 있으면 이따금씩 숲에서 불어오는 바람 소리에 이순신 장군의 음성이 묻어 나오는 느낌이 들었다. 마치 "나는 충분한 병사도, 무기도, 군량도 없었다. 오합지졸을 모아 병사로 키우며 스스로 밭을 일구고, 소금을 굽고, 거북선을 만들어 일본과 싸웠다"라는 목소리가 들려왔고, 그 말은 자그마한 스타트업 사장인 나에게 큰 용기를 심어주었다. 그러면 나도 다시금 사명감을 갖고 전략을 세워볼 힘을 얻었다.

책임 의식을 갖고 성찰할 줄 아는 리더는 자신이 떠나야 할 때도 잘 안다. 지금 내가 리더로서 조직에 공헌하고 있는지, 나보다 더 크게 공헌할 사람은 없는지, 내가 떠나야 조직이 혁신할 수 있는지를 스스로에게 끊임없이 묻기 때문이다. 성찰의 거울과 가르침의 거울이 최종적으로 빛을 발하는 순간은 '리더가 떠나야 할 때를 알아차리는 바로 그 순간'이다.

내가 창업한 회사는 새로운 제품을 만들어 시장을 개척하는 과정에서 수백억 원의 연구비를 썼다. 큰 성과를 냈지만 그럼에도 1년에 수천억 원씩 투자하는 일본의 대규모 기업들을 상대하기에 힘이 부쳤다. 2014년 당시 새로운 성장 동력을 찾고 있던 대기업으로부터 우리 회사에 합병 제안이 들어왔다. 나는 무엇이 우리 조직에 이로운 일인지 스스로에게 물었고, 결국 합병하기로 결정했다. 그 시점에서 창업자인 내가 조직에 공헌하는 방법은 창업자의 지위를 내려놓는 것이었다. 더 많은 투자를 해줄 대기업과 함께함으로써 더 큰 미래를 창조하는 편이 옳다고 생각했다. 그 결정 덕분에 지금 이 자리까지 왔다.

여전히 나는 스스로 좋은 리더가 되기 위해 끊임없이 고민한다. 여성을 대상으로 수많은 멘토링과 강연을 진행했고, 오랜 경력으로 전문성을 구축했으며, 리더로서 지내온 시간도 적지 않지만 그럼에도 노력을 멈추지 않을 것이다. 나 역시 언젠가는 반드시 지금의 자리에서 물러나야 할 순간을 맞이할 것이다. 앞으로 사회에 뛰어들 여성들과 리더로 우뚝 설 여성들에게 내가 걸어온 이 길이 용기이자 이정표가 되기를 간절히 바랄 뿐이다.

위기에 더욱 빛나는
인적 네트워크

인적 네트워크는 리더의 성공에 중요한 역할을 하는 자산이다. 네트워크에서 배제되면 핵심 정보나 사업 기회, 훌륭한 인재 등에 접근하기가 어려워져 성공적인 리더로 성장하는 데 제약을 받는다. 그래서 남녀를 불문하고 성공한 리더들은 다양한 종류의 네트워크를 적재적소에 활용한다. 《포브스》의 조사에 따르면, 여성 리더들은 정보를 얻고 승진에 도움을 받고 싶을 때에는 남성 동료와의 네트워크를 이용하고, 정신적으로 힘들 때에는 여성 동료와의 네트워크를 이용한다고 한다.[36]

처음 창업을 하고 나서는 새로운 환경에 적응하기가 어려웠다. 첫 직장은 대기업이고 두 번째 직장은 글로벌 컨설팅 회사였던지라 그에 비해 환경이 열악한 스타트업 문화가 무척 낯설었다. 사무실 규모도 작았고, 집기도 중고 물품이었으며, 직원 수도 매우 적었다. 게다가 직원들은 대부분 기술자여서 밥을 먹을 때에도 말수가 거의 없었다. 하루 종일 말을 하며 지내던 이전 직장의 분위기와 달라도 너무 달라 가슴이 답답하기도 했다. 심지어 가끔은 잘나가다가 추락한 패배자가 되어버린 기분도 들었다.

이런 시기에 나를 단단히 붙잡아준 것이 네트워크였다. 특히 한국공학한림원에서의 활동과 각종 국가과학기술 관련 위원회 참여가 큰 도움이 되었다. 사회에서 인정받을 만한 성공을 거둔 분들과 과학기술의 미래에 대해 심도 있게 토론하고, 그것을 정책 보고서로 만드는 과정에서 사회에 공헌하고 있다는 뿌듯함도 느낄 수 있었다. 또 거기에서 만난 분들이 중소기업에 무료로 자문을 해주는 프로그램을 만들었을 때에도 우리 회사가 시범적으로 자문을 받을 수 있었다. 국내 굴지의 대기업 전문 경영인 출신들을 회사로 초청해 직원들 앞에서는 차마 말하기 어려운 고민들을 허심탄회하게 털어놓았고 해결책을 구하기도 했다. 직원들 역시 높은 분들이 회사에 방문하시는 모습을 보고 자부심을 느꼈다. 나는 각종 네트워크 모임을 통해 자존감을 굳건히 지킬 수 있었다.

사실 그동안 여성들은 리더가 되어도 이미 남성 중심으로 굳어져버린 네트워크에 선뜻 진입하기가 어려웠다. 하지만 지난 10여 년간 제도적으로든 현실적으로든 여성이 네트워크를 구축하고 참여할 수 있는 기회가 조금씩 늘어났다. 정부의 각종 위원회만 보아도 여성 위원을 일정 비율 이상으로 선정하는 문화가 당연시되고 있다.

기존에는 남성 중심으로 이루어졌던 각종 모임에도 여성들만의 모임이 따로 형성되고 있다. 예를 들어 벤처기업협회가 있으면 여성벤처기업협회가 있고, 경영자총협회가 있으면 여성경영자총협회, 과학기술인협회가 있으면 여성과학기술인협회가 있는 식이다. 이 가운데 여성 리더들은 여성들만의 모임에 참석함은 물론 남성들과 함께하는 모임에도 참여할 수 있어 양쪽에서 활동이 가능하다. 뿐만 아니라 대한민국은 세계적으로 보기 드물게 리더들을 위한 조찬 강연과 회의가 많은 나라다. 새벽부터 각종 모임에서 정보를 공유하고 학습을 함께하는 부지런한 리더가 많은 나라다. 그런 조찬 모임에서는 여성의 참여에 특별한 제약을 두지 않는다.

다만 문제는 각종 모임에 여성 리더들이 어떻게 진입할 수 있는가이다. 나는 지난 20여 년간 전문가로 성장하는 과정에서 적극적으로 모임에 참석해왔다. 그동안의 경험을 통해 내가 깨달은 점들을 바탕으로 미래의 여성 리더들에게 몇 가지 팁을 알려주고 싶다.

첫째로 '세상에는 공짜가 없다'는 사실을 알았으면 좋겠다. 먼저 베풀고 나중에 받는 '기브 앤 테이크' 법칙이 가장 충실하게 작동되는 곳이 네트워크다. 리더들의 모임은 애초부터 특정한 목적을 가지고 만들어졌다. 그래서 그 모임에 참여하려면 자신이 '목적에 맞는 기여'를 할 수 있어야 한다. 지식을 공유하거나, 기부금을 내거나, 시간을 들이는 형태로 기여해야만 한다. 때로는 모임의 운영진으로 활동하며 비용을 감당하는 리더가 될 수 있고, 총무 역할을 맡아 자신의 재능과 시간을 투자할 수 있다. 자신이 기여를 하겠다는 마음가짐에 앞서 네트워크의 인맥만 활용하겠다는 생각은 버리는 편이 좋다.

둘째로 자신의 분야에서 '자신만의 브랜드를 확보'해야 한다. 누구도 나를 불러주지 않는 곳에 불쑥 찾아갈 수는 없다. 어떤 모임이든 초대를 받아야 나갈 수 있는데, 대부분은 그 모임에 포함된 누군가의 추천을 통해 초대가 이루어진다. 추천을 받았다는 것은 내가 그 모임에 기여할 수 있는 '나만의 브랜드'를 가졌다는 의미다. 그것이 내 전문성과 관련된 것이든, 사회적 인지도나 재력 때문이든 나라는 사람이 어떤 분야에서 갖고 있는 확고한 정체성 때문인 것이다. 그것이 바로 나만의 고유한 브랜드다.

마지막으로 네트워크에 꼭 소속되어야 한다는 압박에서 벗어나 참여 자체를 즐겼으면 좋겠다. 인생사가 다 그렇듯 네트워크도 성공의 도구이기 이전에 삶의 한 과정이다. 그 모임에 참석한 사람들과의 만남이 기대되고, 만나고 나면 진심으로 기뻐야 계속 참여할 동기가 생긴다. 시간은 인간이 지닌 가장 희소하고 소중한 자원이다. 이렇게 아까운 시간을 들이면서 오직 성공만을 생각한다면 내 인생이 너무 불쌍하지 않은가? 무엇보다도 내가 모임을 진정으로 즐거워해야 다른 사람들도 나를 반긴다.

실제로 나는 네트워크를 통해 좋은 사람을 많이 만났다. 그들은 힘든 시기에 정말 많은 도움이 되었고 때로는 생활에 활력을 주었다. 특히 벤처기업 대표들과의 모임은 창업 초기 나에게 많은 위로가 되었다. 비슷한 어려움을 겪는 사람들이 있다는 사실 하나만으로도 마인드 컨트롤에 도움이 되었다. 또 스타트업 경영에 대해서도 배울 수 있었다. 어떻게 회사를 운영하고 상장하는지부터, 고비를 넘기는 지혜와 직원들의 사기를 북돋는 방법까지 크고 작은 문제를 해결하는 노하우를 얻었다. 무엇보다도 나는 그 모임에 참석하는 내내 즐겁고 행복했다. 모임을 통해 알게 된 사람들은 여전히 '내 사람'으로 남아 있다.

전문가 혹은 리더로 성장하겠다고 마음먹었다면 네트워크를 내 삶의 일부로 받아들여야 한다. 네트워크를 구축하는 데에 성별은 큰 문제가 되지 않는다. 내가 그 네트워크에 얼마나 공헌할 수 있는지, 또 내가 얼마나 즐겁게 참여할 수 있는지 그것만 생각하면 된다. 여자로서 한계가 있을 거라는 생각에 지레 겁먹지 말기를 바란다. 그저 담대하게 나를 위한 길을 찾아나서는 것이 정답이다.

제 6 장

삶

엄마 자신의 인생을 응원하라

아이가 주는 환희는 여자의 일생에 있어 가장 위대한 경험이자 기쁨이다. 하지만 일을 하는 여성들이 아이를 낳아 온전히 키우기가 어려운 게 지금의 현실이다. 그 속에서 여자는 어떻게 대처해야 하는 걸까?

먼저 어떤 어려움이 닥쳐도 일하는 엄마로 살겠다는 굳은 결심을 세워야 한다. 주위로부터 적극적으로 도움을 받고, 정답이 없는 세상을 살아갈 아이들에게 자존감과 긍정적인 정서를 심어주어야 한다. 아이에게는 아이의 길이 있고, 엄마에게는 엄마의 삶이 있다. 아이는 필시 부모의 등을 보고 자란다. 여자가 아내로서, 엄마로서 행복할 때 가족도, 그리고 여자의 미래도 행복해지는 법이다.

"부모 된 사람들의 가장 큰 어리석음은
자식을 자랑거리로 만들고자 하는 것이고,
부모 된 사람들의 가장 큰 지혜로움은
부모 자신의 삶이 자식들의 자랑거리가 되게 하는 것이다."

-『큰소리 내지 않고 우아하게 아들 키우기』 중에서

일하는 엄마는 매 순간
가혹한 시험대에 오른다

파울로 코엘료Paulo Coelho의 소설 『연금
술사』에는 이런 구절이 나온다.

"누군가 꿈을 이루기에 앞서, 만물의 정기는 언제나 그 사람이 그동
안의 여정에서 배운 모든 것들을 시험해보고 싶어 하지. 만물의 정기가
그런 시험을 하는 것은 악의가 있어서가 아니네. 그건 자신의 꿈을 실
현하는 것 말고도, 만물의 정기를 향해 가면서 배운 가르침 또한 정복
할 수 있도록 하기 위함일세. 대부분의 사람들이 포기하고 마는 것도
바로 그 순간이지."37

엄마가 되는 것도 마찬가지다. 엄마가 된다는 것은 정말로 큰 기쁨
이다. 자식을 낳아보지 않은 사람은 절대 이해하지 못하는 어떤 환희가
있다. 그러나 자식을 낳아 기르는 일이 결코 쉽지만은 않다. 20여 년이
넘는 세월 동안 매일매일 '시험'을 견디며 살아야 한다. 하물며 일하는

엄마에게 주어지는 시험은 더욱더 가혹하다. 그래서 대부분의 일하는 엄마가 시험을 맞닥뜨릴 때마다 일을 그만두곤 한다.

일하는 엄마들이 가혹한 시험을 통과하기 위해 가장 어렵지만 중요하게 생각해야 할 점은 '마음의 기본기를 갖추는 것'이다. '아이를 기르면서도 절대 일을 포기하지 않겠다'는 굳은 결심 말이다. 그러나 간혹 이 결심의 중요성을 간과하는 엄마들이 많다. 마음을 다잡기에 앞서 당장 아이 맡길 곳을 찾는 일에만 집중한다.

나 역시 아이를 키우며 매 순간 시험대에 오르는 기분이었다. 다만 나에게는 '일을 포기한다'는 선택지가 없었다. 어떻게든 일과 육아를 병행하는 것만이 내가 택할 수 있는 유일한 선택지였다. 만약 내가 처음부터 굳게 결심하지 않았더라면 가혹한 시험을 버텨내지 못하고 일을 포기할 수밖에 없는 이유를 수백 가지 만들어냈을 것이다. 하지만 나에게는 결심이 있었기에 무수히 흔들리던 순간에도 포기하지 않는 결정을 내릴 수 있었다. 그리고 문제가 생길 때마다 어떻게든 가장 적합한 해결책을 찾아냈다.

나는 결혼 후 6년간이나 엄마 되기가 두려워 아이를 갖지 않았다. 남편과 나는 결혼 후에도 계속 학생 신분이어서 아이를 양육할 돈도, 아이를 돌봐줄 사람도 없었다. 무엇보다도 아이를 낳으면 학업을 포기해야 할까 봐 겁이 났다. 여자가 아이를 갖고 일을 계속하는 게 어렵다고들 하는 데다가, 주변에서도 아이를 낳고 일을 그만두는 여성을 수도 없이 봐온 터였다. 그래서 임신을 차일피일 미루고 있었다.

그러던 어느 날 성당에서 충격적인 강론을 들었다. "어떤 학생은 졸업도 못하고 귀국해요. 어떤 학생은 졸업장을 한 손에 들고 다른 한 손으로는 아이의 손을 잡고 귀국하죠. 또 어떤 학생은 졸업장은 가방에 넣은 채 양손에 두 아이의 손을 잡고 귀국하더라고요. 어차피 시간은 흐릅니다. 가장 소득이 큰 편을 생각해보세요."

물론 이는 아내가 집에서 유학생 남편을 뒷바라지하는 상황을 가정한 경우였다. 그러나 이 말은 당시 유학생의 절반 정도가 학위도 받지 못하는 상황에서 '박사 학위만 받는 것도 대단한 일'이라고 여겼던 내 생각의 한계를 파괴했다. 아이를 갖는 일도 인생의 큰 소득 아니겠는가? 게다가 나는 매일매일 나이를 먹고 있었다. 언젠가 아이를 낳을 생각이라면 계속 미룰 수만은 없었다.

그래서 용기를 냈다. 엄마가 된다는 두려움을 떨치고, 일하는 엄마로 살겠다고 결심했다. 어떤 어려움이 닥칠지 정확히 알 수는 없었지만, 가혹한 시험도 모두 견디어내겠다고 마음먹었다. 결국 박사 과정 4년 동안 두 살 터울로 아들 둘을 낳아 키웠다. 그리고 아이들은 내게 엄청난 기쁨을 안겨주었다.

하지만 일을 하면서 아이 둘을 키운다는 것이 정말로 쉽지 않았다. 결심이 흔들릴 만한 사건이 수도 없이 이어졌다. 모든 상황이 나에게 일을 그만두라고 외치는 것 같을 만큼 가혹하기까지 했다.

당시에는 돈이 넉넉하지 않아서 아이들을 돌봐줄 사람도 구하지 못했다. 낮에는 남편과 번갈아가면서 돌봤고, 밤에는 아이를 학교에 데리고 가서 사무실에 재운 뒤 실험실에서 실험을 했다. 혹시 아이가 깰까봐 잠자는 아이 옆에 무전기를 가져다둔 채였다. 나는 매일매일 잠이 부족했다. 낮에는 아이가 깨어 있으니 함께 깨어 있어야 했고, 밤에는 혼자 일을 해야 했다. 잠은 아이가 낮잠을 잘 때 쪽잠을 자는 게 전부였다. 또 아이를 먹이는 일도 보통이 아니었다. 모유를 먹였기 때문에 항상 데리고 다녔고, 혹시라도 떼어놓을 일이 있으면 젖을 짜서 냉장고에 넣어두었다. 육체적으로 너무 피곤하고 힘들었다. 미국에서 유학을 하고 있던 터라 도움을 구할 가족도 없었다.

하지만 이건 일도 아니었다. 가혹한 시험은 끝도 없이 일어났으며, 모든 일이 상상 이상으로 힘들었다. 한번은 큰아이가 백일이 되었을 무렵에 열이 심하게 나서 병원에 데려갔다. 그런데 진찰을 하던 의사의 설명에 까무러칠 뻔했다. 아이의 머리둘레를 재보던 의사는 아이가 몸에 비해 머리가 너무 작아서 그대로 두면 두개골이 벌어질 수 있으니 즉각 수술을 해야 한다고 말했다. 너무 무서워서 일단은 집으로 데려왔지만 도무지 잠을 잘 수 없었다. 다음 날 다른 병원에 데려갔는데, 그 병원에서는 아이마다 성장하는 시기가 다를 수 있으니 한 달만 기다려보자고 했다. 한 달을 기다리고 나서도 정상 크기에 도달하지 못하면 그때 가서 수술을 하자는 말이었다. 이후로 나는 한 달 동안 아이의 머리를 수술하는 악몽에 시달렸다. 한 달이 마치 10년처럼 느껴졌다. 다행히 한 달 후 아이의 머리는 정상으로 자랐다. 천만다행이라는 말이 이럴 때 쓰는 말이구나 싶었다.

가혹한 시험은 거기에서 끝나지 않았다. 이번에는 작은아이가 이유 없이 아파서 새로 옮긴 회사의 입사를 두 달이나 늦췄다. 눈이 뒤집힐 만큼 경기를 일으켰는데, 병원을 몇 군데나 옮겨 다녀도 도통 원인을 찾지 못했다. 그 조그만 아이의 몸에서 골수를 채취하는 검사까지 해야 했다. 이후 작은아이는 급성 폐렴을 앓는 바람에 한동안 어린이집에 보낼 수 없었다. 대전에 있는 여동생의 집에 아이를 맡기기로 했는데, 당시 내 직장은 기흥에 있었다. 대전과 기흥을 오가는 고된 생활이 반복되었다. 그 사이 아이는 폐렴이 재발해 병원에 입원했고, 그러던 중 나는 일생일대의 교통사고를 당했다.

사고 후 수술을 받고 정신이 들자 곧장 병원에 있는 아이가 생각났다. 서둘러 퇴원한 뒤 얼굴과 목에 온통 붕대를 감은 채로 아이에게 달려갔다. 남편이 운전하는 차의 뒷좌석에 누워 가는데, 달리면서 생기는 진동 때문에 꿰매놓은 상처가 찢어질 듯 아팠다. 비명을 지르며 아이의 병원에 도착했다. 나도 환자였지만 그보다 아이가 우선이었다. 아이의 병실에 머무르며 아이를 돌봤다.

그 후로도 아이들을 키우며 피눈물이 날 만큼 가혹한 시험을 치렀다. 그렇지만 나는 일을 그만두지 않았다. 수도 없이 흔들렸지만, 매 순간 최종 결정은 '그럼에도 계속 일을 한다'였다. 만물의 정기는 엄마가 되는 나의 모든 여정을 시험했다. 그러나 그 길 위에서 나는 모든 시험을 이겨냈고, 여자로서 엄마로서 일하는 사람으로서 발휘했던 순간순간의 지혜가 지금의 나를 만들었다. 지금껏 나를 지탱해준 원동력은 '일하는 엄마로 살겠다'는 굳은 결심이었다. 나는 단단히 결심했고, 결국 내 삶을 지켜냈다.

아이의 모든 문제가
나 때문이라는 죄책감

세상 모든 아이는 말썽을 떤다. 한 번도 아프지 않고 크는 아이도 없다. 아이라면 응당 떼를 쓰고 버릇없이 굴며 형제끼리 다툰다. 넘어지고 다치고 소란을 피우는 일은 기본이다. 그런데 이렇게 시끄럽게 굴던 아이가 어느 순간 갑자기 말수가 줄어들고, 아이 같지 않은 행동을 보이며 엄마를 놀라게 한다. 아이들은 원래 그런 존재다. 우리도 자라면서 모두 이런 과정을 겪지 않았던가?

하지만 아이들의 자연스러운 행동과 변화에도 일하는 엄마들은 마치 자신이 일을 하는 바람에 아이가 올바르게 자라지 못하는 것 같다는 죄책감에 시달린다. 그러고는 이 죄의식을 옳지 못한 방식으로 보상하려고 한다.

초등학교에 다니던 시절, 나는 학교가 끝나면 어린 사촌 동생 두 명과 놀아주곤 했다. 개업의로 일하느라 집을 비우는 시간이 많았던 고모의 부탁 때문이었다. 고모는 아이들을 두고 일을 하는 게 미안했던지 사촌 동생들이 원하는 것은 무엇이든 사주었다. 동생들은 집 근처 가게에서 뭐든지 가져다 먹을 수 있었고, 고모는 나중에 그 비용을 한꺼번에 지불했다. 일하는 자신의 죄책감을 금전으로 보상하려 했던 것이다. 아이들이 자라면서 욕망의 대상은 점점 커졌다. 과자에서 장난감으로, 장난감에서 최고급 애완견으로, 스포츠카로, 요트로 변해갔다. 나는 사촌 동생들과 고모를 지켜보면서 엄마의 죄책감을 돈으로 보상해서는 안 된다는 점을 배웠다.

그러나 정작 나도 일하는 엄마가 되자 죄책감에서 벗어나기가 어려웠다. 다만 나는 금전이 아닌 '나 자신을 학대하는 것'으로 보상했다. 아이들을 두고 해외 출장을 떠날 때마다 말로 표현할 수 없는 죄의식을 느꼈다. 특히 아이들을 남에게 맡기고 2년 동안 파견 근무를 갔을 때에는 죄책감이 너무나 컸다. 그런 마음이 들 때마다 스스로를 미친 듯이 일에 몰아붙였다. 아이들을 두고 이곳에까지 온 이유는 '일'이라는 사실에 집착했다. 그래서 업무가 끝나고 호텔로 돌아가 또다시 일에 매진했다.

물론 관광 같은 것은 생각조차 하지 못했다. 아이들을 두고 온 주제에 여유를 부리며 구경을 다니면 안 될 것 같았다. 내가 즐거운 시간을 보내면 그 벌로 아이들이 아프게 되지는 않을까 하는 생각까지 들었다. 그러다 보니 2년간 해외에 머무르면서도 책을 보러 서점에 가거나 호텔 근처의 공원을 산책하는 것이 여가의 전부였다. 지금 생각해보면 정말로 미련한 짓이었다. 여기저기 돌아보며 사진도 찍고 재미있는 이야

깃거리를 만들어 아이들과 공유했다면, 나도 행복했을 테고 아이들에게도 도움이 되었을 것이다. 하지만 당시의 나는 스스로를 가혹하게 일에 몰아붙이는 것으로 죄책감을 덜어냈다.

한번은 이런 일도 있었다. 큰아이가 동생을 몹시 괴롭혀 혹시 정서적으로 불안한 게 아닌가 하는 생각이 들었다. 나는 또 극도의 죄책감에 시달렸다. 그길로 아이를 유아심리상담 클리닉에 데려갔다. 상담 결과는 충격적이었다. 아이는 멀쩡했다. 문제는 아이가 아니라 엄마인 나였다. 엄마의 불안이 아이에게 그대로 전달된다는 말이었다. 엄마가 아이와 함께 있는 시간에도 노른자 없는 계란처럼 아이에게 집중하지 못하고 겉도는 것이 문제의 본질이라고 했다. 상담 선생님은 엄마와 아이와의 관계는 함께 있는 시간의 양이 아닌, 순간의 질이 중요하다고 당부했다. 이런 죄의식을 경험하는 것은 나뿐만이 아니다. 내 주변에는 아이를 야무지게 키우면서 일에서도 성공한 여성 리더가 많은데, 그들 역시 이런 종류의 죄의식을 느꼈다고 털어놓았다.

하지만 사실 일하는 엄마는 자녀들의 인생에 확실히 좋은 영향을 미친다. 2015년 하버드 경영 대학원의 캐슬린 맥긴Kathleen McGinn 교수 연구팀은 '아이들이 일하는 엄마에게서 많은 것을 얻는다'는 사실을 밝혀냈다. 연구팀에 따르면, 성인 5만 명을 조사한 결과 워킹맘의 딸들이 전업주부 엄마를 둔 또래에 비해 더 높은 급여와 성공적인 커리어, 평등한 이성 관계를 누린다고 한다. 아들의 경우, 워킹맘의 아들이 전업주부의 아들보다 자신의 가족과 자녀를 돌보는 일에 두 배가량 많은 시간을 할애하는 것으로 나타났다.[38] 내 경험으로도 일하는 엄마를 둔 아이들은 어려서부터 자신의 일을 스스로 처리해나가는 것에 익숙해져서 커서도 독립적인 삶을 살아간다.

거꾸로 이렇게 한번 생각해보자. 만약 과거에 내가 일을 포기하고 아이 키우는 데에 전념했다면, 아이들이 지금보다 더 훌륭한 사람으로 성장했을까? 또 아이들의 인생이 획기적으로 달라졌을까? 글쎄다. 나는 그저 나와 아이들의 삶이 지금도 충분히 행복하고 훌륭하다고 생각한다. 내가 내 인생을 치열하게 돌파해왔듯이 아이들도 나에게 적응하면서 많은 것을 배우고 스스로의 인생을 굳건히 다져오지 않았을까?

나도 아이를 키우며 일할 때에는 이렇게 의연하게 생각하는 것이 쉽지 않았다. 스스로도 엄청난 죄책감에 시달렸고, 내 삶도 벅차서 다른 일하는 엄마들과 교류도 많이 하지 못했다. 하지만 전쟁 같은 육아의 무대에서 내려와 오직 나를 위한 삶의 길에 선 중년의 여자가 되니, 이제는 말할 수 있다. 일하는 엄마가 아이에게 죄책감을 느끼는 것은 엄마에게도 아이에게도 아무런 도움이 되지 않는다는 사실을. 심한 경우 아이의 인생을 망칠 수도 있다. 오히려 아이가 엄마의 부재에도 지속적으로 안정감을 느끼도록 환경을 조성해주고, 엄마도 몸과 마음이 건강해지도록 노력하는 편이 훨씬 더 현명하다. 일하는 엄마일수록 자신이 일을 한다는 사실 앞에 떳떳하고 당당해질 필요가 있다.

엄마라는 무게를
누군가와 나눌 수만 있다면

원래부터 아이는 엄마 혼자 키우는 게 아니었다. 산업화가 되면서 아빠가 경제 활동을, 엄마가 아이의 양육을 담당하게 된 것뿐이다. 여성이 주로 가사 활동을 하던 과거에도 마찬가지였다. 농경 시대에도 엄마는 농사일을 하고 집안일을 하느라 바빴기 때문에 오로지 육아에만 전념할 수 없었다. 그렇다면 아이는 원래 누가 키우던 것일까?

'아이 하나 키우는 데 온 마을이 필요하다'는 말이 있다. 대가족이 일반적인 가족 형태였던 시절, 아이들은 가족과 마을의 품 안에서 자랐다. 할아버지의 사랑방에서 놀다가 할머니와 잠을 자고, 동네 형, 누나들과 무리 지어 다니며 시간을 보냈다. 아이들은 주변 모든 사람을 통해 삶의 지혜를 배우고 사회성을 키워나갔다.

그래서 오늘날 일하는 여성들도 나 혼자 육아를 책임지겠다고 생각할 필요가 없다. 옛날처럼 주변의 도움을 받아가며 키워도 괜찮다는 사실을 받아들여야 한다. 이전에 비해 도움을 구하는 일이 덜 자연스럽고 어려운 환경이지만, 그래도 우리는 도움을 받아야 한다. 아이들에게도 온 마을과 가족의 돌봄을 받을 수 있는 기회를 주어야 한다.

일하는 엄마가 도움을 받아야 할 첫 번째 대상은 바로 '남편'이다. 하지만 많은 엄마가 남편을 못 미더워 한다. 엄마가 아이에 대해 더 잘 안다고 생각하고, 실제로도 그러하기 때문이다. 하지만 아이에게는 아빠와의 관계도 중요하며, 엄마 또한 아빠의 도움을 받아야 한다. 셰릴 샌드버그는 저서 『린 인』에서 "남편이 아이의 기저귀를 머리에 채우더라도 그것을 그냥 지켜보라"고 충고했다. 당장은 답답하더라도 아빠들도 연습하고 적응해갈 시간이 필요하다. 남편은 아이를 해치지 않는다.

사실 나도 처음에는 남편에게 아이를 맡기는 게 늘 불안했다. 게다가 우리는 둘 다 학생이었다. 어느 날엔가 남편이 유모차에 큰아이를 태우고 신나게 달리다가 아이를 다치게 했다. 지나가는 사람을 피하기 위해 갑자기 유모차를 세우는 바람에 아이가 붕 하고 날아가 시멘트 바닥에 이마를 찧은 것이었다. 얼른 달려가 아이를 안아보니 이마에 정말 주먹만 한 혹이 부풀어 오르고 있었다. 혹은 점점 커지고 파래지다 못해 검은색으로 변해갔다. 나는 너무 화가 났다. 그래서 남편에게 한소리 하려고 고개를 돌렸는데 남편의 얼굴도 말이 아니었다. 당황스럽고 경황이 없고 죄책감으로 뒤범벅된 얼굴이었다. 그래서 나도 소리치길 그만두었다. 이미 자신의 잘못을 뼈저리게 후회하고, 어쩌면 나보다 더 가슴 아파하고 있을 터였다.

게다가 남편만 실수를 하는 게 아니었다. 나도 아이에게 자전거를 태워주다가 아이의 팔꿈치에 금이 가는 사고를 쳤다. 엄마도 아빠만큼이나 숱한 실수를 저지르며 아이를 키운다.

특히 엄마들은 아빠들에게 양육 방법이 틀렸다고 사기를 꺾어서는 안 된다. 그 또한 자신의 방식으로 아이와 가까워지는 연습을 하고 있는 중이다. 아빠도 엄마도 실수를 거듭하며 부모가 되어간다. 그 실수는 모두 연습의 과정이다. 남편도 나도 그런 연습을 통해 육아에 익숙해졌다. 아빠의 육아를 지지해준 덕분에 성인이 된 우리 아이들은 엄마인 나보다 아빠를 훨씬 더 친밀하게 느끼고 있다.

번갈아가며 아이를 돌볼 때도 있었지만, 남편과 내가 모두 일을 할 때에는 아이들을 돌봐줄 다른 사람이 필요했다. 더군다나 우리는 해외 출장도 잦아서 누군가의 전적인 도움 없이는 여러 가지 어려움이 있었다. 조부모의 도움을 받기도 어려운 처지인 데다 어린이집이나 놀이방도 한계가 있었다. 친정 동생집 근처의 어린이집에 보내기도 하고 이 방법 저 방법을 다 써보았다. 하지만 나는 아이들이 더욱 일관된 환경 속에서 안정감을 갖고 지내길 바랐고, 아이들에게 지속적으로 애정을 쏟으며 돌봐줄 사람이 필요하다고 생각했다. 그래서 고민 끝에 우리 집에 머무르며 아이들을 돌봐주실 분을 찾기로 했다.

물론 딱 맞는 분을 찾기란 쉽지 않았다. 수소문 끝에 겨우 한 분을 모셨는데 며칠 함께 지내보니 썩 마음에 들지 않았다. 그분은 내가 퇴근하고 집에 돌아오면 아이들이 하루 종일 싸워서 얼마나 힘들었는지에 대해 하소연을 늘어놓았다. 나는 아이들이 그분에게 잘 다가가는지도 유심히 살펴보았는데, 전혀 그렇지 않다는 것을 깨달았다. 오랜 시간 아이들을 돌봐줄 사람을 찾았기에 아쉽지만 그분과는 더 이상 함께할 수 없었다.

또다시 어렵게 수소문을 해 다른 한 분을 소개받았다. 그분은 퇴근하고 돌아온 나에게 오늘 아이들이 어떤 일을 잘했는지 설명해주었다. "큰아이는 정리 정돈을 잘했고, 작은아이는 혼자서도 밥을 잘 먹었어요." 아이들이 싸운 이야기도 가감 없이 전해주었다. 물론 나는 다섯 살, 일곱 살 먹은 아이들이 온 집 안을 난장판으로 만들면서 하나가 지쳐 쓰러질 때까지 싸운다는 점도 잘 알고 있었다. 아이들도 가만히 살펴보니 그분께 가서 이것저것 보채며 요구하는 게 많았다. 아이들이 이분을 믿고 따른다는 확신이 들었고, 계속 함께해도 좋겠다는 직감이 들었다. 우리는 그녀를 '큰 이모'라 부르기 시작했고, 그녀는 우리의 가족이 되어 10년 동안 아이를 키워주셨다.

내가 조직에서 일해본 경험에 따르면, 아무리 좋은 인재를 찾았더라도 자발적으로 일할 수 있는 환경을 만들어주지 못하면, 그 인재는 역량을 발휘하지 못함은 물론 스스로 조직을 떠나고 만다. 이는 엄마와 보모와의 관계에서도 마찬가지다. 아무리 좋은 보모를 찾았다고 해도 그분이 아이를 잘 돌볼 수 있는 환경을 조성해주지 못하면, 온 마음과 능력을 다해 양육을 해주기가 어렵다. 나와 같은 마음으로 아이를 키워줄 사람을 찾는다면, 그 사람이 나와 같은 마음을 가질 수 있도록 환경을 마련해주어야 한다.

나는 일터에서 '주인 의식'을 가지는 것이 얼마나 중요한지를 잘 알고 있었다. 마찬가지로 큰 이모가 자신을 주인이라고 생각하지 않았다면 내가 없는 동안 아이들을 엄마처럼 돌보기가 어려웠을 것이다. 그렇다고 해서 집에 CCTV를 설치할 수도 없는 노릇이었고, 설치한다고 해도 의미 없는 일이었다. 모든 것을 일일이 지적하면 수동적으로 아이들을 돌볼 게 뻔했다. 그래서 나는 큰 이모를 우리 집의 '주인'으로 만들었다. 우선 그녀에게 살림을 알아서 하도록 신용카드를 내주었다. 대신 엑셀 프로그램과 이메일 사용법을 가르쳐 사용 내역을 정리하고, 한 달에 한 번씩 나에게 보내달라고 부탁했다. 실제로 나는 그녀가 보내준 내역을 볼 시간도 없었고 그럴 필요도 없었다. 또 살림하는 방식이 나와 다르다고 해서 싫은 소리를 하지 않았다. 그녀에게 필요한 핵심 역량은 살림이 아니라 아이를 잘 돌보는 일이었다. 그녀가 아이에게 먹이는 음식에 대해서도 간섭하지 않았다. 그저 그녀가 주도적으로 아이를 챙길 수 있도록 환경을 조성하는 데에 힘을 쏟았다.

처음에는 나도 아이들도 큰 이모도 익숙해지는 데에 시간이 걸렸다. 하지만 시간이 지날수록 그녀는 나보다 더 엄마 같은 사람이 되었다. 아이가 토를 하면 그것을 손으로 받아내기도 하고, 아이가 남긴 음식도 본인이 먹을 정도였다. 아이들에게 좋지 않다며 텔레비전을 거실에서 치웠고, 천식으로 고생하는 작은아이를 위해 장어를 사다가 약을 지어 하루도 거르지 않고 먹였다. 아이들은 심지어 나보다 큰 이모를 더 따르기 시작했다. 그녀는 정말로 우리의 가족이었다.

그러던 어느 날 그녀가 자궁암에 걸렸다는 소식을 들었다. 암 선고를 받던 날, 그녀는 나에게 유언처럼 이렇게 말했다. "이곳에서 함께한 날들이 내 인생에서 가장 아름다웠던 순간이었어요. 참 행복했습니다."
우리와 함께한 시간을 후회하지 않는다면서 자신을 온전한 식구로 받아들여주어서 고맙다고 했다. 다행히 그녀의 암은 초기에 발견되었고, 우리는 당연히 그녀의 수술과 회복 과정을 함께했다.

큰 이모는 큰아이가 고등학교에 입학할 무렵 자신의 손주를 돌보러 떠났지만, 지금도 그녀는 우리 가족의 중요한 행사에 참석한다. 해마다 새해 아침이 되면 나와 아이들은 부모님 다음으로 그녀에게 인사를 드린다. 나는 아이들이 상급 학교에 진학하거나 군대에 갈 때에도 꼭 그녀에게 알린다. 아이들이 결혼할 때에도 엄마의 자리에 그녀와 함께 나란히 앉을 생각이다.

내 아이를 다른 사람에게 맡길 때에는 그 사람이 내 아이와 친밀한 관계를 형성할 수 있도록 '엄마라는 기득권'을 내려놓아야 한다. 이 세상에서 내가 최고로 받들어 모셔야 할 사람은 바로 내 자식을 돌보아주는 사람이다. 내가 그 사람을 단순히 고용인으로 대하면서 그 사람이 내 아이를 수입의 원천으로 대하지 않기를 기대할 수는 없는 노릇이다.

아이가 나보다 보모나 선생님과 더 친밀하다면, 엄마로서 좌절하거나 질투하기보다는 '내 아이가 정말 잘 자라고 있구나' 하고 기뻐서 춤을 출 일이다. 영양가 높은 유기농 음식과 피부에 좋은 고가의 기저귀보다 더 중요한 것이 아이의 정서와 감정이다. 내가 보지 않는 곳에서 아이의 정서에 절대적인 영향을 미치는 사람들에게 내가 먼저 감사와 존경의 마음을 표해야 한다.

일하는 엄마가 자신과 남편 다음으로 세상에서 가장 의지할 수 있는 대리 부모는 바로 아이들의 할아버지와 할머니다. 최근에는 조부모 교육의 긍정적인 효과가 과학적으로도 속속 입증되고 있다. 아이들에게 부모가 줄 수 없는 많은 것을 조부모가 가르칠 수 있다는 뜻이다. 부모는 아이에 대한 기대치가 높고 결과를 빨리 보고 싶어 하는 '결과중심의 양육'을 한다. 반면 조부모는 부모와 달리 눈높이가 아이에 맞춰져 있고, 관찰과 격려에 근거를 둔 '과정중심의 양육'을 한다. 이는 향후 아이들이 안정적으로 정서를 확립하는 데 큰 도움이 되고, 성취감을 쌓는 데에도 영향을 준다. 2012년에 방영한 다큐멘터리 프로그램 「SBS 스페셜-그들에겐 특별한 것이 있다」에서는 조부모가 손자를 가르치는 '격대교육隔代教育'의 중요성을 새롭게 조명했다. 미국 노스캐롤라이나 대학교의 글렌 엘더Glen Elder 교수팀은 조부모와 손자의 상관관계를 광범위하게 조사한 결과, 아이들이 조부모와 지리적으로 가까울수록, 또 자주 접촉할수록 아이의 성적과 성취도가 높다는 사실을 밝혀냈다.[39]

마이크로소프트의 창업자 빌 게이츠는 "할머니와의 대화와 독서 그리고 카드놀이가 지금의 나를 만들었다"며 격대교육에 높은 가치를 부여했다. 세계적인 전자상거래 기업 아마존의 창업자 제프 베조스Jeffrey Bezos 역시 프린스턴 대학교 졸업식 연설에서 조부모의 교육이 자신에게 끼친 영향에 대해 설명했다. "나는 어린 시절에 조부모님과 여행을 많이 다녔다. 어느 날 자동차 앞좌석에서 할머니가 담배 피우시는 모습을 보고 그렇게 담배를 피우다간 할머니의 수명이 얼마나 줄어들지를 정확히 계산해 말씀드렸다. 나는 나의 똑똑함을 칭찬받을 줄 알았는데, 할머니가 울기 시작했다. 할아버지는 차를 세우고 나를 내리게 한 다음

이렇게 설명하셨다. '네가 언젠가는 알게 될 날이 올 거다. 똑똑함보다는 다른 사람을 배려하는 일이 더 중요하다는 사실을.' 나는 할아버지의 그 말을 평생 기억하고 살았다. 그때 할머니는 폐암 투병 중이셨다."

나의 롤모델 마리 퀴리의 두 딸도 그녀가 일하는 동안 친할아버지의 교육을 받으며 자랐고, 이후 딸들도 자라 노벨상을 수상했다.

"내가 편견 없이 자랄 수 있었던 것은 모두 외할머니 덕분이다. 할머니는 나에게 모든 것을 쏟았고, 기회를 놓치지 말라고 가르쳐주셨다." 미국의 전 대통령 버락 오바마Barack Obama 역시 조부모와의 관계를 통해 자신의 가치관을 정립할 수 있었다고 말했다. 이 세상에서 부모 이상으로 아이가 바른 길로 자랄 수 있도록 해주는 사람은 할아버지와 할머니다. 조부모의 교육은 아이의 정서적 안정감과 내면의 힘을 강화시켜, 궁극적으로는 아이가 행복하게 살 수 있는 마음의 기초를 제공한다. 그러므로 아이를 양육할 때 조부모의 도움을 받는 일은 부모가 할 수 있는 최선의 선택이다.

손주들이 조부모의 방에서 함께 지내며 예의범절과 삶의 지혜를 배우는 것은 원래 우리나라의 고유한 전통이다. 아이는 조부모를 통해 자신의 뿌리를 확인하고 정체성을 정립한다. '잘되는 일이 아무것도 없으면 할머니를 찾아라'라는 이탈리아의 속담처럼, 아이의 교육이 걱정된다면 할아버지와 할머니라는 대문을 두드려보길 바란다.

단 10년 때문에
40년 엄마 인생을 포기할 것인가?

자녀의 육아 문제를 놓고 고민하는 후배들에게 우리 큰 이모에 대한 이야기를 해주면 다들 이렇게 반응한다. "에이, 선배님은 돈이 있었으니까 그렇게 할 수 있었겠죠. 우리는 돈이 없어서 일하는 분 못 써요." 하지만 나는 아이를 제대로 양육하기 위해 좋은 분을 모시고, 그분과 가족의 연을 맺는 일이 단지 돈의 문제는 아니라고 생각한다.

큰 이모가 우리 가족이 되고 몇 년 지나지 않아 나와 남편은 창업을 했다. 그동안 벌어서 저축해놓은 돈을 몽땅 회사에 쏟아부었고, 우리 가족은 셋방을 전전하기 시작했다. 그나마 직원들에게는 급여를 제대로 주었으나, 투자자들에게 배당도 못해주는 상황에서 나와 남편의 월급을 넉넉히 책정하기가 어려웠다. 쥐꼬리만큼 받아가는 월급으로 아이들 학비를 내고 큰 이모에게 월급을 주고 나면 생활비가 부족할 정도였다. 마이너스 통장에서 대출을 해 생활할 때도 많았다.

회사에는 현금이 넉넉했지만 개인적으로는 정말 돈이 없었다. 그래서 큰 이모를 포함해 우리 가족은 9평짜리 반지하 원룸에서 살았다. 햇볕도 안 드는 곳에서 다섯 식구가 빨래를 말리고 음식을 해 먹으니 벽에 곰팡이가 가득 피었고, 아이들과 나는 이유 없이 시름시름 아프기도 했다. 그나마 돈을 아끼고 대출을 조금 받아 지상에 있는 12평짜리 원룸으로 이사를 했을 때에는 너무 행복했다. 그러다가 다시 방 두 개짜리 오피스텔로 이사를 갔고, 큰 이모가 우리를 떠날 때가 되어서야 방세 개짜리 25평 연립 주택에 전세로 들어갈 수 있었다.

돈이 없어 대출을 받으며 살았던 그 시절에도 우리 가족은 불행하지 않았다. 현실은 얼음장 같았지만, 우리는 꿈을 품고 스스로가 선택한 삶을 살고 있었다. 또 큰 이모에게 지불하는 비용을 아끼려고 내가 일을 포기하면 우리 가족은 미래에 경제적 독립이 어려울 테고, 그렇게 되면 꿈도 멀어질 것이라 생각했다. 큰 이모에게 들이는 비용은 아이에게 도움의 손길이 필요한 10년 정도이지만, 내가 일을 하며 돈을 버는 기간은 40년이라는 생각도 한몫했다. 게다가 10년이 지나면 내 급여는 점점 더 높아질 테니 금전적으로 생각해보아도 절대 손해 보지 않는 투자였다. 결국 큰 이모에게 들이는 돈은 '비용'이 아니라 '투자'였다.

나는 자산을 고려할 때 지적자산, 인적자산, 금융자산 순으로 중요성이 높다고 생각한다. 전문적인 지적자산이 없으면 주변에 인적자산을 쌓기가 힘들고, 또 지적자산과 인적자산이 없으면 금융자산을 쌓기가 쉽지 않다는 게 나의 신념이다. 그 당시 나는 일을 하면서 눈에 보이지 않는 지적자산과 인적자산을 쌓고 있었다. 그런데 당장 눈앞에 보이는 금융자산 때문에 일을 포기한다면, 이는 투자의 관점으로 봐도 현명하지 못한 선택이 분명했다. 내가 나에게 장기적으로 투자해 지적자산과 인적자산을 쌓는 동안, 아이를 돌보는 일은 신뢰할 만한 사람에게 맡기는 편이 더 효율적이었다.

만약 아이의 양육 비용 때문에 엄마가 일을 포기하겠다고 결심했다면, 이 이야기를 들려주고 싶다. 장기적인 투자의 관점으로 본다면 일을 포기하는 것이 현명하지 못한 선택이라고 말이다. 육아를 남에게 맡기는 것은 단기적으로 보면 '비용'이다. 하지만 엄마가 젊은 시절에 지적자산과 인적자산을 쌓는 일은 돈으로 따질 수 없을 만큼 중요한 수익이다. 그리고 이것이 나중에 경제적인 수익으로 이어진다. 무엇보다 더 소중한 수익은 인생의 중요한 순간마다 현명하게 우선순위를 설계해 자신이 꿈꾸고 소망하는 삶을 지켜냈다는 것이다.

조선의 대표적인 현모양처로 알려진 신사임당도 알고 보면 자신의 인생을 희생해 자녀를 키우지 않았다. 오히려 한 아이의 엄마이기 이전에 철저한 전문가로서 자신의 인생을 개척해왔다. 여자들은 이름도 주어지지 않았던 시절, 그녀는 사임당師任堂이라는 호를 직접 지었다. '사임師任'은 3000년 전 주나라 문왕의 어머니인 '태임太任'을 사모한다는 뜻으로, 그녀는 태임과 같이 조선을 혁명적인 왕조로 바꿀 총명한 아들을 길러내겠다고 다짐했던 것 같다. 더불어 그녀는 아이를 키우면서 예술에 대한 열망을 놓지 않았고, 학문과 시문, 그림과 자수에 능한 예술가로서 인생을 살았다. 그런 어머니를 보고 자란 율곡 이이는 조선 최고의 학자가 되었다.

작은아이가 다섯 살쯤 되던 해에도 나는 일을 포기할지 말지를 결정하는 중대한 기로에 놓였다. 당시 나는 컨설팅 회사에 다니며 새벽에 출근해 자정이 넘어 퇴근하는 생활을 하고 있었다. 그런데 어느 날 큰이모가 다섯 살밖에 안 먹은 작은아이가 곱하기를 잘한다고 하는 게 아닌가? 당연히 믿지 않았다. 숫자도 모르는 꼬마가 곱하기를 한다니.

혹시나 하는 마음으로 주말 아침에 아이를 불러 곱하기 몇 개를 시켜보았다. 그런데 큰 이모의 말은 사실이었다. 정말 놀라서 기절할 지경이었다. 두 자릿수는 물론 세 자릿수 곱하기까지 척척 해내는 게 아닌가? 도대체 이 아이가 그걸 어떻게 알았단 말이지? 알고 보니 형이 컴퓨터로 곱하기 게임을 하는 걸 보고 어깨너머로 배웠다고 했다. 형이 무서워서 직접 해보지는 못하고 뒤에서 지켜보면서 자기 나름의 규칙을 만들었던 것이다.

나는 이런 아이를 앞으로 어떻게 키워야 할지 걱정에 빠졌다. 초등학교 2학년인 자기 아이가 다른 쪽으로는 어눌한데 수학만 고등학생 수준이라던 선배에게 조언을 구했다. 그는 결국 미국 영재 학교에 엄마와 아이를 보냈다면서 나에게도 추천이 필요한지를 물었다. 몇 날 며칠을 고민했다. 하지만 결국 우리 부부는 그러지 않기로 결심했다. 일단 나는 내 일을 버린 채 아이와 미국에 갈 생각이 없었다. 더군다나 계산을 조금 빨리 한다는 이유만으로 영재라고 판단하기에는 일렀고, 한 분야에서만 뛰어난 영재가 행복한 인생을 살아갈지도 확신할 수 없었다. 나에게는 나의 인생이 있고, 아이에게는 아이의 인생이 있다고 믿었다.

엄마들은 굉장히 많은 순간마다 일과 아이 사이에서 흔들린다. 일반적으로 아이가 중학생일 때까지는 엄마가 옆에 붙어 전폭적인 지원을 해주는 아이에 비해 성적이 뒤처지는 것처럼 보이기도 한다. 또 엄마가 옆에 없어서 그런지 때로는 우리 아이가 더 예의범절이 없는 것처럼 느껴지기도 한다. 주변에서도 '엄마가 애 팽개쳐놓고 밖으로 도니까 애가 저 모양이지'라는 말까지 나오기도 한다. 일하는 엄마들은 이럴 때마다 내 아이만 잘못 성장할 것 같다는 극도의 불안감을 느낀다. 특히 아이가 사춘기에 이르면 엄마의 좌절감은 상상을 초월한다. 나 역시 아이의 지독한 사춘기를 보내며 갈등이 많았는데, 그때 한 모임에서 만났던 동국대학교 부총장님의 말을 듣고 마음을 다잡을 수 있었다. "전생에서의 원수가 현생에서 부모 자식으로 만납니다. 자식은 부모를 수행하도록 이끄는 안내자입니다. 자식에게는 자식의 길이 있고, 부모에게는 부모의 길이 있지요."

아이가 더 자라서 학부모 모임에라도 다녀오면 죄책감은 한없이 더 커진다. 나도 아이들을 키우면서 학교에 자주 찾아가지 못했는데, 큰아이가 고등학교 3학년이 되었을 때 처음으로 학부모 모임이라는 곳에 나가보았다. 엄마들이 모여 아이들의 학교생활에 대해 이야기를 나누는 자리였다. 그런데 나만 빼고 서로를 너무나 잘 알고 있는 듯했다. 학원 정보이며 성적에 관한 이야기까지 다들 막힘없이 말을 늘어놓는데, 나는 그에 관해 아는 것도 없고 할 이야기도 없었다. 엄마인 내가 이렇게 소외감을 느끼는데 내 아이는 얼마나 큰 소외감을 느끼며 지냈을까 생각하니 가슴이 미어지는 듯했다. 한쪽 구석에서 웅크리고 있다가 집으로 돌아오는데 자존감이 한없이 무너졌다. 적극적으로 아이의 일에 개입하지 못한 것이 후회되기도 했다. 하지만 지금까지 그랬듯 일을 포기할 수는 없었다. 한동안은 끙끙댔지만, 역시나 나는 내 일을 선택했다. 그리고 다시는 학부모 모임에 나가지 않겠다고 다짐했다.

내가 일하는 엄마로 살아보니 주변에서 하는 소리에 너무 귀 기울일 필요가 없다는 점을 뼈저리게 느낀다. 일하는 엄마들은 일터에서 자존감을 높일 기회가 많다. 자존감이 높은 엄마는 아이의 학교 성적이 어떻든 아이의 자존감이 높아지는 데에도 긍정적인 영향을 미친다. 엄마가 자신의 인생을 열심히 살아가는 모습을 지켜본 아이들은 독립심과 주도적인 삶의 방식을 저절로 학습한다. 무엇보다도 자식은 엄마에게 자신을 낳아달라고 한 적이 없고, 자신을 위해 희생해달라고 부탁한 적도 없다. 엄마가 원해서 자식을 낳았고, 엄마가 성공이라고 정의한 목표에 아이를 도달시키기 위해 그토록 애를 쓰는 것이다. 아이는 엄마의 뱃속에서 태어나면서, 그리고 자라면서 무한한 환희와 기쁨으로 이미 효도를 다한 셈이다. 이런 아이에게 "내가 너를 위해 얼마나 희생했는데……"라고 말하는 것은 옳지 않다.

내 어머니도 서울까지 공부시키러 보낸 자식들을 먹이고 입히기 위해 농촌에서 무척이나 힘들게 일을 하셨다. 일하지 않는 날에는 음식을 머리에 잔뜩 이고 몇 번이나 버스를 갈아타며 두 다리로 먼 길을 오셨다. 하지만 단 한 번도 '내가 너희들을 위해 희생했다'고 말씀하신 적이 없다. 자식을 위해 자신의 인생을 헌신했다며 아버지를 괴롭힌 적도 없었다. 그저 그렇게 살아온 것이 어머니의 인생이었고, 자식들로 인해 행복했다고 말씀하실 뿐이다.

　나는 자식의 미래를 위해 일을 그만두는 여성들을 비난하고 싶지 않다. 자녀와 함께하길 선택하는 일 또한 위대한 결정이고, 그 길 또한 내 어머니의 인생처럼 위대하고 고귀하다. 다만 어떤 결정이든 선택은 엄마인 내 몫이고, 그것은 희생이 아니라 내가 선택한 내 인생일 뿐이라는 사실을 기억했으면 한다.

아무리 바빠도
일하는 엄마가 절대 놓지 말아야 할 것

큰아이와 작은아이는 분명 같은 배에서 나왔는데도 성향이 전혀 다르다. 식성도, 좋아하는 일도, 여자친구에 대한 관점도 모두 다르다. 나는 늘 아이들에게 "자식이 딱 둘밖에 없는데 둘이 똑같았으면 얼마나 억울했겠니? 둘이 다르니까 시너지가 생기는 거야. 집안으로 보면 참 다행인 일이지"라고 이야기한다.

하지만 많은 부모가 자녀를 형제나 다른 집 아이들과 비교한다. '옆집 아이는 어떻다'는 식으로 부모 스스로가 아이의 자존감과 자신감을 깎아먹는 것이다. 자존감은 다른 사람이 뭐라 해도 자기를 인정하는 마음이고, 자신감은 남들이 자기를 어떻게 생각하더라도 자신을 믿는 마음이다. 자존감과 자신감이 충만한 아이는 상대방이 잘못을 지적해도 쉽게 상처받지 않고, 그 잘못을 인정하고 받아들인다. 그만큼 사고의 틀이 유연해 다른 사람과도 좋은 관계를 유지하고, 새로운 환경이나 일을 잘 받아들인다. 그런데 사실 모든 부모가 자식이 이렇게 성장하기를 바라고 있지 않은가?

들에 피는 꽃이 전부 다르듯 우리 아이들도 각자가 다 다르다. 무궁화를 보며 "너는 왜 장미처럼 화사하지 못하니?"라고 말하면 사람들은 정신이 나갔다고 생각한다. 그런데 부모들은 아이들을 두고 이런 실수를 아무렇지 않게 한다. 학교 성적이라는 잣대로 아이들을 획일적으로 평가하고 비교하는 '정신 나간 짓'을 하고 있다.

낡은 잣대를 들어 아이를 비교하는 대신, 부모가 정말로 해야 할 일은 '아이를 믿어주는 것'이다. 공부를 잘하고 똑똑한 아이는 남들도 알아서 믿어준다. 그러나 엄마라면 내 아이가 탁월하든 부족하든 무조건 믿어주어야 한다. 아인슈타인도 저능아 취급을 받았지만 그의 엄마만큼은 자식을 굳건히 믿어주었고, 발명왕 토머스 에디슨Thomas Edison의 엄마도 학교에 적응하지 못했던 아들을 믿어주었다. 맹자의 엄마도 한석봉의 엄마도, 아이가 잘해서 믿은 것이 아니라 아이가 잘되도록 믿어주었다.

작은아이가 세 살 때 우리 회사에 있는 어린이집에 다닌 적이 있다. 어느 날 선생님이 나를 불러 아이의 반을 한 단계 내려야겠다고 말했다. 이유를 물어보니 아이가 세 살이 되었는데도 소변을 못 가려 또래보다 발달이 느린 탓이라고 했다. 하지만 당시에 나는 엄마가 달라붙어서 훈련을 시키지 않았을 뿐, 아이가 발달이 덜 되었다고 생각하지 않았다. 어차피 자라면 혼자서 소변을 볼 텐데 굳이 그 시간을 앞당기기 위해 아이를 혼내면서 가르쳐야 하는지도 의문이었다. 큰아이는 심지어 초등학교 저학년 때까지도 밤에 오줌을 쌌다. 그때도 나는 우리 큰이모에게 아이를 절대 야단치지 말아달라고 부탁했다. "이불은 세탁기로 빨면 그만이지만 아이의 자존감에 난 상처는 영원히 지울 수 없을 거예요. 어차피 시간이 지나면 해결될 일이니 반성하고 있는 아이를 나무라지 말아주세요"라고 이야기했다. 물론 아이는 어느 순간부터 오줌 싸기를 멈췄다.

나는 우리 큰아이를 '세바위1', 작은아이를 '세바위2'라고 부른다. '세상을 바꾸는 위대한 사람'이라는 뜻이다. 두 아이가 앞으로 어떤 일을 할지, 무엇을 성공이라 생각하며 살지, 정말로 세상을 바꿀지 어떨지는 알 수 없다. 결정하고 실행하는 것은 전적으로 내 아이들의 몫이다. 내가 할 일은 그저 묵묵히 믿어주는 일뿐이다. 언제까지고 기다려주는 것뿐이다. 나는 죽을 때까지도, 죽어서라도 내 아이들을 믿어줄 것이다. 실패하거나 지친 채로 찾아온 아이들을 언제나 이유 없이 믿어주는 단 한 사람, 바로 엄마이기 때문이다.

어린 시절에 어머니는 가끔씩 나에게 이런 말을 하셨다. "나도 어릴 때는 잘못을 자주 했는데, 지금은 내가 엄마라고 너희들을 야단치고 있는 모습을 보니 참 웃겨." 나도 그렇다. 나 역시 아직까지도 계획을 세우고 지키지 못하는 일이 더 많은 부족한 사람이다. 그런데도 나는 엄마라는 이유로 이런저런 충고를 아이들에게 하고 있다. 심지어 내 아이들은 내가 그 나이였을 때보다도 더 똑똑한데 말이다.

적어도 내가 기억하는 한 나와 남편은 우리 아이들에게 성적을 잘 받아 오라고 나무랐던 적이 별로 없다. 다만 가족의 소중함을 느끼며 살아가는 방법에 대해서만큼은 특별히 관심을 기울였다. 나는 가족과의 관계가 학교 성적보다 더 중요하다고 믿는다. 공부는 못해도 살 수 있지만, 가족에 대한 믿음과 사랑이 없으면 험난한 세상에서 굳건히 버텨내기가 어렵기 때문이다.

아이들에게 가족의 사랑을 단단히 심어주기 위한 최고의 방법은 식사를 하며 대화를 나누는 것이다. 물론 평소에도 집에서 밥을 먹으며 학교나 친구들 이야기를 하겠지만, 나는 조금 더 특별한 식사 시간이 필요하다고 본다. 아이들과 부모 모두에게 기다려지는 그런 시간 말이다. 게다가 엄마도 함께 깊이 대화할 수 있기를 바란다. 그러려면 집에서 밥을 차려 먹는 것보다 한 끼라도 밖에서 먹는 편이 집중력을 높이기에 좋다. 집에 있다 보면 엄마가 가족들의 식사를 위해 온갖 서비스를 제공하게 되기 마련이다. 또 아이들도 밖에 나와 식사를 하면 집에서와는 다르게 진지한 자세로 참여한다. 마치 회사에서 직원들과 격의 없는 소통을 하기 위해 온갖 회의실을 놔두고 교외로 워크숍을 나가는 것과 마찬가지다.

우리 네 식구는 일주일에 한 번씩 다 같이 모여 밖에서 식사를 한다. 우리는 이것을 '가족의 규칙'으로 정했다. "대학은 못 가도 되는데 가족의 규칙은 지켜야 해"라며 아이가 시험 기간일 때나 수험생일 때에도 예외를 두지 않았다. 큰아이가 군인일 때에는 면회를 가서 모임을 지속했다. 밥을 먹으면서 나누는 대화의 주제는 다양하다. 일주일간 있었던 일에 대해, 사회나 경제, 문화에 대해 생각을 나누기도 한다. 이렇게 하면 아이들과 서너 시간 정도 아주 밀도 높은 대화를 나눌 수 있다.

유대인 가정 교육의 중심에는 '엄마'가 있다. 어머니의 혈통을 따르는 유대인들은 가정에서 부모로부터 다양한 삶의 지혜를 배운다. 특히 어머니는 가족 간의 우애나 집안의 행사, 종교 활동, 공동체 생활, 예의범절, 관계 형성 등 유대인으로서 살아가기 위해 필요한 여러 가지 삶의 방식을 가르친다. 이것이 바로 세계 인구의 0.2퍼센트도 되지 않는 적은 인구로 노벨상의 15퍼센트를 휩쓸고, 사업가와 투자가, 예술가, 학자를 수도 없이 배출한 그들만의 숨은 비결이 아닌가 한다. 아무리 바빠도 부모는 내 아이의 진정한 행복을 위해 지식을 주입하기에 앞서 삶의 방식을 가르쳐야 한다.

자녀들에게 가르쳐야 할 다양한 삶의 방식 중 '돈'에 관한 교육도 매우 중요하다. 경제 교육이라는 거창한 개념도 있지만, 그보다는 가정의 경제 상황과 앞으로의 재무 계획을 아이들과 공유하면 좋다. 물건을 살지 말지 결정하거나 흥정을 하는 법, 투자의 여부 등 실질적인 경제 행위는 아이들이 살면서 반드시 알아야 할 삶의 기술이다. 부모가 꼭 경제에 대해 대단한 지식이 없더라도, 서로 간의 대화를 통해 배워간다는 마음으로 임하면 점차 경제를 보는 눈도 생길 것이다.

나는 아이들이 아주 어렸을 때에도 돈의 사용을 철저히 통제했다. 마트에 가기 전 그날 아이들이 사용해도 되는 금액의 상한선을 설정할 정도였다. 모든 엄마가 알 듯이, 그럼에도 막상 마트에 가면 생각대로 되지 않는다. 아이들은 언제나 더 크고 좋은 장난감을 사달라며 떼를 쓰고 누웠다. 나는 아이들이 그럴 때마다 얼굴이 화끈거리고 창피해 얼른 사주고 자리를 뜨고 싶은 마음이 굴뚝같았다.

하지만 창피함은 잠시일 뿐 내 아이들은 평생 함께해야 할 소중한 존재였기에 호락호락 요구를 들어주지 않았다. 떼쓰는 아이를 내버려 둔 채 뒤도 돌아보지 않고 걸어가 멀찌감치 서서 아이를 지켜보았다. 아이들은 우리 생각보다 훨씬 더 영리하다. 누울 자리를 봐가면서 다리를 뻗는다. 자신의 행동이 받아들여지지 않자 툭툭 털고 일어나 이리저리 엄마를 찾아다니기 시작했다. 그렇게 몇 번 더 홍역을 치르고서야 아이들은 물건을 사달라고 떼쓰지 않았다.

나는 아이들이 초등학생일 때에도 운동화 하나 한 번에 사준 적이 없었다. 한 달을 졸라야 겨우 한 켤레를 사주었다. 휴대전화도 마찬가지였다. 초등학생이던 큰아들이 휴대전화를 사달라고 떼를 쓰자, 나는 글자 크기 10포인트로 된 100페이지짜리 소설을 한 권 쓰면 사주겠다고 조건을 걸었다. 2주 후 아들은 정말 이메일로 원고를 보내왔다. 하지만 그게 끝이 아니었다. 아들에게 휴대전화를 사준 뒤 그 돈을 고스란히 갚게 했다. 아들이 쓴 소설을 제본해서 팔아보게 했는데, 물론 친인척들에게 팔기는 했지만 결국 나는 그 돈을 다 돌려받았다.

또 한번은 당시 초등학교 4학년이던 작은아이가 싸구려 배터리를 사달라고 하길래 문방구에 가서 사주었다. 왜 고성능 배터리를 사지 않는지 의아했지만 이유가 있으려니 했다. 그런데 얼마 뒤 학교에서 연락이 왔다. 아이가 학교에서 불빛이 들어오는 볼펜과 사탕 등을 묶어 장사를 했다는 말이었다. 싸구려 배터리는 아이들에게 볼펜의 성능을 보여주기 위해 일시적으로 필요했던 것이었다. 아이에게 왜 그랬냐고 물었더니 "엄마가 비즈니스란 고객에게 기쁨을 주는 대가로 고객의 주머니에 있는 돈을 내 주머니로 옮겨오는 것이라고 했잖아요"라고 대답했다. 아이는 자기만의 회계 장부까지 만들어놓고 있었다. 물건의 원가부터 물건을 묶는 데 사용한 테이프나 가위 사용료, 심지어 작업을 하는 데 이용한 우리 집의 사용료까지 생각해 거기에 이윤을 붙여 가격을 산정 했다. 나는 선생님께 아이가 학교에서 물건을 팔지 못하게 할 테니 혼 내기보다는 격려해달라고 부탁했다. 선생님은 작은 카드에 "너는 이다 음에 커서 세계적인 사업가가 될 거야"라는 말을 써 아이에게 주었다.

아이들이 중·고등학교에 진학하고부터는 가정의 경제 상황을 모두 공유하기 시작했다. 우선 우리 집의 월 소득과 비용, 지출부터 알게 했 다. 부채가 얼마인지도 숨김없이 알려주고, 왜 발생했는지, 앞으로 어 떻게 갚을 것인지에 대한 계획도 설명해주었다. 실제로 부채를 전부 갚 은 날에는 다 같이 모여 조촐하게 파티를 했다. 차를 사거나 집을 구할 때에도 아이들을 꼭 데리고 다녔다. 금액이 큰 물건을 거래할 일은 자 주 없기 때문에 그때마다 자산 선택의 기준이나 흥정 방법에 대해서 꼭 알려주려고 애썼다.

아이들과 경제에 관해 이야기를 나누다 보면 오히려 부모가 배우는 점도 많다. 내가 대통령과학기술자문으로 활동하던 당시, e스포츠가 화두로 떠올랐는데 나는 그것에 대해 잘 알지 못했다. 그러던 중 갑자 기 큰아이가 다가와 우리나라가 e스포츠를 육성해야 하는 여덟 가지 이유가 있다면서, 내용을 적어줄 테니 대통령에게 가져다주라는 게 아 닌가? 아이는 e스포츠가 '온라인 게임'과 같은 개념인데 한국에서는 엄 마들이 공부에 방해가 된다며 제재하고 있지만, 사실 영국의 프리미어

리그처럼 훌륭한 스포츠 산업이자 사업적 가치가 있다고 설명했다. 게다가 축구는 그저 눈으로 보는 것이지만, e스포츠는 컴퓨터만 있으면 누구나 할 수 있는 게임이므로 축구보다 훨씬 더 시장이 커질 것이라는 비전까지 제시했다. 당시에 나는 아들 덕분에 새로운 산업을 이해할 수 있었다.

아이들이 대학에 입학하고부터는 더 이상 용돈이나 지출을 통제하지 않는다. 성인이 된 아이들이 스스로의 판단에 따라 돈을 사용할 것이라 생각하고, 그런 아이들의 판단이 옳을 것이라고 믿기 때문이다. 이제 다 자란 아이들은 자신들이 살면서 얻은 경제 정보를 도리어 나와 남편에게 알려주곤 한다.

영어나 수학 같은 지식은 학교에서 선생님에게 배우는 것으로도 충분하다. 다만 아이가 학교 공부에 너무 많은 시간을 소모하느라 부모로부터 삶의 기술을 배울 시간까지 없애버려서는 안 된다. 학교에서 배운 것은 잊어버려도 살아가는 데 아무런 지장이 없지만, 삶의 기술은 평생 필요한 지적자산이기 때문이다. 부모는 학교에서 가르쳐주지 않는 진짜 삶의 기술들을 전해주는 사람이어야 한다.

내 아이가 살아갈 세상에는
'정답'이 없다

30년 전 나의 어머니는 오늘날의 내가 컴퓨터로 글을 쓰고 물건을 사며, 전 세계의 정보를 책상 앞에서 접하리라 꿈도 꾸지 못하셨을 것이다. 마찬가지로 나는 30년 뒤에 내 아이들이 무슨 일을 하며 살아갈지 상상하지 못한다. 내가 유일하게 확신할 수 있는 단 한 가지는 아이들이 지금껏 내가 들어본 적도 없는 직업을 갖고 살아갈 것이라는 사실뿐이다. 하물며 지금 막 태어난 아이들은 어떠할까? 그들은 물리적인 세상과 가상의 세상이 융합된 완전히 새로운 세상을 살아가게 될 것이다. 어쩌면 그들은 인간보다 사이보그와 더 많은 시간을 함께 보낼지도 모른다.

이러한 세상을 살아갈 아이들에게 더 이상 시험지 속 정답은 필요하지 않다. 그들은 '정답 없는 세상'을 살아가야 한다. 완전히 새로운 환경에서 전혀 해본 적 없는 일을 자기 주도적인 전문성을 지니고 창조적으로 해결해나가야 한다. 그래서 아이들에게 필요한 역량은 정답을 찾고 성적을 잘 받는 능력이 아니라, 비판적으로 생각하고 창의적으로 복합적인 문제를 풀어나가는 능력이다. 더불어 그들에게는 소통과 협업에 바탕을 둔 '융합 역량'이 절대적으로 필요하다. 미래의 아이들은 인간보다 더 똑똑해진 인공지능 기계와 경쟁해야 하고, 때로는 그들과 협업하며 살아가게 될 것이다. 보기 속 정답을 찾고 사교육을 받으며 성적 올리기에만 열을 올리는 아이들은 새로운 세상이 요구하는 역량을 기르기가 어렵다.

그런데도 왜 엄마들은 사교육에 집착할까? 자신이 불안해서다. 내 자식이 뒤처질까 봐 불안하고, 좋은 대학에 가지 못해 가난하게 살까 봐 걱정되는 것이다. 그렇다면 엄마의 불안은 왜 생기는 것일까? 엄마가 남의 말에 휘둘리고, 엄마 스스로의 자존감이 낮아서 그렇다. 엄마들이 가장 불안을 느낄 때는 옆집 아이의 엄마를 만났을 때다. 엄마들이 모이면 대개 자기 자식의 부족한 점보다는 잘하는 점을 이야기하는데, 그래서인지 어느 학원을 다녀서 성적이 올랐다는 둥 누구네 자식은 과외를 받아 상급 학교에 갈 준비를 마쳤다는 둥의 말들을 늘어놓는다. 이런 이야기를 듣고 온 엄마는 불안하기 이를 데 없다. 특히 일하는 엄마는 더더욱 그렇다. 그래서 학원을 찾아가보면 학원에서는 한술 더 뜬다. "이미 늦었습니다. 빨리 시작해야 해요. 또래 아이들은 진도를 이만큼 뺐어요."

나는 아이들을 기르면서 별로 학원에 보내본 적이 없다. 워낙 남편이나 나나 학교 성적에 연연해하지 않아서이기도 하지만, 주위의 성공한 사람들을 만나면서 그들도 어린 시절부터 공부를 뛰어나게 잘하지 않았다는 점을 들었기 때문이었다. 오히려 그들의 성적은 뒤에서부터 세는 것이 빨랐고, 골목대장이 되어 놀이를 주도한 경험이 더 많았다.

유학을 하며 함께 연구하던 박사 과정 친구들을 보면서도 많은 깨달음을 얻었다. 무엇보다도 그들이 문제를 대하는 방식에 큰 감명을 받았다. 성공하기 위해 공부를 해야 한다고 생각했던 나는 실험을 하다가 어려운 문제를 만나면 기쁨이 싹 사라졌다. 어떻게든 이 문제를 피하거나 빨리 해결해서 박사 학위를 받아야겠다는 마음만 들었고, 혹시나 문제 해결이 안 되어 졸업을 못하면 어쩌나 조급했다. 반면 함께하는 동료들은 같은 상황에서 크게 기뻐했다. 문제 해결을 진심으로 즐겼고, 그 과정에서 더 배울 수 있음에 감사했다. 나는 적잖이 충격을 받았다. 똑같은 시간과 장소에서 똑같은 문제를 받아들고 그들은 행복해했지만 나는 불행했다. 이를 삶으로 확장해보면, 그들의 삶은 늘 행복할 것 같았고 내 삶은 늘 불행하게 성공만을 좇을 것 같았다. 그들은 학원을 다닌 적도 없었고 부모에게 대학 진학을 강요받은 적도 없었다. 그들 자신이 선택해서 대학원에 진학했기에 학문 자체를 즐길 수 있었다. 그때 나는 높은 성적이 대학과 직업을 보장할 수는 있지만, 평생 행복하게 일을 할 수 있을지는 보장하지 못한다는 사실을 깨달았다.

그 이후로 나는 아이들의 성적표에 찍힌 숫자나 등급에는 크게 신경쓰지 않았고 사교육을 시키지도 않았다. 언젠가 고등학교에 입학한 큰아이와 중학생이던 작은아이가 '다른 애들은 학원에 다니면서 숙제도 도움 받는데, 엄마는 우리들에게 해준 게 무엇이냐'고 억울해한 적이 있었다. 나는 아이들에게 이렇게 말했다. "공부는 자기가 하는 것이지 학원이나 엄마가 해주는 게 아니야. 공부할 마음이 있으면 누가 시키지 않아도 저절로 하고, 그렇지 않으면 강제로 시켜도 하지 않아. 지금은 너희가 엄마 말을 이해할 수 없겠지만 대학에 가보면 알게 될 거야."

그런 믿음으로 아이들을 학원에 보내지 않다가 덜컥 큰아이의 대학 입시를 맞았다. 대한민국 고3 엄마가 되자 갑자기 나는 불안해졌다. 그때 가서 아이의 성적표를 들춰보니 대략 중간 정도였다. 부랴부랴 대학 입시 제도에 대해 알아보려고 하니, 너무나 복잡하고 어려워서 나로서는 도무지 해결이 안 날 것 같았다. '내가 미쳤지. 한국에 살면서 어쩌자고 아이를 학원도 안 보내고 키웠을까.' 가슴이 타들어갔다. 하는 수 없이 고3인 아들을 앞세워 강남에서 제일 유명하다는 학원에 찾아갔다. 원장과 면담을 하는 데에도 돈을 냈다. 원장은 우리 아이에게 스펙을 적어보라고 했다. 아이가 다 적고 나자 죄인 같은 마음으로 처분만을 기다리던 나에게 청천벽력 같은 답이 돌아왔다. "이 아이의 현재 상황으로는 대한민국에서 제대로 갈 만한 대학이 없네요. 이미 늦었지만 수시 모집으로라도 지원해볼 테니 당장 등록하세요. 착수금은 오늘 내시고 나머지는 성공하면 후불로 내셔도 됩니다."

가슴이 철컹하고 내려앉았다. 눈앞이 노래지고 다리가 후들거렸다. 아니, 들어갈 대학조차 없다니. 그가 제시한 착수금은 상상보다 훨씬 더 큰 액수였고, 성공 보수는 그 가격의 네 배에 달했다. 지푸라기라도 잡고 싶은 엄마에게 성공한 뒤 돈을 내라는 말은 '밑져야 손해 볼 일이 없다'고 느껴지게 하는 기가 막힌 세일즈 방식이 아니던가? 나는 "원장님, 제발 합격만 시켜주세요"라며 연신 머리를 조아렸다. 다른 방법은 생각조차 할 수 없었다.

그렇게 접수 데스크로 가서 신용카드를 꺼내려는데 갑자기 아이가 나를 막아섰다. 잠시 나가서 이야기하자던 아들은 "엄마, 저분이 나를 얼마나 안다고 그래요. 엄마가 평소에 말했듯이 대학은 내가 가는 거니까 그냥 엄마가 좀 도와주고 내가 알아서 할게요"라고 말했다. 순간 나는 깊은 고민에 빠졌다. 아들의 말을 따르자니 대학이 걱정되고, 학원에 등록시키자니 아이들에게 그동안 했던 말이 거짓이 되는 상황이었다. 그때 나는 만약 아이를 학원에 보내면 저 아이가 평생 살아가는 동안 어려움 앞에서 주도적인 선택을 하지 못할 거라는 절박감이 들었다. 잠깐의 고민 끝에 결국 아이의 손을 들어주었다. 대학을 못 가도 인생을 살 수 있지만, 부모를 신뢰하지 못하고 자기 주도성을 잃어버리면 내 아이가 인생을 성공적으로 살아갈 수 없겠다는 확신 때문이었다. 내가 회사에서 만난 많은 신입사원 역시 졸업한 대학의 이름이나 성적순보다는 얼마나 자기 주도성을 갖고 일을 하느냐에 따라 역량 차이가 컸다. 결국 큰아이는 학원 도움 없이 자신의 힘으로 수도권 대학 네 개에 합격했다. 만약 그때 학원에 등록했더라도 아이는 몇 개의 대학에 합격했을 것이다. 그러면 나와 아이는 학원의 효능을 맹신하며 이렇게 떠들고 다니지 않았을까? "그 학원에 가봐. 정말로 용하다니까!"

소아정신과 의사 서천석 소장은 한 강연에 나와 이렇게 말했다.

"부모들은 부모의 노력, 학업적 성취, 세속적 의미에서의 성공, 주관적 행복감, 이 네 가지가 분명 일직선상으로 이어질 것이라 믿는다. 그러나 연구 결과는 그렇지 않다. 매우 약한 인과성만 가질 뿐 앞의 것이 뒤의 것에 미치는 영향은 20퍼센트 미만이다. 부모가 노력한다고 중학교 이후의 성적이 보장되는 것도 아니다. 공부를 잘하면 조금 안정적일 가능성은 높겠지만 세속적 성공을 하는 것도 아니고, 세속적으로 성공했다고 그가 행복하다고 느끼는 것도 아니다. 그런데 꼭 그럴 것만 같아 부모는 모두가 이 허약한 가설에 휘말리고 있다."[40]

미래 세상을 살아갈 아이들의 행복을 위해, 아이가 자기 자신을 사랑하고 믿는 주도성을 바탕으로 새로운 도전을 계속할 수 있도록 부모가 이끌어주어야 한다. 우리 아이들이 도전 앞에서 포기하지 않고, 어려움을 딛고 다시 일어나 꿋꿋하게 살아갈 수 있도록 기초 체력을 마련해주어야 한다. 그렇다면 부모는 어떻게 아이를 도와줄 수 있을까? 나는 엄마가 아이를 키우면서 세 가지를 염두에 두면 좋겠다고 생각한다. 첫째는 아이가 자신의 정체성을 확보하도록 도와주고, 둘째는 독립적이고 주도적으로 자라날 수 있도록 스스로 결정하는 환경을 만들어주며, 마지막으로 아이의 자존감과 자신감을 높여주는 것이다. 이렇게 행복한 인간으로 살아갈 기본기를 마련한 뒤에 부모가 경험한 삶의 기술을 아이들과 공유하면 된다. 그리고 여기에 더해 제4차 산업혁명 이후의 시대를 살아가는 데에 필요한 디지털 융합 능력을 키워주는 편이 좋다.

해외 주요 국가들은 자라나는 세대들이 변화하는 세상에 적응할 수 있도록 공교육 차원에서 디지털 인재 육성을 위한 교육 프로그램들을 시작하고 있다. 미국은 각 주별로 컴퓨터과학 교과 과정을 필수화하여 STEM 교육을 강화했고, 영국도 컴퓨터과학, 정보통신기술, 디지털 능력 등을 포함하는 '컴퓨팅'을 필수 교과로 채택하고 있다. 최근 국제학업성취도평가에서 최상위권을 차지하고 있는 핀란드와 에스토니아도 교과별 소프트웨어 융합 교육을 진행하고 있으며, 우리나라도 2018년부터 기초 소프트웨어 역량 강화를 위해 '정보교과' 과정을 중등 필수 과목으로 지정해 운영을 계획하고 있다.

디지털이라고 하면 대부분의 부모가 '소프트웨어 프로그래밍'이나 '코딩'을 떠올린다. 그러나 학부모들이 분명하게 인식해야 하는 사실은 단순한 프로그래밍이나 코딩이 '디지털 융합 역량'을 의미하지는 않는 다는 것이다. 애니메이션 영화를 만드는 과정을 생각해보자. 다양한 업무 중 가장 상위의 능력은 어떤 스토리를 어떤 방향으로 전개해나갈지에 대한 '콘셉트'를 만드는 일이다. 다음 수준은 결정된 스토리를 실제 그림으로 그려내는 능력이다. 등장인물의 생김새와 피부색, 옷차림과 표정을 생각해 밑그림을 그리고 채색할 컬러를 결정하는 일이다. 그다음 하위 수준은 밑그림 안에 결정된 컬러를 채워 넣는 작업이다. 코딩이 밑그림 안에 컬러를 채워 넣는 일이고, 프로그래밍이 어떻게 그림을 그려낼지 결정하는 일이라면, 스토리의 전개 방향을 생각하는 능력이 바로 '디지털 융합 역량'이다.

디지털 융합 역량은 다시 말해 '생각할 수 있는 능력'이다. 우리가 소프트웨어 교육을 통해 아이들에게 가르쳐야 할 능력은 '생각하는 방식' 이다. 프로그래밍이라는 과정은 상당히 논리적인 사고를 필요로 하므로, 그 과정을 거치면 자연히 생각하는 방식을 배우게 된다. 그러나 생각하는 방식을 배운다 하더라도 이것은 하나의 '수단'에 불과하다. 궁극적으로 아이가 갖추어야 할 능력은 그 수단을 바탕으로 무엇을 어떻게 만들어낼까를 창조할 수 있는 능력이다. 그렇다면 이 능력은 어떻게 만들어질까? 타고난 본성과 후천적 교육 환경이 합쳐질 때 가능하다.

우리가 가성 소다 혹은 양잿물이라고 부르는 수산화나트륨$_{NaOH}$은 나트륨$_{Na}$과 수산기$_{OH}$가 합쳐져서 만들어진 물질이다. 그런데 여기에다 탄소$_C$ 성분을 적당량 더하면 우리가 식기 세척에 사용하는 세제가 되고, 거기에다 다시 수소$_H$를 더하면 베이킹파우더가 된다. 타고난 본성에 후천적으로 무엇을 더해주는가에 따라 전혀 다른 성질이 나타나는 것이 자연의 원리다. 인간도 자연의 일부다. 인간도 어떤 본성을 가지고 태어났든 후천적 환경을 어떻게 만들어주는가가 매우 중요하다.

건설과 엔지니어링 소프트웨어에서 시장 점유율 1위로 세계를 석권하고 있는 국내 기업 '마이다스아이티'라는 회사가 있다. '한국의 구글'이라고 알려진 이 회사의 입사 경쟁률은 1000대 1에 이를 정도로 엄청난데, 채용을 할 때 '스펙'을 보지 않는 게 특징이다. 소프트웨어 개발 분야의 기라성 같은 엔지니어들을 대상으로 학벌을 분석해보니, 과반수 이상이 소위 명문 대학이라 불리는 'SKY 출신'이 아니었다고 한다. 굳이 대학을 나오지 않아도 우수한 개발자가 될 수 있다고 믿기 때문에, 이 회사는 마이스터고등학교 출신들을 적극적으로 영입하고 있다.

부모가 자식을 위해 해야 할 교육은 지식을 주입시키는 일이 아니다. 그 대신 아이의 정서와 감정이 긍정적이고 즐거운 쪽으로 발달되도록 도와주어야 한다. 이런 감정과 능력은 공교육이 만들어줄 수 없으며, 학생이 매출의 원천인 사교육에서는 더더욱 담당할 수 없다. 소프트웨어가 중요해진다고 하니 또다시 프로그래밍이나 코딩을 학습으로 가르치려는 사교육이 발호하기 시작했다. 부모는 공교육에서 하는 일을 하지 말고, 사교육으로 아이를 내몰지 말아야 한다. 부모는 부모만이 키워줄 수 있는 정서를 좋은 쪽으로 유도하는 데 몰입해야 한다.

이스라엘 엄마들은 아이가 알파벳을 처음 배울 때 글자 모양으로 꿀을 발라놓아서 아이가 손가락으로 글씨를 따라가며 꿀을 핥아 먹게 한다. 배움이란 그만큼 '즐거운 일'임을 가르치기 위해서다. 디지털 융합 교육도 마찬가지다. 엄마가 먼저 '소프트웨어는 어렵다'는 고정관념을 버려야 한다. 지금은 인터넷만 뒤져보면 너무나 쉽고 재미있는 소프트웨어들이 라이브러리 형태로 만들어져 있다. 아이가 게임을 하도록 내버려두기보다 직접 게임을 만들어볼 수 있게 도와주면 어떨까? 재미있는 게임을 만들다 보면 아이는 자연스럽게 디지털이 꿀처럼 달콤하다는 긍정적인 감정을 가지게 될 것이다. 이렇게 초기에 좋은 감정이 만들어지면 그다음부터는 무의식이 알아서 작동한다. 엄마가 좀 더 아이와 함께하고 싶다면 미국 MIT 미디어랩이 개발한 프로그램 '스크래치 Scratch'나 미국 내 소수 인종과 여성들을 대상으로 프로그램 교육을 확산하는 '코드닷오아르지Code.org' 등 쉽고 재미있는 프로그램들을 활용하면 된다. 국내에서도 한국전자통신연구원 등 정부 기관 연구원들이 자원봉사로 운영하는 소프트웨어 교육 프로그램이 있고, 소프트웨어 사고력을 재미있게 높여주는 전자신문사의 '드림업 SW' 프로그램, 네이버와 같은 포털 사이트에서 운영하는 무료 프로그램에 참여해보는 것도 좋은 방법이라 할 수 있다.

평등한 가정의 시작은
평등한 권리 분배

많은 남성이 '돈이 없어서' 결혼을 미룬다고 한다. 여자들이 좋은 사람이 없다거나 자유로운 생활을 계속하고 싶어서 결혼을 미루거나 포기하는 것과는 꽤나 다른 양상이다. 아마 오래 전부터 결혼을 할 때 남자가 집을 장만해와야 한다는 관례가 있었기 때문에 남자들이 결혼에 더 부담을 느끼는 탓일 것이다. 게다가 요즘처럼 경제 성장은 정체된 반면 집값은 한없이 올라가는 상황에서 결혼이 더욱 어려운 과제처럼 느껴지는 것은 당연하다.

그런데 집을 꼭 남자가 준비해야 할까? 여자가 준비하면 안 되는 걸까? 아니면 부부가 함께 일을 하면서 집을 장만해나가면 더 좋지 않을까? 집뿐만이 아니다. 가정 경제에 큰 변화가 생겼거나 집안에서 여러 가지 상황이 발생했을 때 남편이나 아내 누구든 주도적으로 해결해나간다면 오히려 서로에게 더 의지가 되어줄 수 있지 않을까?

나도 결혼해서 아파트 하나를 장만하기까지 장장 24년이 걸렸다. 우리는 결혼할 때 부모님으로부터 경제적 도움을 전혀 받지 못했다. 그래서 직장을 따라 월세방과 전세방을 오가며 떠돌이 생활을 했다. '저렇게 많고 많은 아파트 중 왜 내 아파트는 하나도 없을까?'라는 생각도 들었다. 나와 남편은 저축해놓은 돈을 창업 자금으로 몽땅 쏟아붓는 바람에 남들보다 집을 장만하기까지 더 오래 걸렸다.

남편이 창업을 하겠다고 했을 때, 나는 창업할 생각이 아예 없었다. 당시 나는 글로벌 컨설팅 회사에서 비교적 좋은 평가를 받고 있었고, 남편 또한 자신의 회사에서 인정을 받고 있었다. 이대로라면 경제적으로 비교적 안정적인 생활이 가능할 거라 생각했다. 그런데 결혼한 지 15년이 되던 어느 날, 남편이 불쑥 회사를 그만두겠다고 했다. 나와는 한마디 의논도 없이 일방적으로 통보했다. 그러고는 창업을 하겠다고 말했다. 정말이지 기가 막혔다. 40이 넘은 나이에 남들이 다 좋다는 회사를 때려치우고 창업을 하겠다고? 차라리 아이들이 태어나기 전에 했어야지, 이제 아이들에게 돈 들어갈 일만 남았는데! 남편의 발상 자체가 참으로 어처구니없었다.

남편은 결혼 첫날밤 이렇게 말했다. "우리 앞으로 나무처럼 살아가자." 내가 "웬 나무?" 하고 의아해하자 이렇게 설명했다. "나무는 각자 뿌리를 대지에 내리고 하늘을 향해 두 팔 벌리고 자라잖아. 두 나무가 엉키면 둘 다 죽게 돼. 그러니까 우리는 각자의 분야에서 전문성을 가지고 큰 나무로 성장하자고." 남편의 말이 어쩐지 근사하게 들렸다. 그 순간 나도 괜찮은 여자로 보이고 싶은 마음이 들었다. 그래서 그만 "만약 지금이 일본 식민지 시대라면 나는 당신에게 독립군이 되라고 했을 거예요. 그런데 시절이 좋으니 당신 하고 싶은 대로 하고 살아요. 처자식 먹여 살린다고 비굴하게 살지 말고. 나 자신과 애들은 내가 먹여 살릴 수 있으니까"라고 말했다. 지금 생각하면 과해도 한참 과한 대답이었다.

어쨌거나 남편은 그 약속을 잘 지켰다. 내가 첫 직장에서 2년 동안 미국 주재원으로 나가겠다고 했을 때에도, 컨설팅 회사에서 캐나다로 2년 동안 파견을 나갔을 때에도 반대하지 않았다. 그런데 이번에는 남편이 창업이라는 도전을 하겠다고 선언해왔다. 꼼짝없이 내가 약속을 지킬 차례였다.

남편이 창업하려는 회사는 '연료전지'라는 생소한 분야의 사업으로, 아직 시장과 산업이 형성되지 않은 정말 초기 단계의 기술 기업이었다. 남편은 다니던 회사에 수차례 이 사업을 제안했으나 매번 기각을 당했다면서, 자기는 다시 태어나도 이 사업을 하고 싶다고 했다. 문제는 개발 비용이 엄청나게 필요하다는 사실이었다. 그동안 집을 장만하려고 아끼고 아껴가며 모아놓았던 돈을 창업 자금으로 몽땅 쏟아부었지만 턱없이 부족했다.

남편은 초기 개발 비용으로 50억 원이 필요하다고 말했다. 기가 막힌 노릇이었다. 그 큰돈이 누구네 집 애 이름인가? 고민 끝에 창업한 회사에 내가 최고경영자로 이름을 올리기로 했다. 나는 컨설팅 회사에서 M&A도 담당했고 나름 경영 분야에 대한 경험도 있었으므로 투자 유치만큼은 내가 맡는 편이 좋을 것 같았다. 그래서 남편은 회사의 기술 분야를 총괄하는 최고기술경영자, 내가 경영을 총괄하는 최고경영자를 맡기로 했다. 사실 나 역시 어느 정도 연료전지라는 분야에 대해 알고는 있었다. 박사 과정 당시 지도교수가 연료전지 분야의 세계적 석학이었고, 졸업 후에도 그와 함께 연구를 한 경험도 있기 때문이었다. 또 컨설팅 회사에서 일하면서 어느 연료전지 관련 벤처 회사가 나스닥에 상장되었다는 정보도 알고 있었기에, 지적자산을 확보하기 위해서는 창업을 더 늦추어서는 안 된다고 판단했다.

그런데 막상 사업 계획서를 작성하려고 보니, 남편이 창업을 그만두고 전 직장으로 돌아갔으면 좋겠다는 마음이 들기 시작했다. 내심 '투자를 받지 못하면 그렇게 되지 않을까?' 하는 기대도 생겼다. 남편의 새로운 도전이 두려웠던 나는 평소에 잘 나가지도 않던 성당에 새벽 기도를 하러 다니기도 했다. "하느님, 제발 투자 유치가 안 되어 남편이 다시 전 직장으로 돌아가도록 해주세요. 그렇지만 남편의 창업이 당신의 뜻이라면 뜻대로 하옵소서." 이렇게 40일 동안 기도할 작정이었다. 그런데 39일째 되던 날 놀라운 일이 일어났다. 한국전력 에너지 펀드를 운영하던 창업 투자사와 내가 근무 중인 컨설팅 회사에서 소개해준 창업 투자사 등이 연합해서 우리 회사에 투자를 하겠다고 나선 것이었다. 이제는 남편의 뜻과 더불어 하늘의 뜻까지 합쳐진 셈 아닌가? 이런 걸 가리켜 '피하려야 피할 수 없는 운명'이라고 하는 것 같았다. 이제 이 사업이 되게 하는 수밖에 없었다. 그 후로도 나는 남편이 시작한 사업을 이끌어가기 위해 여러 차례에 걸쳐 거액의 투자 유치를 해야 했다.

첫 자금이 회사로 들어오자 주주가 된 투자자들은 나더러 컨설팅 회사를 그만두고 본격적으로 경영을 맡으라며 요청했다. 나는 주주들에게 양해를 구하고 몇 달간 내 고객들과 계약된 프로젝트를 마무리한 뒤, 울며 겨자 먹기로 스타트업의 사장이 되었다. 그런데 얼마 후 나에게 신기한 변화가 생겼다. 처음에는 접고 싶었던 회사였지만, 점차 출근할 아침이 기다려졌다. 그 회사를 생각하면 가슴이 뛰었다. 아무도 하지 않았지만 누군가는 꼭 해야만 하는 그런 분야에 뛰어들어 일을 하는 남편도 멋져 보였다. 스스로가 마치 나라를 구하는 전사라도 되는 양 자부심으로 똘똘 뭉친 창업 멤버들도 자랑스러웠다.

나는 집을 장만하거나 가족의 생계를 책임지는 중요한 일들을 꼭 남자만 감당해야 한다고 생각하지 않는다. 둘이서 함께할 수 있다면 가정 경제가 더욱 여유로워질 것이고, 부부 양쪽 모두 조금 더 든든한 마음이 들 것이다. 중국이 우리나라에 비해 여성 권리가 높은 이유는 여성과 남성이 동등하게 일해 가정 경제에 기여하고 있기 때문이다. 물론 남성들도 마찬가지로 집안일에 더 적극적으로 임해야 한다. 만약 부부 양쪽의 필요에 의해 한쪽이 가정과 육아를 전담한다고 했을 때, 그게 꼭 여자일 필요는 없다. 사정에 따라 남자가 전업주부 역할을 할 수도 있다. 남자도 훌륭하게 가사를 잘 돌보고 아이를 잘 키우며 야무지게 가정을 꾸려나갈 수 있다.

무엇보다도 나는 여성들이 스스로 가정 경제의 주도권을 가질 수 있다고 믿었으면 좋겠다. 가정 내에서 평등한 권리를 요구하기에도 스스로 경제력을 지니는 편이 좋지 않을까? 결혼은 오랜 시간 상대방과 함께 발맞춰 나가야 하는 기나긴 행진이다. 어느 한쪽이 으레 어려운 일을 감당해내야 한다는 법도 없다. 같이 꾸려나가야 든든하다. 그러하기에 우리 여성들도 우리 자신을 스스로 먹여 살릴 수 있어야 한다. 그걸 가정에서든 사회에서든 여성의 자연스러운 권리이자 의무로 생각할 수 있으면 좋겠다.

대한민국에만 존재하는 세상,
'시월드'

내가 젊었을 때에는 '시월드'라는 말이 없었다. 언제부터 생겨난 말인지는 모르겠으나, 그 말은 마치 내가 살아가는 세상과 시댁이라는 세상이 서로 다른 곳에 존재한다는 느낌을 준다. 과연 시댁과 나는 각각 다른 세상에 존재할 수 있을까? 또 서로 다른 세상으로 여기고 살면 편하고 좋을까? 나는 아니라고 생각한다. 결혼을 하고 자식을 낳아서 사는 이상, 시댁은 다른 세상이 아니라 내가 속한 세상이다. 내가 속한 세상을 다른 세상으로 대하려고 하니 여러 가지 혼돈과 어려움이 발생하는 것이다. 여기에서 '시월드'라는 말에 모순이 생긴다.

어릴 적 나의 할머니는 "부부는 의복과 같고 부모 형제는 팔다리와 같다. 의복은 갈아입을 수 있으나, 팔다리는 잘라낼 수 없는 법이다"라고 말씀하셨다. 어렸을 때에는 그 말을 이해하지 못했다. 그러나 어른이 되고 보니 부모 형제는 하늘이 점지해주지만, 배우자는 내가 선택할 수 있다는 데에 아주 큰 차이가 있음을 알게 되었다. 즉 내가 남편의 아내가 되었다는 이유로 하늘이 내려준 남편의 팔다리를 잘라내도록 하는 일은 현명한 처사가 아니라는 점을 깨달았다. 입장을 바꿔서 내가 선택한 남편이 나와 부모 형제를 갈라놓으려 한다면, 그런 남편과 잘 살아갈 수 있겠는가? 남편이 나의 친정을 '처월드'라 부르며 자신의 세상과 전혀 다른 세상으로 생각한다면 내 기분 역시 좋지 않을 것이다.

　나의 어머니는 첫딸을 백일 만에 하늘나라로 보냈다. 어머니는 내가 태어나기도 전에 죽은 언니 이야기를 어린 시절 내내 하셨다. 나의 시어머님은 다섯 살 된 큰아들을 소아마비로 잃었다. 시어머님은 돌아가실 때까지 먼저 떠난 큰아들 이야기를 하셨다. 나의 할머니는 스물다섯 살 먹은 딸을 교통사고로 잃었다. 바로 내 막내고모다. 그 후 할머니는 몸이 갑자기 안 좋아져 피를 토하기까지 하셨다. 고모가 죽었다는 사실을 도저히 받아들일 수 없어서였다. 내 외할머니는 뛰어난 공군 장교였던 아들을 전투기 사고로 잔해도 못 찾은 채 저 세상으로 보냈다. 그 후 외할머니는 나의 친할머니에게 이렇게 이야기하셨다고 한다. "사돈댁, 이상해요. 죽은 아들이 하도 억울해서 다시 태어나려나 봐요. 내 배가 자꾸 불러와요." 자식을 잃은 고통이 너무도 사무쳐, 배에 복수가 차오르는 것을 아들이 다시 태어날 것으로 착각하신 탓이었다. 그 후 며칠 뒤 외할머니는 그토록 그리워하던 아들 곁으로 가셨다. 어머니란 이렇게 자식을 가슴속에 평생 품고 사는 사람이다. 자식의 목숨도 내 목숨처럼 여기는 사람이다.

시어머니도 '시월드'에 군림하는 악당이 아니라 한 아이의 엄마다. 그것도 내가 사랑하고 평생 함께하기를 선택한 사람의 어머니다. 그녀는 30여 년 동안 자신의 아들을 내가 사랑에 빠질 만큼 멋진 남자로 키워 며느리인 나에게 보내주었다. 자식을 낳아본 우리 여자들은 안다. 자식이 얼마나 소중한지를. 내 남편은 시어머니에게 소중한 존재다. 만약 어머니에게 효도하지 않는 사람이 내 남편이라면, 그런 남자를 어떻게 믿고 평생 같이 산단 말인가? 자기를 낳아준 사람한테도 제대로 못하는데, 나에게는 잘하리라고 확신할 수 있을까? 싫증이 나면 언제라도 뒤돌아서는 그런 사람이지 않을까? 그 밑에서 자라는 나의 자녀는 또 무엇을 배울 수 있을까? 내 남편이 자신의 부모에게 잘하면 오히려 기뻐해야 할 일이다. 사람다운 사람이라는 증거이기 때문이다. 내 남편이 자신의 부모에게 잘하지 못하면 잘하라고 오히려 강요해야 할 일이다. 그 사람이 사람다워야 나도 내 아이도 사람답게 살 수 있다.

우리 아이들은 어린 시절에 할아버지와 할머니를 낯설어했다. 해외에서 유아기를 보내고 귀국한 데다가, 귀국해서도 가까이 살지 못했기 때문이었다. 나는 아이들을 위해 저녁 식사 전에는 반드시 할아버지와 할머니께 전화를 드려야만 밥을 먹을 수 있다는 규칙을 정했다. 처음에는 아이들이 달가워하지 않았지만 한 달쯤 지나자 서서히 익숙해지고 편해졌다.

내 아이의 반은 나의 유전자에서 왔고, 나머지 반은 남편의 유전자에서 왔다. 남편 유전자의 반은 시아버지에게서 왔고 나머지 반은 시어머니에게서 왔다. 그렇다면 내가 그토록 사랑하는 내 아이의 몸에는 시아버지와 시어머니의 유전자가 25퍼센트는 섞여 있는 셈이다. 그래서 나는 아이들에게 양가의 할아버지와 할머니가 얼마나 훌륭하셨는지를 설명하려고 노력한다. 그분들이 얼마나 많은 역경 앞에서 굴하지 않고 지혜롭게 살아오셨는지 기회가 있을 때마다 들려준다. 마지막까지 자식에게 폐를 끼치지 않으려고 스스로 짊어지셨던 무거운 책임감에 대해서도 수없이 이야기한다. 아이들이 자기 몸속에 흐르는 피가 훌륭한 조상에게서 왔다고 믿기를 바라면서 말이다.

남편과 나는 결혼하면서 한 가지 약속을 했다. 내 친정 부모님에게는 남편이 용돈을 드리고 시부모님에게는 반드시 며느리인 내가 드리자고 말이다. 우리는 그 규칙을 철저히 지켰다. 나는 언제나 남편이 말하기 전에 남편이 기대하는 것보다 조금 더 많이 드리려고 노력했다. 내가 드리지 않으면 어차피 남편은 나 모르게라도 드렸을 테고, 그렇게 되면 나는 남편을 거짓말쟁이로 만드는 미련한 아내가 되었을 것이다. 어차피 드리는 돈이라면 내가 생색내고 드리는 편이 훨씬 더 현명한 선택이었다. 시댁에서 어려움이 있어도 친정에 가서 단 한 번도 그런 이야기를 꺼내지 않았다. 친정 부모님의 마음을 아프게 하고, 내 남편의 위신을 깎아내리는 일일 뿐이라고 생각했다. 이혼할 것도 아닌데 그런 일을 초래하는 건 아무 의미가 없었다.

모든 여자는 남편에게 존경과 감사를 받고 싶어 한다. 그리고 나는 남편에게 존경과 감사를 받는 가장 빠르고 쉬운 길은 시댁에 잘하는 것이라고 생각한다. 무조건 시댁에 복종하라는 뜻이 아니다. 현명한 여자로서 똑똑한 선택을 해나갔으면 하는 바람이다.

시월드를
내 세상으로 바꾸는 지혜

내가 결혼을 하겠다는 말에 어머니는 그가 무슨 일을 하는 사람인지 묻기도 전에 가장 먼저 이렇게 질문하셨다. "몇 번째 아들이니?" "6대 종손이에요"라는 나의 대답에 어머니의 눈에는 핑그르르 눈물이 고였다. 어머니는 "왜 하필 종손이니……" 하고 말끝을 흐리셨다. 신씨 집안 4대 종손의 맏며느리로 살아온 당신의 일생 때문이었다.

상견례를 위해 부모님이 시댁에 가시던 날, 우리 아버지는 그 자리에서 나와 한 번도 의논해본 적 없는 폭탄 발언을 하셨다. "사부인, 저는 제 딸을 공부시키느라 서울에 두는 바람에 제대로 가르치지 못했습니다. 데리고 사시면서 저 아이를 사람으로 만드시지요." 내 의사와 상관없이 앞으로 내가 어디에서 어떻게 살아야 하는지 결정되었다. 어차피 남편과 나는 직장도 돈도 없던 처지라 차라리 잘됐다고 생각했다. 남편이 특례보충역으로 3년간 군 복무를 하면 유학을 갈 예정인 데다가, 그때까지 생활비도 따로 안 들어서 좋고, 또 남편 한 사람에게만 사랑받는 것보다 시할머니, 시부모님 모두에게 사랑받으면 더 좋겠다고 생각했다. 나한테 이로운 점만 쏙쏙 골라 아주 쉽게 생각했다. 그러고는 신혼여행에서 돌아온 그날부터 당장 시댁에서 살기 시작했다.

역시나 시댁 생활은 생각했던 것과 달라도 너무 달랐다. 아이들끼리 자취 생활을 하던 나에게 시부모님을 넘어 시할머니까지 모시는 일은 너무 낯설었다. 눈떠서 잠들 때까지 살얼음판 그 자체였다. 뭐든 겁이 났고 도망치고 싶었다. 남편이고 뭐고 다 필요 없다고 생각했다. 여기서 나가고 싶은데 이혼하고 돌아가면 우리 아버지에게 맞아 죽을 게 뻔했다. 유일한 길은 미망인이 되어 유유히 이 집을 걸어 나가는 길뿐이었다. 그래서 '남편이 오다가 교통사고라도 당하면 좋겠다'는 부질없는 생각까지 했다.

더욱이 시댁에서 산 지 몇 개월 지나지 않아 남편이 대구로 취업을 하면서, 나는 남편과 떨어져 지내야 했다. 남편을 따라 대구로 갈 수도 있었지만, 내가 대학원을 다니려면 시댁에 있는 편이 나았다. 나는 나중에 남편과 함께 유학을 갈 생각이었기 때문에 석사를 한국에서 마치고 싶었다. 그래서 남편과 의논 끝에 시부모님과 살면서 대학원에 다니기로 했다. 그때부터 우리는 주말 부부가 되었다.

시부모님은 나를 도무지 이해하지 못하셨다. 며느리가 남편의 근무지에 따라가지 않는 것이나, 대종가의 맏며느리가 유학을 가겠다는 것이나 사실 그분들께는 정말로 이상한 일이었다. 하지만 나는 목표가 있었기 때문에 시부모님을 설득해야겠다고 생각했다. 학교에서 돌아오면 저녁 식사 후 어머님을 모시고 내 방으로 와서 거의 하루도 거르지 않고 어머님의 고생담을 들었다. 그 레퍼토리를 전부 외울 정도였다. 그때마다 나는 어머님의 고생에 보답하는 길은 우리가 잘되는 것이라고 말씀드렸다. 아침이면 식사 후 꼭 아버님과 커피 한잔을 마시면서 아버님의 말씀을 들었다. 그때도 나는 우리가 공부해서 잘되어야 아버님의 가문을 일으킬 수 있다고 설득했다.

처음에는 이해하지 못하던 시부모님도 점차 나를 이해해주시기 시작했다. 남편과 떨어져 학교에 다니는 내가 불쌍했던지 어른들이 나를 많이 예뻐해주시기도 했다. 그렇게 2년의 시간이 지나고 시부모님께 유학을 허락받았다. 물론 집안의 돈은 한 푼도 가져가지 않는다는 조건이었다. 하지만 이제 허락을 받았으니 유학 준비를 할 수 있다는 사실에 만족했다. 처음에는 허락을 하시고도 완전히 마음을 열지는 않으셨다. 하지만 어느 날 아버님이 내게 이렇게 물으시는 것을 듣고, 나는 시부모님의 깊은 사랑을 확신했다. "얘야, 토플 점수는 잘 나왔니?" 부모는 자식을 이기지 못한다. 자식이 잘되는 길이라면 본인들이 탐탁지 않더라도 이해하려고 노력하신다.

아버님께서 팔순이 되시던 해에 맏며느리인 나는 이상한 낌새를 직감했다. 어쩐지 마지막일 것 같은 그런 느낌. 그래서 일가친척을 모두 집으로 모셔 아버님 팔순잔치를 해드렸다. 평소에는 밖에서 생신 식사를 함께했는데 어쩐지 그해에는 꼭 그래야 할 것 같았다. 다리에 부스럼이 심하게 나서 고생하시던 아버님은 팔순 다음 날 병원에 가셨는데,

|

그길로 집에 돌아오시지 못했다. 40일을 의식 없이 중환자실에 계시다가 돌아가셨다. 나는 임종을 지키며 아버님의 얼굴을 쓰다듬고 눈을 감겨드리면서 이렇게 말씀드렸다. "아버님, 편히 가세요. 손주들 잘 키워놓고 나중에 가서 뵐게요."

그로부터 8년 뒤 어머님께서 아버님을 따라 떠나셨다. 남편이 출장을 가고 없던 상황이어서 나와 큰아들이 어머님의 임종을 지켰다. 나는 숨을 놓으시려는 어머니의 얼굴을 쓰다듬고 또 쓰다듬었다. "어머니, 사랑해요. 수고하셨어요. 감사해요. 손주들 잘 키워놓고 갈게요." 나는 아버님도 어머님도 삶의 마지막 순간에 며느리로서 내가 드리는 말씀을 다 듣고 가셨다고 믿는다. 30여 년 뒤에 나도 가게 될 그 길을 편안하게 가셨으리라 믿는다.

나는 6대 종손 맏며느리로 30여 년을 살아왔다. 그 말인 즉슨 명절까지 합쳐 평균 한 달에 한 번꼴로 제사를 치렀다는 말이다. 솔직히 쉽지만은 않았다. 하지만 어차피 할 거라면 좋게 생각하자고 마음먹었다. 내 남편의 아내로 살아가는 한 내가 맏며느리로 제사를 주관해야 한다는 사실은 피할 수 없는 현실이었으니까. 우리 가족과 우리 세대가 해야 할 일을 하고 난 뒤에는 내 아들과 며느리 세대를 위해 다른 방향을 제시해줄 수 있지 않을까? 그러려면 일단 내가 어차피 해야 할 일에 대해 조금 더 현명한 입장을 취할 필요가 있었다.

그래서 기왕에 할 바에야 짜증을 내기보다는 잘해보기로 했다. 가끔씩 짜증이 나려 할 때에는 내가 모든 음식을 준비하고 행사를 주관하는 것에 대해 자부심을 가져보려고 했다. 아이들에게도 "맏며느리는 하늘이 낸단다. 엄마가 맏며느리니 얼마나 좋으냐? 만약 막내였다면 형님이 시키는 대로 해야 하는데!"라고 이야기했다. 음식이나 설거지도 나름 장점이 있었다. 회사 업무는 아무리 해도 바로바로 성과가 나지 않는데, 음식과 설거지는 아무 생각 없이 해도 즉시 결과가 나오니 스트레스 해소에 그만이었다. 음식 준비에 들어가는 돈은 나중에 하늘이 넘칠 만큼 돌려주겠거니 했다. 제사상을 차려놓고 절하는 가족들을 보며 "조상님, 우리 가족 모두 무탈하게 지내도록 살펴주세요"라고 빌었다.

이제 어머님마저 돌아가시고 집안의 가장 윗대가 된 남편과 나는 작은댁 어르신들과 의논하며 제사를 줄여가고 있다. 아마도 제사는 내 당대에서 끝을 맺을 것 같다. 나는 내 며느리들에게 제사를 물려주고 싶은 생각이 추호도 없다. 내 며느리들은 나와 다른 세상을 다른 모습으로 살아가야 할 사람들이다. 그들은 새로운 시대에 맞게 그들만의 방식대로 가정을 꾸려가야 한다. 기술이 주도하는 세상을 나보다 더 현명하게 살아갈 여성들이다. 그런 변화를 받아들일 때 한 가정의 문화도 발전하는 것이라 믿는다.

며느리도 시간이 지나면 나이를 먹고 시어머니가 된다. 그리고 그 시간은 생각보다 빨리 다가온다. 이제 나는 며느리를 맞이해야 하는 시기에 이르렀다. 내가 요즘 진심으로 깊이 깨달은 사실이 하나 있다. 젊었을 때 나는 내가 시부모님과 할머님을 모시고 산 줄 알았다. 그런데 나이를 먹고 보니 내가 그분들을 모신 것이 아니라, 그분들이 나를 모시고 사셨던 것이다. 어른이 되어 어른 노릇을 한다는 것이 얼마나 어려운 일인지 매일매일 실감한다. 나이를 먹는다고 저절로 어른이 되는 것이 아님을 깨닫는다. 어른은 어른다워야 하는데 어른답기가 정말 어렵다. 아랫사람은 잘못하면 '죄송해요. 용서해주세요'라고 하면 되는데, 윗사람은 그럴 수가 없다. 매 순간 조심해야 한다. 특히 며느리 앞에서 시어머니는 더욱 어려운 것 같다.

지나고 나서 보니 나는 진심으로 어머님을 존경하고 사랑했다. 그 가난하던 시절에 자식들 배 굶리지 않으려고 무진하게도 애쓰고 살아내신 그 깊은 책임감을 존경한다. 자식들에게 폐를 끼칠까 봐 택시 한 번 제대로 못 타시던 그 희생에 가슴이 아린다. 젊은 시절에 어머님과 부대꼈던 시간들은 늙어가는 나에게 더할 수 없이 아름다운 추억으로 남아 내 인생을 풍요롭게 만들고 있다. 내 휴대전화에는 아직도 돌아가신 어머님의 전화번호가 들어 있다. 나는 어머니가 그리워지는 날이면 휴대전화에 대고 대답 없는 어머니와 이런 저런 이야기를 나눈다.

시어머니와 며느리는 한 점 혈육이 섞이지 않았는데도 가족이라는 이름하에 한 남자를 공유한다. 하지만 내 경험에 따르면 이 두 여인은 현명하고 지혜로운 대처로 세상에서 가장 가까운 부모와 자식 사이가 될 수 있다. 무엇보다도 내가 자신 있게 내 미래의 며느리들에게 말할 수 있는 것이 하나 있다. 내가 어머님을 사랑했던 것보다 어머님이 나를 더 많이 사랑하셨듯이, 내 며느리들이 나를 사랑하는 것보다 나는 내 며느리들을 훨씬 더 사랑할 것이라는 점을 말이다. 사랑은 언제나 내리사랑이 더 크다.

대한민국의 미래,
여자가 답이다

　동서고금을 막론하고 엄마는 가정을 밝히는 등불이자 집안의 대소사를 총괄하는 영혼이다. 그래서 집안이 어려운 상황에 빠져도 엄마만 굳건히 중심을 지키면 그 집안은 어려움을 극복하고 바로 설 수 있다. 과거 시대의 엄마는 주로 '집안의 중심'이었다. 그러나 21세기의 엄마는 집안은 물론 '바깥세상'에서도 중심을 잡아야 한다. 정답 없는 세상을 살아갈 아이들에게 복합적인 문제 해결 역량을 키워주는 것도, 언제든 구조조정이 일어날 수 있는 비즈니스 환경에서 남편과 함께 자기 일을 해나가는 것도 엄마의 역할이기 때문이다. 결국 21세기를 살아가는 여자는 사회활동으로 지적자산과 인적자산을 축적하고, 경제 활동을 통해 금융자산을 늘리는 가정의 든든한 버팀목이어야 한다.

　지금 세상은 여자가 일하기에 매우 좋은 시대로 변화하고 있다. 전 세계적으로 '위미노믹스Womenomics' 바람이 거세게 불고 있는 것도 그 때문이다. 위미노믹스란 '여성Women'의 '경제 활동Economics'을 뜻하는 용어로, 골드만삭스의 전략분석가 마쓰이 게이시Matsui Kathy가 일본 경제의 침체 요인을 분석하면서 처음 사용했다. 그녀는 일본 경제의 침체 원인 중 하나로 '여성 인력의 저조한 경제 활동'을 꼽았고, 앞으로의 일본 경제도 '여성 인력의 경제 활동 여부에 따라 성장이 좌우될 것'이라고 주장했다. 그의 일환으로 일본의 아베 정부는 여성의 채용과 승진의 문을 넓혀 인구 감소로 인한 노동력 부족에 대응하고자 장기적 계획을 수립했다. 2020년까지 주요 기업에서 여성 간부의 비율을 30퍼센트까지 늘리고, 상장기업에 최소 한 명 이상의 여성 이사를 임명하며, 종업원 300명 이상의 기업은 여성 인력의 수와 직위, 임원 현황을 모두 국가에 공개하도록 했다.[41] 이러한 노력 덕분에 지난 5년간 일본에서는 여성 경영자가 1.6배 늘어났고, 57퍼센트였던 여성의 경제 활동 비율도 미국(64퍼센트)보다 높은 66퍼센트에 이르게 되었다.[42]

2017년에 취임한 프랑스의 에마뉘엘 마크롱Emmanuel Macron 대통령도 22명의 새로운 내각 각료 중 절반인 11명을 여성으로 임명했는데, 그중에는 전통적으로 '금녀의 구역'이라 여겨지던 체육장관과 국방장관도 포함되어 있었다. 유리천장을 깨는 인사는 비단 프랑스뿐만이 아니다. 독일, 이탈리아, 스페인, 네덜란드 등 유럽 주요 국가에서도 최근 몇 년 사이에 여성 국방장관이 배출되었다. 2017년 영국 총선에서는 후보자 중 여성의 비율이 29퍼센트에 이르렀고, 우리나라 역시 새로이 취임한 문재인 대통령이 내각 구성의 여성 비율을 약 30퍼센트로 끌어

올리며 여성 인재 등용에 힘쓰고 있다.

정부뿐만 아니라 기업과 민간에서도 여성의 경제 활동 참여가 국가의 경제 성장을 견인한다는 인식이 높아지고 있다. 우리나라의 여성 경제 활동 참가율이 OECD 수준에 이르면, 향후 1퍼센트 전후의 추가적인 경제 성장률도 달성할 수 있으리라는 전망이 나왔다. 전문가들은 각종 보고서를 통해 현행 제도와 관습이 그대로 이어진다면, 우리나라의 경제 성장률이 2026년 이후 0.4퍼센트로 떨어지고, 10년 뒤인 2036년에는 0퍼센트로 추락할 것이라고 경고했다.[43] 생산 가능 인구가 감소하고 세계적으로 저성장이 장기화되는 국면에서, 나는 여성의 경제 활동이 이 간극을 메운다면 특단의 경제 성장 대책이 될 것이라고 전망한다. 우리를 불황으로부터 지켜줄 히든카드는 아직 충분히 진가를 드러내지 않은 '여성 인력'이다.

여성의 경제 활동 참가가 비단 국가에만 이익을 가져다주는 것은 아니다. 기업들도 앞으로는 여성 인력에 눈을 돌릴 수밖에 없다. 투자가들이 사회적 책임이 높은 기업에 관심을 가지기 때문이다. 세계 최대의 연기금인 일본 공적연금의 행보를 주목할 만하다. 그들은 투자 수익률을 극대화시키기 위한 전략으로 여성 인력을 잘 활용하는 기업들을 모아 만든 'MSCI 일본주株 여성활약지수'에 자금을 투입하겠다고 발표했다. 이는 골드만삭스가 '위미노믹스를 선도하는 기업이 시장의 주목을 받을 것이다'라고 예측한 관점과 궤를 같이 한다.[44] 친 여성 기업은 여성 신입사원 비율, 직장 내 여성 근로자의 비율, 여성과 남성 인력의 근무 연수 차이, 여성 임원 비율 등을 기준으로 산정된다.[45] 세계 최대 기업들을 분석한 '포춘 500대 기업 보고서'에서는 여성 이사진이 없는 기업의 자기자본이익률이 10.5퍼센트에 그친 데 반해, 여성 이사가 세 명 이상인 기업은 15.3퍼센트의 높은 이익률을 나타냈다고 밝혔다. 여태까지 기업들이 여성을 임원의 위치에서 소외시켜왔다면, 앞으로는 여성을 소외시키는 기업이 시장에서 소외될 것이다.

'하늘의 절반을 떠받치고 있는 존재가 여자다'라는 속담처럼, 세계 소비자의 절반 이상이 바로 우리 여자들이다. 특히 실질적인 구매력에 있어서는 여성이 남성에 비해 훨씬 더 막강한 영향력을 행사한다. 우리나라는 여학생의 대학 진학률이 남학생을 앞지르고 있으며, 2015년을 기점으로 인구수에서도 여성이 남성을 넘어섰다. 이러한 사회적 맥락 속에서 기업 경영진과 구성원들이 '여자'를 비즈니스에서 배제하기란 쉽지 않을 것이다. 기업은 필시 여자들의 시각과 의견을 경청해야 하고, 유능한 여성을 의사 결정자로 다수 채용해야 미래에 경쟁력을 갖출 수 있을 것이다. 여성 친화적인 기업의 자기자본이익률이 그렇지 않은 회사에 비해 당연히 높을 수밖에 없다.

국가와 가정의 미래가 여자에게 달려 있다. 일하는 엄마가 국가의 성장을 견인한다. 엄마가 자신의 삶에 열중할 때 아이들의 자존감도 더 높아진다. 경쟁력을 갖춘 여자가 남편의 짐도 덜어주고, 부부의 노후도 더 든든하게 대비할 수 있다. 무엇보다도 여자가 일을 하면 자신의 인생을 더욱 충실하게 꾸려나갈 수 있다. 일하는 여자는 인생에서 잃는 것보다 얻는 게 더 많다. 이제는 여자들이 발 벗고 나서 적극적으로 도약을 꿈꿀 때다. 미래를 살아갈 여성들이 우리 사회의 주인공으로 활약하기 위해서는 현재를 살아가는 우리가 초석을 다져놓아야 한다. 미래의 여성들이 우리를 바라보고 있다는 사실을 반드시 기억해야 한다. 이들이 살아갈 미래는 바로 우리의 선택 하나하나에 달려 있다.

나는 '여자의 미래'라는 담대하고 중요한 논의가 이 책 한 권으로 끝날 수 있다고 생각하지 않는다. 책은 변화의 신호탄일 뿐이다. 여자의 미래는 지속적으로, 지치지 않고, 다 함께 고민해야 한다. 그리고 실천으로써 미래를 만들어나가야 한다. 변화의 속도가 너무나 빠른 세상에서 우리는 그 변화를 뒤쫓기보다 스스로 미래를 창조해야 한다. 『여자의 미래』를 끝까지 읽어주어 진심으로 감사한 마음이다. 이 책을 통해 우리가 한마음으로 더 빛나고 멋진 여자의 미래를 만들어나가길 기대한다.

어려움 속에서도 고개를 들어
미래를 내다볼 수 있는 지혜를 가르쳐주신
나의 어머니께 이 책을 바칩니다.

참고자료

1 「통계로 보는 여성의 삶」 중 '여성의 취업에 대한 견해 2015', 통계청, 2016.

2 「사회조사」 중 '여성의 취업에 대한 견해(13세 이상 인구)', 통계청, 2015.

3 「사회조사」 중 '여성의 취업에 대한 견해(13세 이상 인구)', 통계청, 2015.

4 「통계로 보는 여성의 삶」 중 '여성의 취업에 대한 견해 2015', 통계청, 2016.

5 「맞벌이 및 1인 가구 고용현황, 취업모의 자녀 연령별 현황」, 통계청, 2016.

6 셰릴 샌드버그, 『린 인』, 와이즈베리, 2013, p.68.

7 「More Jobs Predicted for Machines, Not People」, The New York Times, 2011.

8 「The robots are winning」, The Washington Post, 2011.

9 「Marathon Machine」, The Economist, 2011.

10 제임스 캔턴, 박수성, 이미숙, 장진영 공역, 『퓨처 스마트』, 비즈니스북스, 2016, p.319.

11 Carl frey, Michael Osborne, 「The Future of Employment」, Oxford University, 2013.

12 「EBS 다큐프라임-아이의 사생활 제1부 남과 여」, EBS, 2011.

13 「인생길 완주의 9가지 원칙」, https://www.youtube.com/watch?v=Kh_m7FWOwho, 송진구, 2015.

14 「'유리천장' 깬 여성 리더십… 세계 정치 · 경제 주무른다」, 한국경제, 2016.

15 제임스 캔턴, 박수성, 이미숙, 장진영 공역, 『퓨처 스마트』, 비즈니스북스, 2016, p.67.

16 「토요타 '재택근무 혁명'이 부러운 까닭」, 전자신문, 2016.

17 「반바지 입고 회의는 1시간 이내로… 이재용式 '스타트업 삼성'」, 이데일리, 2016.

18 교육부 · 한국교육개발원, 「2016 통계로 보는 여성의 삶」, 교육통계연보, 통계청, 2016.

19 「지방대? 文科가 족쇄, 일자리 미스매치에 우는 문과생」, 헤럴드경제, 2016.

20 조경미, 「미래산업사회와 여성공학도」, 국제신문, 2016.

21 「대학통계, 대(소)계열별 학생수(재적, 재학, 휴학)」, 한국교육개발원, 교육연구통계센터, 2016.

22 조경미, 「미래산업사회와 여성공학도」, 국제신문, 2016.

23 이동귀, 『너 이런 심리법칙 알아?』, 21세기북스, 2016. p.172.

24 기획집단 MOIM, 『고사성어랑 일촌 맺기』, 서해문집, 2016.

25 강수진, 『나는 내일을 기다리지 않는다』, 인플루엔셜, 2013, p.225.

26 「통계로 보는 여성의 삶」, 통계청, 2016.

27 「여성 옥죄던 코르셋에서 해방...패션의 '혁명'일으키다」, 프리미엄 조선, 2014.

28 「Raytheon STEM Index Shows Uptick In Hiring, Education」, US News, 2016.

29 「2016년 현재 세계 여성 정상은 16명…37년 사이 의석점유율 2배」, 연합뉴스, 2016.

30 「'188년만에 뚫린 유리천장'…런던경찰, 여성이 이끈다 」, news1, 2017.

31 「육사에 부는 여풍…졸업식 1~3등 모두 여자생도」, 연합뉴스, 2017.

32 「'환상이 깨지다'…기로에 선 글로벌 여성정치인」, 세계일보, 2016.

33 「여성 리더십의 재발견, 네트워크의 효과적인 활용 관계」, 포브스코리아, 2016.

34 Zenger, Jack, and Folkman, Joseph, 「Are Women Better Leaders than Men?」, Harvard Business Review, 2012.

35 김상근, 『군주의 거울, 키루스의 교육』, 21세기북스, 2016.

36 「여성 리더십의 재발견, 네트워크의 효과적인 활용 관계」, 포브스코리아, 2016.

37 파울로 코엘료, 최정수 역, 『연금술사』, 문학동네, 2001, p.215.

38 「'초등입학 의무휴직'을 許하라」, 한국일보, 2016.

39 「그들에겐 특별한 것이 있다: 격대교육」, SBS스페셜 307회, 2012.

40 서천석, 「사교육 정글에서 아이와 살아남기」, 한겨레 창간 25돌 기념 특강

41 「일본기업 여성CEO비율 11.8%… 조사개시 이래 최고치」, 프레스맨, 2016.

42 「일 여성 경제참여 비중, 미국보다 높아져」, 한겨레, 2017.

43 「고령화 늪에 빠진 한국...10년 뒤엔 '제로성장'」, 조선비즈, 2017.

44 「골드먼 "日 증시 '위미노믹스+마이너스 금리' 테마"」, news1, 2016.

45 「일본 주식 투자자들 '親여성 기업' 찾아 나선 까닭」, 조선비즈, 2017.

여자의 미래

초판 1쇄 발행 2017년 9월 13일
초판 2쇄 발행 2017년 9월 27일

지은이 신미남
펴낸이 김선식

경영총괄 김은영
기획편집 임보윤 **디자인** 이주연 **책임마케터** 최혜령, 이승민
콘텐츠개발1팀장 한보라 **콘텐츠개발1팀** 봉선미, 임보윤, 이주연, 전은혜
마케팅본부 이주화, 정명찬, 이보민, 최혜령, 김선욱, 이승민, 이수인, 김은지
전략기획팀 김상윤
저작권팀 최하나
경영관리팀 허대우, 권송이, 윤이경, 임해랑, 김재경

펴낸곳 다산북스 **출판등록** 2005년 12월 23일 제313-2005-00277호
주소 경기도 파주시 회동길 357 3층
전화 02-702-1724(기획편집) 02-6217-1726(마케팅) 02-704-1724(경영관리)
팩스 02-703-2219 **이메일** dasanbooks@dasanbooks.com
홈페이지 www.dasanbooks.com **블로그** blog.naver.com/dasan_books
종이 (주)한솔피엔에스 **출력·제본** (주)갑우문화사

ISBN 979-11-306-1424-3 (03320)

다산북스(DASANBOOKS)는 독자 여러분의 책에 관한 아이디어와 원고 투고를 기쁜 마음으로 기다리고 있습니다.
책 출간을 원하는 아이디어가 있으신 분은 이메일 dasanbooks@dasanbooks.com 또는 다산북스 홈페이지 '투고원
고'란으로 간단한 개요와 취지, 연락처 등을 보내주세요. 머뭇거리지 말고 문을 두드리세요.